Central Bank Independence:
Cultural Codes and Symbolic Performance

中央银行独立性：文化密码与象征表现

卡洛·托尼亚托　著
(Carlo Tognato)

王佐发　译

中国金融出版社

责任编辑：仲　垣
责任校对：张志文
责任印制：裴　刚

图书在版编目（CIP）数据

中央银行独立性：文化密码与象征表现（Zhongyang Yinhang Dulixing：Wenhua Mima yu Xiangzheng Biaoxian）／（美）卡洛·托尼亚托著；王佐发译．—北京：中国金融出版社，2018. 1
ISBN 978 − 7 − 5049 − 9276 − 5

Ⅰ.①中… Ⅱ.①卡…②王… Ⅲ.①中央银行—研究 Ⅳ.①F830. 31

中国版本图书馆 CIP 数据核字（2017）第 263166 号

出版
发行　中国金融出版社

社址　北京市丰台区益泽路 2 号
市场开发部　（010）63266347，63805472，63439533（传真）
网 上 书 店　http://www.chinafph.com
　　　　　　　（010）63286832，63365686（传真）
读者服务部　（010）66070833，62568380
邮编　100071
经销　新华书店
印刷　保利达印务有限公司
尺寸　169 毫米 ×239 毫米
印张　13. 75
字数　190 千
版次　2018 年 1 月第 1 版
印次　2018 年 1 月第 1 次印刷
定价　48. 00 元
ISBN 978 − 7 − 5049 − 9276 − 5
如出现印装错误本社负责调换　联系电话（010）63263947

序　言

经典与现代社会学理论把资本主义市场概念化为对人性去魅的绝佳体现，这种去魅的标志是现代性对我们所处的社会的理性化定性。本书有力地挑战了这一核心思想，提供强有力的案例说明即便在当今资本主义世界里市场化程度最高的金融中心里，文化仍然继续扮演着重要的作用。卡洛·托尼亚托（Carlo Tognato）转向"强烈程序"文化社会学，旨在表明含义、神秘和戏剧是中央银行合法性的关键，保持合法性对中央银行在困难时期保持经济灵活性至关重要。

在货币事务领域把"稳定文化"理论化的同时，托尼亚托提出，为了保持独立性，央行应该不自觉地将自己置于集体认同的中心。这样，普通公民把央行的经济建议视为为保护其神圣的社会价值而做出的努力，而不是一种经济策略。当经济体陷入危机时，央行就会演出一部社会剧，似乎是专门为了执行其神圣的使命而上演的。

托尼亚托用这种新的理论模型对当今世界最强大的三家央行，即德意志联邦银行、欧洲中央银行（ECB）以及美国联邦储蓄银行（The Fed）进行深入的案例研究。德意志联邦银行代表了第二次世界大战后的经济奇迹，它获得了一种象征性权力，这种权力把它提升到近乎于救世主的地位。相反，欧洲央行的地位就低得多。欧洲各国的集体认同更弱，加上第二次世界大战后的教训更复杂，使得欧洲央行在面对可能导致欧洲经济削弱的欧洲危机时束手束脚。相比之下美联储在融入美国梦的核心价值观上的成功使得其有能力打开货币政策的"水龙头"。

本书继续着经济社会学领域里的文化转向，使得经济社会学的核心与市场逻辑之间的联系比以往更加紧密。这是一本兼具理论想象力和丰富经验资料的著作，它与当前资本主义经济所面对的危机高度相关。

杰弗里·C. 亚历山大
（Jeffrey C. Alexander）

致　　谢

本书的撰写是一次长途旅行，当旅行到达终点的时候，我已经累积了很多感激之"债"，我要向很多货币事物领域的学者和从业者、同事和朋友表达我的感激。

当我在米兰博科尼大学（Bocconi University of Milan）读本科最后一年时，斯蒂法诺·查马妮（Stefano Zamagni）让我自由地发挥我的学术好奇心，并耐心地忍受我的不成熟。

后来，当我在安科纳大学（University of Ancona）读经济学研究生时，与安东尼奥·卡拉法蒂（Antonio Calafati）的交流让我获益匪浅。

当我在牛津大学国际关系学院攻读哲学硕士时，我的导师埃里克·塞德曼（Lars – erik Cederman）和奈瑞·伍兹（Ngaire Woods）给我提供了难以言表的精神鼓励。我也对埃里克允许我追随他去加州大学洛杉矶分校（UCLA）学习深表感激。没有这些因缘际遇，本书根本不可能问世。

1999 年冬天，到达加州之后，我遇到杰夫·亚历山大（Jeff Alexander）并见识到他所做的工作。这次邂逅成为我学术生涯的分水岭。我对杰夫的思想以及他对我多年来的持续支持深表感激，没有这些，本书根本不可能成型。

1999 年春天，我遇到苏珊·罗曼（Susanne Lohmann）。没有她在UCLA 期间以及之后几年的鼓励和慷慨支持，我不可能在我学术生涯的十字路口——在政治经济学和文化社会学中间进行选择的时候——选择我当前的研究领域。我要为此向苏珊表达深深的谢意。

我在 UCLA 做博士论文期间也得到维克多·沃尔芬斯坦（Victor Wolfenstein）、邵·弗里德兰德（Saul Friedländer）和德宝拉·拉尔森

（Deborah Larson）的支持。

2001 年 1 月到 3 月，德意志联邦银行研究小组接待我做调研。我对此尤其感谢汉斯·海尔门（Heinz Herrman）、沃尔夫·冯·卡尔克洛斯（Ulf von Kalkreuth）、约吉姆·凯勒（Joachim Keller）和简恩·塔秦（Jens Tapkin）。我还要对卡罗拉·高慈（Carola Goltz）在我在联邦银行档案室做研究期间对我付出的时间和关照表示谢意。我在联邦银行研究期间还与本·克莱克（Ben Craig）进行了交流，他那时正从克利夫兰联邦储备银行到这里访问，后来当我返回法兰克福的时候他接待了我，他的友好让我无法忘怀。

从 2001 年夏天到 2002 年夏天，我几乎整整一年都在康斯坦茨大学（University of Konstanz）社会学系度过。我在那里参与本哈德·吉森（Bernhard Giesen）的一项研究工作，并继续为我的博士论文做调研。这是我第一次同一群训练有素的社会学家一起工作。尽管我表现得很差，本哈德还是很慷慨地给我提供展示的机会。回首那段特别的机遇，我可以确定地说本哈德的慷慨和耐心都是独一无二的。

2003 年 7 月到 11 月，也就是我向 UCLA 提交博士论文之后不久，我拜访了波哥大哥伦比亚联邦银行的机构通讯部和经济研究部。我非常感谢米格尔·乌鲁蒂亚（Miguel Urrutia）、乌里伟（Jose Darío Uribe）、菲尔南多·腾蛟（Fernando Tenjo）和所罗门·卡曼诺维茨（Salomón Kalmanovitz）接纳我到他们的部门。

之后，我在波哥大定居。2004 年到 2006 年初，我不得不中断对央行的研究。2006 年末，当我在哥伦比亚国立大学谋到一份社会学研究工作之后，才得以恢复我的研究。哥伦比亚国立大学社会学系和社会学研究中心的某些了不起的同事和朋友们的支持使我得以重新回到研究轨道。我想特别感谢尤里·杰克·戈麦斯（Yuri Jack Gómez）、阿里克西斯·德·格列夫（Alexis de Greiff）、米利安·吉麦罗（Myriam Jimeno）、弗朗西斯科·奥特佳（Francisco Ortega）、奥尔佳·雷斯特雷波（Ogla Restrepo）、贾维尔·萨恩斯（Javier Saenz）、费边·萨纳布里亚（Fabián

Sanabria）和保罗·维格诺罗（Paolo Vignolo）。后来塞巴斯蒂安·库拉尔（Sebastián Cuellar）加入进来。再后来，随着塞巴斯蒂安去波哥大，马尔科姆·阿什莫（Malcolm Ashmore）加入进来。

可能是 2008 年我对耶鲁的一次访问时，菲尔·史密斯（Phil Smith）喝咖啡的时候问我是否有兴趣参与撰写他联合编辑的一本书《牛津文化社会学手册》（Oxford Handbook of Cultural Sociology）中的一章。这个机会使得我把本书的理论水平线定义得更准确。此后几年里，菲尔一直极其慷慨地回复我提出的关于本书的问题。自从我认识他以来，他的支持对本书的完成起了关键作用。

在过去的几年里，爱德华多·德拉封迪（Eduardo de la Fuente）、彼得·墨菲（Peter Murphy）和布莱德·韦斯特（Brad West）也在很多方面支持我，我应该向他们表示谢意和感激。

我重新定居澳大利亚之后，阿德莱德大学的亚太治理研究中心和历史与政治学院为我完成本书提供了支持。我尤其对卡尼西卡·贾亚苏里亚（Kanishka Jayasuriya）、丽萨·黑尔（Lisa Hill）、安德鲁·罗塞尔（Andrew Rosser）和克莱门·麦金泰尔（Clement Macintyre）表示感谢。

回到 UCLA，我的两位同学艾利夫·艾尔沙德（Arif Arshad）和苏莱曼·阿里（Suleyman Ari）在我每次需要回到西屋和我的委员会见面的时候都接待我。而且我在牛津的前学院伙伴杰西卡·赛克（Jessica Sack）在我每次造访纽黑文的时候都敞开了她所在的系的大门迎接我。我对他们的好客与友好表示感谢。

没有我家人的支持，本书绝对无法完成。我把本书献给我的女儿马尔蒂娜（Martina）、妻子亚历桑德拉（Alexandra）、我的母亲赛拉丽娜（Cesarina）和父亲马里奥（Mario）。

前　言

1999 年，欧洲迈出了历史性的一步，欧盟诞生了。十一个国家放弃了它们的主权货币，采用欧元，并把其货币主权上交给欧中央银行（ECB）。当时，欧洲货币联盟（EMU）似乎实现了很多欧洲人长期以来的梦想。EMU 承诺用当前和未来的合作与稳定代替历史的战争和仇恨。它发誓战胜民族主义"恶魔"，代之以在和平与善意的基础上建立共享的原则，用这些原则建立共同体。当时，欧元作为"现代欧洲的第一座大教堂"①横空出世，作为历史上开启新篇章的基石而受到致敬："当耶稣基督决定建立一座教堂的时候，他对彼得说：'你就是彼得，我将在这块石头上建立我的教堂。你就是欧元，我们将在欧元这种新货币上建立我们的新欧洲'。"（Issing，1999a）

为了保护这座货币教堂，EMU 的奠基者们创建了一家中央银行，这家银行至少在纸面上看上去比世界历史上最独立的银行，即德意志联邦银行更独立。

规范 ECB 的法律条文和 ECB 所嵌入其中的背景制度语境都似乎支持该预期。但是，很多分析者很快就告诫，现在下结论认为 ECB 将比德意志联邦银行更独立于政治干预还为时尚早。后者毕竟可以依赖地方稳定文化获得公众的支持，而 ECB 却做不到。现在，学者与从业者都感觉在合法性、公众支持与央行独立之间存在某种联系，并猜测文化可能与此有某种关联。只是，目前为止尚未有支持此直觉的研究。

十年后，EMU 就蹒跚着迎来了其历史上第一个可能从根本上考验其生存能力的挑战。希腊债务危机燃起一把大火，大火最终烧到葡萄牙、西班牙和意大利，大火带来的冲击不仅在整个欧盟内部蔓延，而且扩散到欧盟之外。过去，全球债务危机的一般解决办法是进行大规模的结构调整，并辅以严重的货币贬值和更激进的出口导向政策。但是，因为在这一次欧洲的事件中陷入困境的国家是同一货币联盟内的成员国，所以，不能采取货币贬值。结果，公共政策和国内工资都将为任何调整结果埋单。

如果金融市场把要求希腊进行的矫正措施强加给葡萄牙、西班牙和意大利，在雅典街头不断上演的暴力抗议就可能将在里斯本、马德里和罗马街头上演。为了获得成为 EMU 成员的门票，并获得长期稳定的收益，这些国家的人民经常被要求承担巨大的牺牲。今天，他们承担这些成本的意愿降低了。最近的经济萧条，加上之前经常发生的多年的经济缓慢增长、高失业率和大规模的公共债务负担，已经使得通过扩大公共开支刺激增长的可能性变得极为渺茫，也已经给南欧社会带来巨大的损失。

只要当地的社会结构阻塞了新一代的社会流动预期，情况就会变得更糟糕。如果忠诚与社会归属感能够压倒才华优点而得到奖赏，那么因为人们不再预期自己会因为个人做出的牺牲而赢得一份果实，构成经济调整基础的隐含的社会契约将开始解体。如果发生这种情况，社会将面临滑入一个恶性循环的危险中，循环的结局可能是希望凋零，绝望上位，使得宏观经济调整变得更困难。市场可能对此有所预期，并因此对公共债务施加额外的溢价。此时，对利益提供服务的成本变得更加高昂，以至于有必要采取更大的矫正措施。

对付债务危机不仅只对南欧国家构成令人生畏的挑战。在欧盟的另一端，纳税人眼见他们部分缴纳的税金流入南方去拯救陷入困境的经济，旨在稳定整个欧元区。右翼党派看到了利用其愤怒的机会，地区领导人则在保卫欧元免受民族主义攻击中面临越来越艰苦的局面。

债务危机使得 ECB 面临三个重要的挑战。第一，只要需要执行激进的经济矫正措施来应对危机，就需要把经常愤怒的普通公众拉回到自己一边。第二，它必须使其他地区的公民相信提供现金稳定欧元的措施是正当的。第三，一旦任何陷入困境的国家债务违约，ECB 可能不得不把部分债务货币化，以便对那些欧洲金融机构，尤其是法国和德国的那些可能因为债务违约而风险过度暴露的金融机构进行再融资。这种举措模仿了美联储在美国金融危机期间为维护银行系统稳定所做的事，但是，可能会疏远中北欧的公民，因为他们对任何通胀的前景都发自内心的厌恶。所以，ECB 需要说服他们特殊情况需要特别措施；而且，即便这样，ECB 也会坚持其价格稳定的承诺，也不会对任何政治干预屈服。

面对这些挑战，理解合法性、公共支持和央行独立性之间的关系可能是一项有价值的资产。目前为止，学者与从业者本能地认为文化可能与央行独立性有关，他们甚至创造了一个概念，即稳定文化，用来表示这种关联性。但是，他们对稳定文化的理解仍然很肤浅，而且经常仅仅是同义反复。换句话说，稳定文化只不过是有助于宏观经济稳定的文化。如果不是这样，则稳定文化就坠入一种特殊情况，即通胀文化，在此文化下公众价值和态度支持低通胀。结果，独立的央行会更容易控制通胀，因为在这种社会环境里人们更愿意接受紧缩的货币政策所带来的牺牲。

但是，这种对稳定文化的理解，它所揭示的远远小于其所掩盖的。早在 1998 年，当时的联邦银行法律事务部主任贝尔托德·华里西（Bertold Wahlig）就强调公众的渲染在货币政策中扮演重要角色。只要央行与政客在货币政策问题上发生冲突，每一方都可以选择渲染冲突，以便赢得公众对自己的事业的支持。当然，普通公众在选择支持银行或者其对立面时，他们对低通胀的偏好以及对央行独立的态度都起到重要作用。即便如此，对货币事务的渲染还是比仅仅通胀偏好和态度起的作用要大。但是，学者和从业者在解决文化在货币事务中的作用时，这些已经完全落到他们所采取的分析方法之外。

要领会稳定文化的本质和运行，学者们必须细致地观察货币事务被渲染之后会发生什么。此时，货币游戏会奇怪地转变成一场关于集体认同的道德剧，而且央行独立性转变成一种关乎社会根基的事务。此时，稳定文化就反映出其真实本质，即这是一种文化结构和实践，他们有可能使得货币事务在含义上实现转型，使得央行独立性对普通公众呈现出一种先验的价值。

为了捕捉到这些现象，我们需要超越当前对稳定文化研究的社会心理学方法，承认文化不仅与价值和态度有关，而且与符号、密码、叙事、流派、公共惯例和社会戏剧有关。本书将提供一个分析框架，使得分析者能够看到这些因素在起作用。本书尤其要向学者和从业者们指出构成稳定文化基石的三个重要因素：一个社会了解自己的方式、可能把货币事务绑定在集体认同上的象征联系以及为这种联系产生作用提供基础的戏剧条件。

如果进一步深挖稳定文化的本质和运行，我们会理解为什么公众对通胀的偏好，以及由此带来的对中央银行独立的态度并非一定由社会的经济结构决定。只要货币事务走出经济计算的领域，进入国民认同层面，公众对通胀的偏好就成为公众对国民认同的偏好的衡量标准。结果，货币事务对价格稳定有利的事实或许反映出这种转型的意义。

一旦我们揭示了稳定文化的复杂性和令人着迷的工作方式，就容易理解稳定文化与经济状况之间关系不大的原因了。许多经济学家和货币领域的从业者误以为如果中央银行能够保持通货膨胀处在较低的水平，且人们也能理解价格稳定很重要的话，公众就会自动捍卫中央银行的独立性。经济状况既不是保证实施且有稳定倾向的货币政策的必要性，也不是充分条件。相反，把价格的稳定转化成社会的先验价值便已足够。

要掀开稳定文化的盖子，分析者必须承认学者和从业者们迄今为止系统性地忽略了货币事务中文化交流的全部世界。传统上，人们把央行独立看作是最纯净的现代理性制度的蒸馏物之一。然而，对货币事务的技术解释并非其在公共领域的唯一形象。正如一位对这种现象的罕见的观察者所言，战争、生死、健康、出生与童年、物理与技术、海洋、运动、建筑、婚姻以及"众多的宗教隐喻"提供了替代性的表述场域，在此场域内讨论货币和央行事务。（Scherbacher - Posé，1999）当宗教隐喻、起源神话、秋天的童话以及罪恶与救赎的教义开始用来表述货币事务时，货币与央行业务就走出冷漠呆板的经济计算领域，进入其他的领域，遵循其他的文化逻辑。此时，央行可能变成社会的道德指南针，通胀可能成为社会的道德深渊，而货币稳定可能成为社会生活重新道德化的路径。有些人提醒我们社会自我净化必须经过一个"眼泪之谷"。（Knapp，1991）其他人强调"货币政策必须带来伤害"，（Reinmann，1989）而更有人坚持认为接受经济牺牲具有比经济学家可能让我们所相信的更深刻的意义："幸福与痛苦的区别是 GDP 赤字的 0.2 个百分点！2.9% 的赤字是好的，可以让我们活得幸福美满，而 3.1% 的赤字可以让一个国家陷入混乱、痛苦和永远的诅咒。"[2]随着货币事务渐渐地陷入道德领地，中央银行家们逐渐被抛进一个充满教义、教堂和虔诚的世界。某些评论者开始把主要的中央银行家称为教皇[3]或红衣主教，认为他们"都理念纯洁且神圣得刻板"。（Glotz，1998）其他人强调中央银行对其使命的完全投入：他"为货币政策生，为货币政策死"。[4]还有其他人强调央行家职业的苦行僧特点。（Arkins，2009）

　　货币事务除了具有如此道德表现之外，我们也看到货币与中央银行业务进入了国民认同领域。这种情况在德国马克上经常发生。很多研究者把德国马克视为国家象征，德国人唯一值得骄傲的东西，（Bonfante，1998：21）一种给予德国人"一丝认同感，甚至在国徽和国旗出现之前就有的认同感。"（Kohl，1998：632）很多观察者把德国马克的神圣性质与欧元的世俗特性进行比较。即便对欧元来说，各种分析者已经强调其承载的意义不仅仅限于经济功能。他们指出，欧元也具有超越金融信息的意义。（Perez，1999：140）例如，当时欧央行的行长魏·杜森博格（Wim Duisenberg）在欧元正式在欧元区实际流通的前夜就十分清楚这一点："人们不愿意让中央银行家表达情绪或者拥有梦想。人们希望他们讲数字，并用数字思考。今天请允许我指出一个例外。现在是历史流转到今天的时刻。"（Duisenberg，2001a）

　　正当欧洲货币事务进入一个前所未有的动荡期时，在这样的历史时刻系统地研究稳定文化尤其必要。但是，其相关性已经超出了欧洲范围。自 20 世纪 80 年代末，独立的央行业务已经在世界范围内传播。这个过程到 90 年代达到顶峰，90 年代前五年就有至少 30 个国家增加了保护央行独立性的法条。此后，世界范围内的很多中央银行家努力把本国朝向宏观经济稳定的方向推动，当然，期间也经常遇到公众的阻力。这些中央银行家感受到央行缺乏其工业化世界的对手可以依赖的一种公众的支持，于是某些银行家决定作出某些努力，采取某些步骤激励当地稳定文化的生成。本书提供一个分析框架，以便让人们理解为什么稳定文化可以做得很好，以及如何让稳定文化做得更好。最重要的是，本书为世界范围内的中央银行家提供工具，用更专注和有效率的方式生成并加强本地的稳定文化。

认识到把货币事务转化成国民认同问题是任何稳定文化的基石后，放大并聚焦一个重要的方面就变得很重要。一旦经济遭到特别的冲击，央行必须放松货币政策。政治经济学家已经证明在这些情况下央行的特别回应措施会被视为具有正当性，央行的信誉不会受到影响。（Lohmann，1992）但是，特殊情况根本不是不言自明的。如果分析者花费这么长时间才发现美国正陷入一场前所未有的金融危机，为什么要求公众在发现危机上更有效率？所以，问题是如何认定一种情况构成"特别"。如果经济数据是不言自明的，那么为了证明宽松货币政策的正当性，中央银行家、政策制定者以及其他观察者只要援引客观摆在那里的经济形势就行了。但是，最近发生的美国金融危机却证明事情远非如此。相反，人们在谈论经济形势的时候，不断地重复这些表述：战争、对文明的威胁或者毁灭。比如，《经济学人》杂志就把金融危机顶峰时期描述为"一场核冬天"的前兆。⑤财政部部长鲍尔森警告说危机是"金融上的战争"。（Stewart，2009：74）财政部长盖特纳后来补充说"美联储更像五角大楼，它保护美国公民的自由与安全免受实际存在的威胁。"（Grunwald，2009）这种使用有力的表述，而且经常放在夸张、恐怖和悲剧性的框架下的表述，表明在制造特别情况的过程中掺杂了很多文化工作。正是因为做了这些工作，才使得公众不再把宽松货币的举措视为对社会的威胁，而是视为挽救社会所必须做的工作，因而扭转了稳定文化下本来应该适用的逻辑。这种对货币政策制定过程中特别情况的文化规范构成文化现象的另一个有趣的维度，本书也将对此进行探讨。

从概念上分析，本书试图回应实际需求。文化在独立央行运行中的作用在传统上游离于学院派政治经济学者和中央银行家的政策控制的分析能力之外。创建一个新的分析框架，使得在央行独立的分析中能看到文化因素并对之进行干预，这将有助于央行独立运行在工业化世界和发展中国家取得成功。为了执行此项任务，我求助于社会学并作为导向。但是很快，我无意中发现一个重要的理论问题。

相当多的社会学者传统上相信经济是现代社会生活中最不抱幻想的领域之一。更近的时候，经济主义学里的一批文化主义学者坚持认为技术原因并没有成功地把文化从市场领域剔除出去。相反，文化积极地参与塑造经济行为，甚至使之可行。即便如此，这一领域的研究者仍然把分析视野限定在统一的制度场景。相反，稳定文化研究要求对货币场景与构成货币制度运行基础并最终定义社会的集体认同的中心神话和仪式之间的关系进行系统的探索。20 世纪 60 年代的功能主义者尽力把分析朝着这个方向推进，但是，他们的价值社会学的分析视野无法让他们领会神话和仪式在经济生活里的作用，这是过去二十年里新杜尔克海姆社会学派一直尽力解决的问题。当我转向新杜尔克海姆文化社会学寻求指导时，事情马上变得很清晰了：经济文化社会学仍然有待于在那个理论传统框架内进行系统的描述。这样做会给我一个机会对理论焦距的轮廓进行清晰的界定，然后，通过这个理论镜头，我可能解决稳定文化现象。

第一章解决这个问题。过去三十年里，在经济社会学者寻求把文化分析纳入其自己的探索领域时，一个问题推动着他们中间的争论：在研究经济现象时，文化分析应该取代社会结构分析吗？或者，前者应该补充后者？因为争论所聚焦的范围太窄，以至于妨碍了社会学者系统地讨论他们应该怎样解释经济生活的文化维度，以及他们应该把经济活动的文化嵌入分析推到多远？我在本章指出，这些基本的理论问题构成经济的文化社会学的核心；我还展示经济的文化社会学如何从所谓的文化社会学健康方案里脱颖而出；然后，我展示经济的文化社会学如何着手研究货币事务中的文化。

第二章将专门聚焦稳定文化及其与独立央行运行之间的关系。我将先提出政治经济学文献中所承认的央行独立的传统资源。接下来，我将介绍目前为止这个领域里的学者和从业者的分析中所不曾提到的文化资源。之后，我将提出一个指导稳定文化研究的三步程序。第一步要求分析者领会在给定的社会里用什么来界定集体认同，以及一旦货币事务一下子变成社会的中心象征，货币与中央银行业务将如何被代表。第二步要求讨论货币事务的象征性嵌入的方式影响货币与央行业务象征性地与中心相联系的可能性。第三步要求分析者从戏剧化的角度解决货币事务，然后对这种联系可以成功地把货币与央行业务移动到中心所依赖的执行环境进行解释。

第三章将解析稳定文化的原型案例，即德国的稳定文化。20 世纪20 年代早期的超级通胀经历，货币混乱对魏玛共和国产生的破坏作用，随后希特勒上台并建立纳粹独裁统治，经历第二次世界大战以及其后的破坏与屈辱，以及弥漫在纳粹集中营里的恐惧构成德国加入 EMU 之前建立在德国马克和联邦银行之上的各种含义的背景。第二次世界大战后，德国马克成为国家象征，联邦银行成为其监护人。随着德国马克因帮助人们克服最近的历史带来的持续焦虑而在人们中间获得深远的存在价值，联邦银行转化成这种焦虑的制度性解决方法。换句话说，联邦银行作为一种经济组织建立起来，但是在其发展过程中作为一种实际存在的工具而发挥潜在的功能。德国货币事务的象征性嵌入影响了与中心的联系讲得通的程度及其带来的意义和象征性功能。我将在本章阐述在哪些方面是这么回事。当然，为了有效果，联系必须有机会给人表现出真实的印象，这是文化行为的问题。我将特别援引两个例子说明这个问题。第一个例子是关于 1997 年德国联邦银行与财政部长魏格尔（Theo

Waigel）之间因为黄金储备的重新估值而发生的冲突。第二个例子是关于德国联邦银行与总理科尔（Helmut Kohl）之间因为1990年建立东西德货币联盟问题而发生的冲突。在第一个冲突中，联邦银行胜出；第二个冲突中，联邦银行臣服。

讨论完在德国这种具有完备的中心的社会中稳定文化的运行并描述历史上最著名的独立的央行，即联邦银行及其神圣的货币马克之后，我将进入第四章讨论一个更不稳定的案例：EMU。这里将讲述一个没有确定的中心，而且当时几乎避讳讲出象征性中心的社会，即欧洲；和一个新近建立的央行，即ECB；及其相对世俗的货币，即欧元。通过对比欧洲与德国的案例，有可能说明欧洲稳定文化出现的复杂性。和之前的案例一样，我将在此案例中阐明货币事务中象征性嵌入与文化行为的作用。

讨论完分析谱系的两个极端，即德国和EMU之后，我将在第五章讨论稳定文化在特别情况下如何表现。为此我将聚焦美国最近发生的金融危机。美联储用前所未有的货币扩张政策回应危机，鉴于美国经济经历了特别的情况，美联储为其做法找到理由。正如我之前所指出的，只有当公众相信情况的特殊性时这种理由才能得到支持，而这也是一种文化素养。解决这个问题，就有可能把稳定文化中调整货币政策制定中的特殊情况的一面揭示出来。

在结语，我将概括我的论点。批评者经常指责独立的央行自闭，以自我为中心，傲慢地坚持对现实按照固执的逻辑进行解释，而且从结构上无法处理不同的情况。我希望本书将说明，通过系统地阐述稳定文化在货币事务中的作用，独立的央行必将摆脱这种僵化的思维定式。最后，我将概括地提示一个从本书的首次系统的稳定文化研究中分离出去的可能的研究及其制度议程。

总之，我将在本书里提出稳定文化包括一整套文化资源和实践，它们被调动起来就可以把稳定导向的货币制度（比如，央行独立和价格/货币稳定的目标）锚定在国民认同上，并探索这种联系发生作用的方式。我将论证只要独立的央行开始发声，定义其所在的社会的集体认同；当独立的央行能够把其自己的制度认同重新铸入国民认同，它们在社会内部所获得的支持的基础将变得更宽广，它们就更容易实施货币稳定政策。

稳定文化的概念在德国应用很普遍。在很多欧洲国家，这个概念只是从20世纪90年代初才开始流行起来，而且即便那时也没有像在德国人中间那样得以广泛地建立起来。在美国和英国，可能是因为稳定文化看上去有点像外来的东西，公众极少提及它。相反，公众只是关注简单的央行独立和价格稳定。我将在本书里寻求通过提供一种分析框架，使得观察者即便表面上并没有用"稳定文化"这种说法也会看到其正在起作用，从而把稳定文化这一概念去德国化。这提供了一个新的机遇：把它变成一个普通的概念，这种概念构成社会拥有稳定文化的第一步。即便稳定文化尚未在那里扎根，这也是对其做点什么的前提。

总之，尤其是自20世纪80年代以来，经济学者坚持央行独立不得不与这一观点相联系，即央行独立似乎是为了制衡经济体里的一种趋于产生高通胀的动力。政治经济学者一般把央行独立划分为三个维度：人员独立、财务独立与政策独立。人员独立与政府参与央行的治理机关、政府人员任命程序的影响、央行高层管理人员的任职期限以及央行治理机关成员解聘的规则有关。相应地，财务独立与政府需要时，央行必须在多大程度上给政府提供贷款有关。最后，政策独立与央行自主决定货币政策的目标以及/或者为了达到政策目标而使用的工具有关。金融危机以来，央行的制度作用在不断扩张，这不仅导致要求扩大对央行的政治监督的呼声日益高涨，而且也给央行带来越来越大的政治压力。了解央行独立如何扎根于地方文化将有助于央行更游刃有余地应对我们所处的时代的挑战。

目　录

第一章
经济生活里的文化

第一节 概　　述

很多社会理论学者警告，在现代社会里技术理性对社会生活的逐渐殖民化将逐渐侵蚀所有其他文化逻辑的力量。所以，理性去魅将在经济领域里推进得最激进。[①]

但是，经济生活给我们讲述了另一个故事。例如，中央银行经常被视为一种现代工具理性的典型象征，然而却持续借助文化和仪式给其行为赋予意义。在一个场合，他们可能对着一群金融家和公共官员演讲时让古埃及大牧师萨拉斯托斯祷告，作为新指定的央行领导人的欢迎仪式。[②]在另一个场合，他们可能承认当他们被推选进入央行董事会时，作为真正独立的央行家感觉发生了转变，就像托马斯·贝克娣（Thomas Beckett）被选定做坎特伯雷大主教时一样。(Issing，1991：7-8)[③]

除了新制度学者，(North，1990，1994)经济学者也在传统上远离文化研究，因为他们感觉文化太模糊，不好处理。(Guiso, Sapienza, and Zingales，2006)但是最近，文化对信任和经济表现的影响越来越受到经济学界的关注。　(Landes，1993；Knack and Keefer，1996；La Porta，

Lopez de Silanes，Shleifer and Vishny，1997；Putman，Leonardi and Nannetti，1993；Fukuyama，1995；Banfield，1958）

就经济社会学而言，在过去的三十年里，文化学术流派强调文化对经济行为的影响，但是却没有跳出单一制度场景给自己定位，因而忽视了文化在经济领域里自我表现的多种形式。结果，诸如从主权货币到集体认同的标志的形式转变，或者宏观经济指标介入到有序与混乱之间痛苦的斗争中等现象，就明显没有进入经济社会学派的研究视野。20 世纪60 年代的功能主义者的确尽力对此进行过矫正，并解释单一制度场景与构成社会运行基础的中心神话和仪式之间的关系，但是他们的价值社会学使其无法理解神话与仪式在经济生活中的作用。然而，在过去的二十年里，文化社会学强化项目已经解决了这一问题。

长期以来，经济社会学者一直陷在一个两难里不能自拔：在经济现象的研究中，文化分析是社会结构分析的替代还是补充？但他们却忽视了真正重要的东西，即他们应该如何解释经济生活里的文化维度，以及应该把经济行为里文化的嵌入分析向前推到什么程度？文化社会学强化项目再一次为此提供了答案。今天，它为全面解决文化在经济领域里的作用提供了合适的理论知识。

我将在本章先解决经济社会学里的文化学流派与受到强化项目刺激产生的经济学里的文化社会学之间的分歧。然后，我将汇报过去四分之一世纪里强化项目的发展。然后，我将阐述后者如何能够有助于解决文化在货币事务中的角色，并把当前的货币社会学的研究前沿朝着更具决定性的文化学方向推进。[④]

第二节　当前经济社会学里的文化

20 世纪 80 年代诞生了一个建立在普兰尼（Polanyi）的嵌入概念（Polanyi［1944］1971，［1957］1971）基础上的新经济社会学，用来系统地解释市场过程中社会关系的作用。（White, 1981; Burt, 1983; banker, 1984; Granovetter, 1974, 1985）尽管起初的导向是非常结构化的，但是随着时间的推移，其推动者努力尝试把含义引入其分析视野。（Baker and Faulkner, 1991; Podolny, 1993; Fligstein, 1996; Granovetter, 1990a, 1990b; Carruthers and Babb, 2000, in Swedberg, 1997: 165）但是，批评者认为他们朝着这个方向走得还不够远。（Lie, 1997; Zukin and DiMaggio, 1990; Nee and Ingram, 1998; Krippner, 2001）正如克里普纳（Krippner）所言，社会嵌入方法最终遗漏了社会关系里的社会内容和含义。（Krippner, 2001）

经济社会学里的文化学派在用文化分析补充社会结构分析方面更成功，并为此从文化历史学者、文化人类学者以及文化研究专家那里获得灵感。（Agnew, 1986; Reddy, 1984; Douglas, 1967; Douglas and Isherwood, 1979; Geertz, 1973; Sahlins, 1976; Crump, 1981; Taussig, 1986; Miller, 1987; Appadurai, 1986）这个研究领域里的四位杰出贡献者是卡琳·克诺尔·赛缇娜（Karin Knorr Cetina）、米切尔·阿伯拉菲亚（Mitchel Abolafia）、尼克尔·贝加尔特（Nicole Biggart）和薇薇安娜·赛雷策（Viviana Zelizer）。

作为正在兴起的金融社会学创始人之一，卡琳·克诺尔·赛缇娜对金融市场领域有所研究。（Knorr, 2005）但是，她专注单一的制度互动场景，这可能会遗漏不同场景之间的潜在联系对含义的影响。比如，她和乌尔思·布鲁艾格（Urs Bruegger）合作发现交易者在描述其与市场的关系时弥漫着性和暴力，但是她并没有对此继续深入讨论下去。（Knorr and Bruegger, 2000: 154）性和暴力这些词汇可能暗示交易者与军队的生活存在某种潜在的联系，这说明交易场与战场生活之间的距离可能不那么遥远。但是，不同制度场景之间的联系可能不是金融交易的唯一特点。它也会发生在货币事务中，而且可能影响到经济生活的其他领域。所以，为了让经济活动中的文化嵌入在经济社会学里获得应得的地位（含义），不在一开始就对其进行限制就显得非常重要。一种办法是承认含义的引证特点，并且在联结经济生活与社会生活的其他领域的曲折的道路上寻找含义。

米切尔·阿伯拉菲亚（Mitchel Abolafia）也在金融市场上做了很多工作。他在《做市》一文里观察自我利益在三个不同的交易场所内作用的方式。三个不同的交易场所跨越了三个维度：不同的"奠定行为态度、举止和互动风格"、不同的"定义谁能参演以及游戏如何表演的脚本"以及不同的脚本所嵌入其中的文化视野。（Abolafia，1996：231）他透过维克多·特纳是社会喜剧概念的透视镜观察麦克·米尔肯丑闻，因而抓住了金融故事里的戏剧结构，但是，他没有解决经济生活里的文化行为维度。而且，尽管他把交易的文化嵌入分析向前推进到足够远，以至于触动了交易与赌博和战斗等其他行为领域之间联系的存在，（Abolafia，1996：18）但是，他的分析还是缺乏一个标准，用来确定这种文化嵌入分析应该走多远才能使分析令人满意。

尼克尔·贝加尔特是经济社会学领域里文化学派的另一位杰出的贡献者。她在《魅力资本主义》（1989）一书里提出现代资本主义的理性去魅与反对理性去魅的组织形式，比如直销组织矛盾共存。毕竟，他们都是建立在领袖的魅力基础上，建立在内部成员协作关系的基础上，允许成员自由驾驭自己的情感，而且他们严重依赖社交网络提升其业务。最后，贝加尔特表明在直销组织里，集体陈述、信念、故事和仪式仍然具有重要作用。

薇薇安娜·赛雷策或许是最直接认同经济社会学领域里文化学派的产生与发展的学者了。（Zelizer，1979，1985，1994，2005b）她对美国保险业兴起的研究，对美国1870—1930年经济上没用但是情感上无价的儿童的社会作用的研究，及其对货币社会意义的研究成功地平衡了文化与结构分析，也平衡了理性、效率与非人格化领域和自我表达、文化丰富与亲密领域之间的关系。（Zelize，2005a：349）

赛雷策的研究证明了文化在经济生活中是充满活力的存在，也证明了文化对经济生活非常敏感。但是，和阿伯拉菲亚一样，她似乎也没有用清晰的分析标准来决定文化嵌入分析应该走多远，才能超越眼前的经济行为得以展开的文化场景，发现文化之间的联系。赛雷策也没有用文化表现来解释经济现象，因而没有就文化对经济生活依时而变的不稳定的影响有所解释。

第三节 文化社会学强化项目与经济研究

经济社会学者已经认识到他们不可能在文化与社会结构方法中二选一就可以充分地解释经济，二者都很重要。（DiMaggio，1994：27）但是，我认为争论的实质问题并不在于此。社会学者应该追问他们应该如何学习经济生活中的文化，他们应该强调文化结构还是文化实践；还应该追问他们应该如何充分地解释经济行为中的文化嵌入。文化社会学强化项目可以激起对经济的文化社会学研究，有效地解决这些问题。

强化项目成立的基础是杜克海姆（Durkheim）晚期的著作《宗教生活的基本形式》（The Elementary Forms of Religious Life），旨在理解文化在现代社会里的持续作用。尽管杜克海姆聚焦传统的社区，他承认其分析同样可以推广适用到现代社会。史密斯和亚历山大指出，杜克海姆对宗教生活与社会组织的同质理解使其能够承认宗教与社会符号在现代社会中的力量与冲动，价值冲突转化成宗教与世俗之间的冲突，人们系统地远离污染，朝向圣洁，以及宗教仪式在现代社会里保持团结的持久力量。（Smith and Alexander，2005：26；Alexander，1988：177）

但是，强化项目的贡献者很快就发现杜克海姆的框架没有解释现代社会生活的具体现实。今天，因为结构分散、冲突、竞争和自反性，更难实现并保持社会融合了；因为戏剧和公式化情节中和了含义变成经验的过程，使得过程被拉长了。所以，我们需要更具包容性的理论框架进行分析。亚历山大的社会绩效行为理论就适合这个目标。（Alexander，2006）

强化项目以希尔（Shils，1975）的理论为基础，认为现代社会仍然有一个神圣的中心，社会生活的各个方面仍然与其存在象征性的联系。把这些潜在的联系激活才可能使得社会行为走出日常功能的世俗领域，进入集体认同的神圣领域。但是，这些联系不能被轻易激活。我们必须充分地启动这些联系，这种行为的结果具有相当的偶然性和脆弱性。为了实现此结果，我们必须借助文化学，把文化结构与行动导向视角结合起来进行分析。

这把强化项目置于更有利的位置，以便研究经济行为的文化嵌入。因为这样做可以使得强化项目得以在系统地考虑潜在地把行为固定在中心上的文化联系的情境中实施。此时，这个中心将提供相关的解释范围。

最后，从强化项目中生成的经济文化社会学与经济社会学里的文化学派一样承认文化与文化实践仍然是现代社会生活里的活跃力量。然而，它也承认经济与现代社会的神圣中心存在象征性的联系，所以，只要与中心的象征性联系被激活，经济行为就可能落入集体认同领域。

第四节　文化社会学强化项目的更多内容

因为文化社会学强化项目包括本书将涉及的理论范围，所以有必要澄清其特质、来源、发展、归宿以及本书如何涵盖上述所有内容。

1993 年，杰弗瑞·亚历山大（Jeffrey Alexander）、菲尔·史密斯（Phil Smith）和斯蒂文·舍伍德（Steven Sherwood）发布了后来被称为文化社会学强化项目的知识宣言（Alexander, Smith and Sherwood, 1993）。他们吸取杜克海姆的经验，重申在社会生活研究中应该以含义以及受文化影响的情绪为中心。他们警告："社会研究方法的理性不能与其所适用于其中的社会的理性混同"。（Alexander, Smith and Sherwood, 1993：10）任何行为都嵌入情感和含义范围内，甚至"不论一种制度多么非人格化或技术化，都有一个理想的基础，在此基础上塑造其组织和目标，并为其合法化争论提供结构性内容。"（Alexander and Smith，2002：136）直到那时，社会科学在解释文化时还把它还原成各种底层的社会结构，比如组织、分层制度和政治派别，从而消解了文化。但是，这些作者们认为是时候让社会学承认文化可以自动地影响社会生活了。换句话说，早期的文化社会学应该给新的文化社会学让位，新文化社会学将系统地从事盖尔茨式（Geertzian）的代码、故事和符号的"深入解读"，（Geertz，1973）并将文化对社会与制度生活的影响的一般过程进行及时的描述。

这种把文化从社会结构中分解出去的做法最终成为新研究项目，并被贴上文化社会学强化项目的标签。毕竟，这与20世纪70年代社会科学强化项目的分析运行方法类似，后者把认同内容从自然决定中分解出来，并表明科学思想并非自然的直接镜像，而是文化和语言的发明。

尽管文化社会学强化项目在20世纪80年代中期迈出第一步，但是其根源可以追溯到20世纪70年代。当时杰弗瑞·亚历山大开始系统地研究传统社会学理论，以便寻求对社会的多维度理解。该研究在20世纪80年代扩展到当代社会逻辑学理论，其结论认为只有帕森斯（Parsons）的研究接近社会多维理论，但是也遗漏了两个方面。他没有发现文化不仅只有价值和习惯，他对文化缺乏深入的理解，最终妨碍其解释文化塑造行为的多种形式。所以，建设文化社会学强化项目将有助于社会学理论解决这些问题，并且为构建真正的多维社会学理论铺平道路。

20世纪80年代中期，当强化项目开始成型的时候，社会学还对文化有些充耳不闻。为此，为了显示文化在社会生活中的强大力量，强化项目的创始人从广泛的学科流派里汲取经验，比如文化人类学、文学批评、文化历史学、语言学、符号学和诠释学。费尔南德·索绪尔（Ferdinande de Saussure）、罗兰·巴斯（Roland Barthes）、乌贝托·艾克（Umberto Eco）、克利福德·格里茨（Clifford Greetz）、玛丽·道格拉斯（Mary Douglas）、马歇尔·萨林斯（Marshall Sahlins）詹姆斯·克利福德（James Clifford）、维克多·特纳（Victor Turner）、海顿·怀特（Hayden

White)、彼得·布鲁克斯（Peter Brooks）、弗里德里希·贾米森（Frederic Jamison）和保罗·瑞库尔（Paul Ricoeur）是激发加州大学洛杉矶分校里第一代文化社会学者的人。

强化项目一开始明显侧重结构分析。主要通过借鉴符号学和结构语言学，强化项目发现构成文化的结构遵循一种需要特别解释的自主逻辑。结果，这种诸如密码和叙事等文化—结构成为当时研究最关心的东西。正如史密斯后来所言，这些"是界定社区本体与认识论现实与道德边界的共识的基础，并为行为提供了虚构的章程。他们为组织现存的信息以及为吸收新的经验作为可能的观察和行为方式提供实用的模板。"（Smith，2005：14），尤其是二进制编码构成的分类系统使得社会得以区分纯净与污染、合法与非法；而叙事把行为人和事件纳入情节并配置道德责任、因果关系和代理机构，以此帮助组织行为流的内涵。

强化项目在一开始就尽力通过"把多种类别的数据纳入一个设计好的顺序"，对社会现实进行全面细致的描述。它发现，这些数据单独拿出来并不会说明什么问题。但是，"如果我们把对来自公共领域里的差别迥异的干扰，如言论、社论和书信的直接引用与问卷调查数据和行为结合起来"，就可能反映社会文化结构的运行。（Smith，2005：37）但是，尽管把社会生活作为一种文本来研究，强化项目还是积极从事结构诠释学研究，而且该研究并未沉溺于其传统上依赖情景和历史现实的做法。相反，强化项目从一开始就力求找准文化结构随着时间的推移并穿越不同的情景可能产生的系统影响。

把文化结构作为塑造行为的道德范围提出来之后，强化项目在20世纪90年代中期把其注意力转向文化结构得以发生的实际情境。结果，仪式成为其分析日程的中心。毕竟，文化结构是通过仪式产生效力的；但是，社会生活也偶尔通过仪式逃脱文化结构的控制。在维克多·特纳从仪式转向剧院之后，在瓦格纳—帕斯费斯（Wagner - Pacifici）早先的工作的基础上，强化项目开始认识到戏剧在社会生活中的作用。（Wagner - Pacifici，1986）自21世纪初期，这种转换合并成为文化社会学里的所谓的行为转变。这种转变在一个理论，即亚历山大的文化行为理论框架之下整合结构与实践元素，这些元素在之前的十年里是强化项目分析的重点。从那时起，人们把社会生活的每一种情况都放在强化项目里作为一种文化行为进行观察；在文化行为里，社会和文化结构与行为共同作用，把参与人放在一个共同的解释层面和具体的行动过程中进行互动，以此协调参与人的行动。在现代社会生活中，当这些元素彼此融合的时候，行为将获得类似于仪式一样的特性，含义将强烈地浸润到起作用的结构中。这将反过来再现杜克海姆和很多人类学者所反复见证的相对于传统社区的魅力状态。如果构成社会互动的要素反而不融合，那么文化行为将产生裂痕，在社会生活与置于其上的含义之间将出现一个不断膨胀的楔子。此时，文化对社会现实的微妙的影响力将消散一部分。

文化社会学强化项目在四分之一世纪的时间里为广泛的学术领域做出了贡献，包括政治、传媒、种族与迁徙、宗教、社会变迁、创伤、实质重要性和知识。尽管最近出版的《牛津文化社会学手册》用第二章的篇幅阐述经济生活里的文化社会学，　（Alexander, Jacobs and Smith, 2011）比较而言，在强化项目目前为止所催生的丰富的学术文献里，经济的重要性只占第二位。但是，事情会发生变化。例如，最近亚历山大自己也承认有必要把含义引进市场，而不是让它在市场外围转悠。（Alexander, 2011）他认为，这样做可以为经济的运行提供新的启发。再比如，凯恩斯在其著作《通论》里承认非理性在经济人决策中的重要性。但是，凯恩斯对非理性的心理学分析方法没有认识到：

当我们转向文化领域理解时，我们可以从字面上去理解非理性，把它当作语言问题，而不是意识问题。需要却没有能力了解未来，这个难题通过建构故事得到解决。这是一个有头有尾的文化故事，现实夹在中间。只有通过故事才能知晓未来。理性上是如此不可能获得，但是在文化上又如此必要的关于未来的知识与信心一直居于我们当前经济生活和时代的中心。（Alexander, 2011：483－484）

随着强化项目超越社会与制度的原始场景传播，使其置身于其他场景，文化区别现象可能在其理论反射与经验日程上取得更中心的地位。迄今为止，这个领域里的学者们仍然相对很少关注那些在不同文化制度之间的断层上起作用的文化机制。所以，对模糊和摇摆不定的研究目前尚未构成强化项目的主要议题。最近，《牛津文化社会学手册》把模糊和摇摆不定引入人们关注的视线，这个事实表明事情也可能朝着那个方向转变。（Baiocchi，2011；Giesen，2011）目前为止，强化项目成功地把杜克海姆的理论延展到更充分地解释现代社会生活中的文化魅力的情况。因为文化差别似乎是现代复杂社会，尤其是全球化世界里的普遍特质，解答跨文化断层里文化重现魅力问题必将有助于完成这种理论延伸的努力。

本书专注文化社会学强化项目中所列的研究日程中的前沿问题。本书旨在寻求证明这种研究传统可以对经济生活分析带来有价值的贡献，并努力把这种研究带进一个领域，在该领域里文化差别与文化冲突问题将会十分重要。

第五节　货币事务的文化社会学

当经济危机来袭，要求人们为经济复苏做出牺牲时，中央银行可能面临政客的压力，其独立性可能受到威胁。[5]这时候，货币机构就需要获得公众的支持。超越货币社会学里的文化学派，货币事务文化社会学可以为影响公众支持货币机构的机制提供启发，这样做反过来可以使得学者把当前货币社会学里的研究日程向前推进。

传统社会学理论大多专注货币的功能层面，却完全忽视货币可以承载含义。（Max［1844］1964：169；［1858－1859］1973：222；［1867］1984：96；［1858］1972：49；Weber［1946］1971：331；［1922］1978：86；Simmel［1908］1950：412；Simmel［1900］1978：441；in Zelizer，1989：344－346；Collins 1979：190）

但是，过去二十年里，人类学、心理学和社会学里出现的一个新学派对此进行了矫正。（Maurer，2006：19）人类学者发现货币可以行使非市场中介功能（Polanyi［1944］1957：264 - 66；Bohannan，1959；Dalton，1965；Einzig，1966；Thomas and Znaniecki［1918 - 1920］，1958：164 - 65；Akin and Robbins，1999；Guyer，1995；Parry and Bloch，1989；Gamburd，2004；Znoj，1998；Crump，1981：125 - 30；Melitz，1970；Douglas，1967）；经济心理学者由此发现，货币可以不再被视为有形的。（Lea，Tarpy and Webley，1987：319 - 342）贝克和瓦伦多夫甚至自行吸取杜克海姆的经验，承认货币具有世俗与神圣用处，而且承认货币从一个领域转换到另一个领域的方式受到仪式的介导。（Belk and Wallendorf，1990：35 - 36）[6]

尽管西米安特（Simiand）很多年以前就注意到货币的象征意义（Simiand，1934），只是在最近薇薇安娜·赛雷策才开创了社会学范围内的研究项目，系统地阐述货币的社会含义。（Zelizer，1989，1994，1996，2000，2005b）

就在她对货币进行微观文化研究的同时，也出现了宏观文化研究，后者阐述货币对地理上的国家的形成与巩固的影响。（Carruthers and Babb，1996；Gilbert，1999，2005；Gilbert and Helleiner，1999；Helleiner，1997，1998，1999，2002；Hewitt，1994，1999；Pointon，1998；Foster，1999；Zelizer，1999）可以在后者的基础上建立货币事务的文化社会学，以便启发我们认识国家货币与其所在社会的形象中心之间的联系对独立的中央银行的合法性的影响。

罗曼最近的论证认为宏观政治经济学需要突破当前"对政治制度贫乏的理解"，并增加对文化的理解。（Lohmann，2006：525）在过去的三十年里，从事货币事务的人和经济学者发现了很多支持中央银行独立平稳运行的原因，但是，他们都没有抓住公认的最关键的因素，即文化的稳定性。货币事务的文化社会学必将最终解释中央银行的性质和运行。

总之，获得在公众支持中央银行独立运行的过程中，文化很重要，但绝非意味着文化是唯一起作用的因素。也不是说中央银行获得独立性后，就不必出于获得并维持民众信任的目的，而做好其本职工作并控制物价。相反，这意味着中央银行仍然可能一方面很好地控制了通胀，但另一方面在公众眼里缺乏其独立运作的合法性。这种现象在发展中国家尤其明显，那里的银行专业人士和公众之间存在很大的鸿沟；或者在其他国家或地区发生经济危机期间，尽管物价已经不再上涨，但是公众仍然反对中央银行。

第六节　关于货币事务的
文化社会学的更深层次的含义

货币的去政治化以及同时进行的货币当局的独立性构成最近全球范围内经济体最显著的制度趋势之一。自从 20 世纪 80 年代，中央银行业务的独立性在全球范围内开展。这个过程在 90 年代达到顶峰，20 世纪 90 年代头五年里至少 30 个国家确立了其中央银行独立性的立法。随着独立的中央银行业务在全球开展，新杜克海姆文化社会学在货币事务方面有了更深层次的理论战线。

学者们已经根据观念和物质因素解释这一过程。过去二十年里宏观政治经济学的发展构成了观念背景，货币与中央银行业务的去政治化过程就是在此背景下展开的；宏观政治经济学是政治经济学的一个分支，它研究货币政策和货币制度。正如罗曼所言，"在货币政策领域，宏观政治经济学把不可想象转化成可想象，而且更重要的是使之变为常识。"（Lohmann，2006：536）但是，宏观政治经济学者为了支持货币事务和中央银行业务的去政治化而详细阐述的理由可能构成理解这一过程的必要因素，但是肯定不是充分因素，因为支持其观点的证据尚未确定下来。更确切地说，经济学者已经成功地展示通胀给经济带来的损失，但是仍然不能展示通胀对宏观经济运行产生的重大影响，除非在高通胀情况下。[7]他们还认识到经济体内部不同的通胀偏好的来源，并认为中央银行独立可以消除这些偏好。[8]但是，在通胀与中央银行独立性之间存在关联这一判断得到高度认同的时候，他们既不能针对中央银行独立是否会实际上出现低通胀（Eijiffinger and De Haan，1996：30）达成一致，也不能从经验上论证中央银行独立与更好的宏观经济表现相关。[9]正如柯世娜（Kirshner）所指出的，如果通胀与增长之间的关系是清楚的，那么为了价格稳定而做出的牺牲就是合理的。（Kirshner，2000：431）因为通胀与增长之间的关系不清楚，所以不可能用纯经济学理论解释为什么价格稳定以货币政策典型目标的形式出现，为什么作为通胀的标准的制度回应，中央银行的独立在全球范围内得以出现。对此的解释不可避免地超越了经济学领域。[10]

麦克斯菲尔德在国际政治经济学领域研究中央银行独立性问题时就曾认为中央银行独立性的普及必然与国家把其信用信息向国际投资者传递的利益有关。事实上，国际金融资产持有者在其他条件不变的情况下基于两个原因选择在中央银行具有独立性的国家投资。第一，独立的中央银行有助于保持宏观经济的稳定。第二，引进独立的中央银行制度发出一个信号，即存在大量的以稳定为导向的国内利益。（Maxfield，1997）

在社会逻辑学阵营里，圣迪诺类式的学者们在更丰富的新制度学框架内重塑了麦克斯菲尔德的观点。（Centeno，2001）[11]圣迪诺认为制度并非有着各种最大化目标的完全理性的信息加工装置。相反，它们尽力穿透弥漫在其环境里的不确定性迷雾。为此，它们可能有动力复制其可以参照的组织领域内部正在应用的制度解决办法，尽管这些解决办法并不一定看上去完美地适合其特定的运营环境。结果，很多国家采取的策略是与一揽子新自由政策保持一致，其中包括引进中央银行独立性制度，这样做的目的是避免与国际资源隔离。圣迪诺进一步指出，这种转变是因为有跨国政策精英集团的出现而得到加强。跨国政策精英集团依赖强有力的制度同盟：在国内有主流经济技术官僚，在国外有国际货币机构、国际私人银行以及主要国家的政府支持。他继续论证认为，正是这些政策精英，承诺一国将对国外投资者信守诺言。

然后，圣迪诺指出，新自由主义是"一种广泛公认的戏剧化的序列，旨在确保正确的政策得到遵循，正确的天性得到相信，正确的利益得到保护。"（Centeno，2001：5）但是，新制度主义没有提供一套完整的分析框架，用来指导对新自由制度的戏剧维度进行系统的分析。具体地，它没有说明这是否需要一个文化结构分析方法，或者是实用主义分析方法，或者把两种方法融合起来。它也没有明确含义的相应范围，以便分析者可以作为参照来充分解释伴随着采取并维持中央银行独立性等制度的戏剧化过程。更重要的是，它没有提供任何指南，用来区分有效利用地方稳定文化的戏剧化和不能经受真实性检验的无效戏剧化。相反，货币事务的文化社会学可以做到这一点，从而有效地补充新制度分析。

本 章 小 结

相对于社会科学领域里广为流传的观点，即在经济学领域里势不可挡的技术理性长驱直入，含义已经无处容身；经济文化社会学不仅可以维持习惯和价值，而且可以维持文化密码、比喻、仪式和认同对经济生活的持续影响。

在过去的三十年里，经济社会学里的文化学派已经朝着承认文化对经济的影响方向迈出了一步，卡琳诺尔·赛缇娜（Karin Knorr Cetina）、米歇尔·阿伯拉斐尔（Mitchel Abolafia）、尼古拉·贝加尔特（Nicole Biggart）和薇薇安娜·赛雷策（Viviana Zelizer）在这方面所做的贡献尤其有效。但是，目前为止的文献争论焦点多数集中在讨论文化分析是构成社会结构分析的替代还是补充，本书认为关键的问题不在于此。如果经济社会学对于捕捉经济领域里文化的微妙运行是认真严肃的，那么相关的问题就是追问如何做文化分析，尤其是如何对经济行为的文化嵌入进行研究。本书认为建立在文化社会学强化项目上的经济文化社会学可以提供一组可能的答案。为此，我在过去的四分之一世纪里为发展强化项目打开了一扇窗。

在实用层面，经济文化社会学也可以启发一些文化机制，这些文化机制可以赢得公众对关键的经济制度，比如中央银行独立性，尤其是在危机时的支持。我曾经认为可能通过构建货币社会学来实现此目标。

货币事物文化社会学可以回应学术界的经济学者与政策制定者中间存在的一种观点，即不仅迫切需要系统解释文化在中央银行业务中的作用，而且已经是时候了。美国经济学会前会长凯尼斯·柏丁（Kenneth Boulding）很早以前就警告说，经济行为的分析需要系统理解经济中的象征交流现象。（Boulding，1956）他在后来的著作中以货币与中央银行业务领域为参照重新阐述其观点，认为：

当我们走进货币、银行与公共财政领域时，我们发现对相当形式化的机械模型的依赖越来越多，但是对于货币与金融机构运行在其中的文化矩阵中所有的规律却几乎完全失去兴趣。我多年来一直认为银行家组成了一个原始部落，应该让人类学者而不是经济学者研究他们。而且我曾经极力说服玛格丽特·米德（Margaret Mead）写一本书《美联储时代的到来》，但是很遗憾，我根本没有得到回应。实际上，银行家文化要比多部人（Dobuans）文化神秘得多。每一个纳瓦霍（Navaho）家庭实际上可能拥有一位哈佛人类学者，但是据我所知，美联储从未允许任何人到其大理石办公楼参加典礼。没有人真正知道银行家长什么样，他们对世界的印象是什么，他们谈论什么，他们传递什么样的小道消息，他们有什么禁忌，以及他们如何做决定。货币与银行经济学的实质几乎完全是关于公开的数据的分析以及试图发现这些数据之间的联系。它是纯"黑箱"分析，几乎不想揭开盖子看一看生产出经常很具体的产品的实际程序。（Boulding，1972：270）

本书既不挖掘银行家的想法，也不挖掘他们谈话或者谣言的内容。但是，本书将提出柏丁没有考虑到的中央银行业务的一个维度，即稳定文化；它在塑造货币政策过程的制度结果中起到关键作用。

第二章
稳定文化与中央银行业务

第一节 概 述

中央银行家有时也承认文化在独立银行业务方面很重要。比如，早在1992年，德意志联邦银行行长施莱辛格（Helmut Schlesinger）就宣称名义上已经具备稳定的欧洲货币的前提条件，但是仍然需要在实践中证明其有效性。"在德国存在一个稳定文化，这也是我们在欧洲所需要的。"（Marsh，1992：220）前欧洲中央银行行长杜伊森博格（Willem Duisenberg）自己曾经披露在某一个场合他如何拒绝欧元区某大国总理说服他降低利率。最后，该总理抱歉地结束谈话说："对不起，杜伊森博格先生，我向您道歉。我知道从法律上欧洲中央银行是独立于政治的。但是你必须理解，这还不是我们的文化的一部分。"（ECB，2005：10 – 11）

学院派经济学者一直系统地忽视文化在货币事务中的作用，却专注于那些有助于保护中央银行免受外部政治干预的法律条文及其背后的促进政府与议会遵守这些条文的经济与政治制度诱因。

现在，随着欧洲中央银行的成立，在从业者的直觉与学者的知识之间产生某些紧张关系。毕竟，根据政治经济学的评价，欧洲中央银行独立程度的分数高于德意志联邦银行。尽管这样，从业者与学者都承认，文化对欧洲中央银行的支持力度不如其对德意志联邦银行的支持力度，所以这个分数还应该谨慎对待。

双方似乎都感到合法性、公众支持与中央银行独立之间存在联系，双方都怀疑文化与此有些关系。但是，目前为止尚未有支撑其直觉的研究。

我将在本书中提出，只要中央银行业务戏剧化，货币事务就会变成一部关于集体认同的道德剧，中央银行独立就会被视为一个直接关系到社会根基的问题。我将提出稳定文化与某种文化结构和实践有关系；后者使货币事务完成这种含义上的转化并使中央银行独立获得更多的关注成为可能，而且一般会获得公众的更多的情感支持。然后，我将补充论证，指出稳定文化研究要求分析三个因素：集体认同、把货币事务与集体认同潜在地捆绑起来的象征联系以及使这种联系有效的行为条件。

我将在本章先阐述政治经济学界在过去三十多年里已经认定的中央银行独立的传统资源。其次，我将介绍目前为止该领域里的文献尚未提及的中央银行独立的文化资源。然后，我将提议学者如何研究稳定文化。最后，我将扼要地总结我的观点。

第二节　中央银行独立性的传统资源

创建独立的中央银行绝非易事。但是，维护其独立性尤为艰难。一开始，制度设计者看到的是纯粹法律词汇上的挑战，之后赶紧引进一整套法律条文，旨在把中央银行隔离起来，免受外部政治干扰。他们确保货币政策的最终目标以及政策的具体目标都被明确地写进银行立法，或者甚至写进宪法中。他们也引进一整套措施来惩罚中央银行官员们偏离目标的行为。他们制定中央银行官员选拔与解聘的规则，界定其任职期限，以便最小化其面对政治压力的脆弱性。为了降低中央银行家受到更多诱惑的可能性，他们规定了一系列措施把中央银行与其他办公部门隔离开来（Eijffinger and De Haan，1996；Cuckierman，1992）。他们甚至设计了保障条款，授权中央银行在极端情况下配合来自立法或行政部门的政治压力，比如发生重大的预期之外的经济危机、战争或者人道主义灾难。（Lohmann，1992）

很快，制度设计者认识到通过一部中央银行独立法律本身并不能保证法律会得到遵守。毕竟，如果政策制定者不能承诺价格稳定，他们凭什么会遵守一个承诺实施价格稳定的制度安排呢？结果，他们转而寻找线索，试图发现那些导致政府与议会遵守他们制定的货币授权法的背后的经济与政治制度诱因。

某些人提出，在这方面政府从国内外借钱的需求是一个关键因素。毕竟，这创造了一个把货币政策授权给独立的中央银行的诱因，旨在向金融机构发出一个信号，即这个借钱的国家是有信用的；同时，降低借款成本。（Maxfield，1997）其他人进一步指出，如果经济体内关键部门强烈偏好价格稳定，中央银行就不必担心其独立性（Posen，1993）。[①]但是，很多学者迅速指出经济力量不会自动转化成政治力量，因为其对政策制定的影响力会被层层的政治机构所消解，反映出政治竞争的平衡。所以，即便对价格稳定有强烈偏好的经济利益在经济体里占据重要地位，中央银行仍然有理由担心。反之亦然，即便这些经济利益并不强大，他们仍然有机会对政策制定施加显著的影响。结果，在后一种情况下中央银行独立所面临的危险或许反而不会像人们第一眼所认为的那样严重。[②]学者们也强调说政治机构与政治竞争也很重要，因为他们会影响政客们翻转中央银行独立所必须付出的政治成本。尤其是，他们在位的时间越长，干预货币政策制定的诱因就越大。另一方面，控制席位所需的投票数越少，政治党派的人数越多，废除中央银行独立的政治成本就越高。而且，反对票成员或者程序约束越多，比如联邦制或者不同党派控制不同部门，翻转银行独立的政治成本就越高。（Lohmann，1997；Lohmann，1998；Moser，1994）[③]

　　分析者传统上用这种中央银行独立的常规资源解释历史上最著名的中央银行，即德意志联邦银行的独立问题，也以此来解释欧洲中央银行的独立问题，该银行被很多人尊崇为与德意志联邦银行相称的继承者。然后，我将在本节后面的篇幅分别以这两个中央银行为案例对中央银行独立的常规资源进行简要的描述。

　　尽管德意志联邦银行的独立问题没有在宪法中明确规定，还是有很多立法规定帮助其受到来自政策决策的政治干预最小。它的使命性目标，即保卫货币，得以被充分关注，而且也没有被央行对经济政策的其他方面所负的额外义务所妨碍。[④]联邦内阁被明确禁止给联邦银行提供任何指示，尽管它有权推迟联邦银行委员会的决策最长达两星期；即便这样，联邦政府从未行使过此特权，尽管其偶尔几乎快近这样做了。[⑤]在形式上，联邦银行对议会或者联邦政府没有责任要求，尽管实践中它经常通过出版物、新闻发布会及银行委员会成员与多名听众交流。它只可以在一定的限度内向政府提供信用，这再一次保护其免受寻求更低息贷款以覆盖财政上不负责任行为的政治压力的影响。[⑥]最后，就财务与预算而言，联邦银行的行政开支不受外部监督。[⑦]

　　就中央银行政策委员会的结构和功能而言，在联邦银行的发展历史上，联邦委任的官员在联邦银行委员会内部永远被中央银行行长所平衡，行长由政府提名并被联邦议会任命。[⑧]这将对中央银行在决策过程中受到的联邦压力构成制衡。[⑨]而且，联邦银行行长只是一个代表委员会说话的"领头羊"，这个事实进一步巩固了联邦中央与地区之间的权力平衡。这位联邦委任的官员的八年任期也有助于进一步把他们隔离起来，免受联邦政府的影响。毕竟，可能发生的情况是，当指定他们的联合统治团体彼此交换位置时，他们可能仍然在位。类似地，如果他们坚持其独立判断并得罪了政治资助者，任期的稳定性将减轻政治威胁和报复对他们的影响。实际上，除非个人原因，他们在任期之内不会被炒掉。而且，主动权来自他们自己，或者来自中央银行委员会。（Gleske，1998：15）最后，联邦内阁成员有权参加中央银行委员会的会议并提出动议，但是没有选举权。[10]

就背后的经济与政治制度诱因而言，分析者发现在德国这个具体的案例中，银行是大股东，这或许降低了他们对外部强势的德国马克的偏好[11]。但是，德国的银行很快就发现外部强势的马克不见得损害产业部门的利益。毕竟，各部门一般会因为部门投资而获得稳定的生产效率盈利，而强势的马克会把主要资源的成本控制在低位。结果，因为支持宏观经济稳定以及随之而来的中央银行独立所创造的强势利益基础，德国经济体里金融产业的权重会上升。

还有些评论认为德国高度集中的工资谈判体制，可以使得在对失业造成更少伤害的情况下，更容易保持价格稳定，因而降低了中央银行独立的压力。[12]而且，因为主要的工资谈判发生在贸易商业部门暴露在国际竞争中，所以，这些谈判容易把联邦银行的信号考虑在内。银行这方面如果严重紧缩货币来回应过高的工资增长，将实际上带来马克的升值，从而更加影响出口导向的产业。（Hall and Franese，1998：514）

德国的联邦主义也帮助联邦银行保护其独立。正如罗曼（1998）所言，联邦主义不仅直接在联邦议会内部安置了一个制衡器，制衡联邦中心对货币政策程序的影响，而且也改造了联邦议会，把它改造成一个投反对票的参与人，阻止或停止联邦政府方面的任何通过立法翻转中央银行独立的企图。[13]

以上我们以德意志联邦银行为例阐述了央行独立的传统资源，现在我们转向欧洲中央银行。

很多观察者强调 ECB 与联邦银行之间的连续性，某些观察者甚至走得更远，认为 ECB 的组织架构注定使之比联邦银行更独立。欧盟条约规定欧洲央行制度（ESCB）的首要目标是保持物价稳定[14]并使所有其他的保证从属于其下，比如与欧盟委员会之间的兑换汇率政策合作[15]或者与欧洲机构在其他基本经济政策上的合作。[16]这样，欧洲货币政策的目标就比德国更透明。再有，因为货币政策目标在欧盟被写进条约，从法律的角度看，ECB 在欧盟的货币政策目标就比德意志联邦银行在德国的货币政策目标的法律地位要高，因为后者只是出现在普通法律里面。欧盟条约也明确禁止任何对 ESCB 独立的伤害，[17]并禁止欧盟机构以及欧盟成员国政府对 ECB 决策机构或者成员国中央银行（NCBs）的成员施加任何压力。[18]联邦银行不必向议会或者联邦政府汇报，但是，ECB 有广泛的汇报要求[19]。就可能向政府提供信用而言，德意志联邦银行可以自由裁量在一定的额度限制内提供短期信用，但是欧盟条约禁止欧元系统直接向公共部门发放贷款，或者禁止其自行向金融机构提供任何特权[20]。最后，ECB 被赋予金融与组织独立地位，这一点与德意志联邦银行一样。[21]

就中央银行政策委员会的结构和运行而言，条约、ESCB 的立法以及相关的程序规则规定 ESCB 的理事会成员既包括欧元区成员国各中央银行行长，他们最低任期五年，可以连任；还包括执行委员会成员，他们的任期是八年，不能连任（Schller，2006：51）。因为执行委员会成员有六个，欧洲中心的利益似乎有效地被成员国平衡了。因为执行委员会成员的指定程序混合了超国家的政府间因素，ECB 执行委员会的成员似乎相比德意志联邦银行的董事会成员受到的"联邦"中心的影响更弱。[22]这样，欧元系统内治理机构的成员只有在不能履行其义务或者严重违规的情况下才会被撤职[23]。在这一点上，他们的职务保障和德国的情况类似。类似地，欧洲经济及财政事务委员会（ECOFIN）主席和欧洲委员会的一个成员（一般是负责经济与货币事务的委员）可以列席理事会会议，但不能投票。ECOFIN 主席还可以向理事会提交动议要求审议。（Schller，2006：52）在德国，联邦政府可以把中央银行委员会做出的决议推迟两个星期审议；但是，ECOFIN 主席和欧洲委员会的任何成员在 ESCB 理事会范围内都没有这个特权。

对于欧洲货币联盟（EMU）而言，联盟内工资协调的水平很低，尤其是与德国相比。签订欧洲社会宪章的难度、联盟内部成员国之间劳动传统的差异，加上联盟内贸易工会或者雇员之间达成协作的努力的失败暗示 EMU 依赖高水平的中央银行独立和低水平的工资协调，这使得独立的中央银行可以在不过多地牺牲失业率的条件下实现低通胀的信号机制在 EMU 的情况下不会像在德国那样运行得有效。（Hall and Franzese，1998：526–530）[24]所以，ECB 独立所面临的政治压力要比联邦银行大。

欧盟的制度结构似乎有助于 ECB 比联邦银行更独立于政治压力。莫塞尔（1999）曾经认为，在两院制的议会体制下，一个议院对另一个议院有否决权，在此制度下，因为翻转中央银行独立的政治成本更高，所以，独立的中央银行有更大的的空间施展计谋追求价格稳定。现在，尽管欧盟内部没有参议院，但是，要修改确定 ECB 独立的条约需要成本高昂的政府间程序，因为在此程序中每一个欧盟成员国都有否决权。

总之，考察中央银行独立的传统资源会发现 ECB 在抵制政治影响方面，至少和联邦银行一样独立，如果不比后者更独立的话。

第三节　中央银行独立性的文化资源

各种观察者都强调新成立的欧洲货币联盟与构成德国货币事务传统特质的制度支柱（即追求价格稳定和央行独立）之间的连续性。其他人强调联盟的架构赋予 ECB 甚至比联邦银行实际上具有的独立性更高水平的独立性，使之独立于政治干预。换句话说，欧洲货币联盟不仅复制了德国的货币制度，甚至强化了这种制度。

这种对比涉及的一个有趣的因素是它发出两个信号，既包括学术界对中央银行独立的传统资源研究的强项，也包括其弱项。毕竟，分析者使用这种学术文献作为一种比较的标尺；但是，最终在涉及 ECB 实际上是否像联邦银行一样独立的问题上，他们一直警告说这两者中间横亘着一道鸿沟，即文化鸿沟。他们评论说，因为有德国的稳定文化，联邦银行可以依赖一定水平的公众支持，而这是 ECB 当前只能梦想的东西。[25]一旦欧洲经历一段极端的经济困境，对 ECB 的敌意可能会增加，各国的政治家可能会借助民众的不满情绪号召推翻中央银行的独立。这种情况下，ECB 可能没有能力像联邦银行那样有信心诉呼吁公众的支持。（Forder, 2005: 432 –433)

对货币事务中的文化研究很少。哈尤（Hayo）早期接近稳定文化的努力应该得到表扬。（Hayo, 1998: 345 –348）[20]他发现对价格稳定的偏好是一个社会的经济文化的组成部分，后者包括社会成员对经济制度所有方面持有的价值与态度。结果，稳定文化可以归结为通胀文化这种特殊情况，即公共价值与态度支持低通胀。一旦公众偏好低通胀，建立独立的中央银行就容易了；因为社会容易接受通货紧缩成本，中央银行控制通胀也就更容易了。

哈尤的贡献当然很重要，因为他寻求超越传统的中央银行独立的文献进行分析，并把货币事务中的文化问题摆上桌面。当然，自相矛盾的是，这既是他的贡献的主要优点，也是缺点。他用社会心理学的视角关注价值与态度，事实上，这打开了一扇非常窄的窗户。窗户这么窄，以至于这扇窗户所掩盖的比实际上显露的要多。

为了考察文化如何在货币事务里超越价值与态度起着重要的作用，我们先收集一些历史上最显著的独立的中央银行给我们提供的线索。

德国货币事务从业者发现，因为联邦银行法案存在内在的模糊之处，在联邦银行与政府之间很容易产生原则的冲突。例如，对外政策会不时严重影响货币政策。联邦政府执行对外政策的主权属性优于联邦银行执行货币政策的主权属性吗？对于维护中央银行独立性而言，对这些问题做出决定显然非常关键。历史显示联邦银行在此问题上游走于模糊地带，不同案例不同处理。

一般情况下，如果联邦政府采取可能损害国内货币稳定的对外经济政策，德意志联邦银行会划定其势力范围进行对抗。肯尼迪指出，这种事发生在1979—1982年和1985—1987年，当时政府对外签署了不同的国际经济政策合作协定，把联邦银行带进了政策纠葛，后者对此予以拒绝。（Kennedy, 1991: 56 –78）但是在其他场合，联邦政府用更政治性的术语制定其对外经济政策，以便声称其行为符合自己的特权范围。这样，联邦银行闯入高度政治化的领域就不明智了。但是，即便这样，联邦银行也根据具体的情况采取不同的姿态。

1978 年 11 月，德国总理施密特（Helmut Schmidt）参加了一个中央银行委员会会议，尽力说服委员会支持在欧盟内建立欧洲货币体系的计划。为了说服联邦银行，施密特在联邦政府对外政策主权属性这一宏大广阔的背景下讨论他的计划的经济方面，包括奥斯维辛集中营遗留的历史遗产、德国作为民族国家的未来、与西方保持紧密关系的重要性以及欧洲共产主义的威胁。施密特把他对计划的防御战线向外推，一直推到暗示他将在这一问题上要求议会缩减中央银行独立性并修改联邦银行法案。后来，在 1991 年，施密特暗示他向中央银行提出"他们不应该过度延伸其独立性"。（Marsh，1992：168）联邦银行在这一点上让步了，但是后来要求财政部亲自保证德国政府在欧盟货币体系下所承担的义务如果损害货币稳定，就不能约束联邦银行。

在另一个不同的场合，联邦银行决定对联邦政府采取更对抗的姿态。为了准备《1963 年法德合作条约》签署 25 周年，德国总理科尔与法国制订了一份成立法德经济委员会的计划，旨在进一步深化法德合作。1987 年 11 月制定的详细的条约草案规定成立一个委员会，协调法德之间的经济政策。委员会每年举行四次会议。法德各自的财政部长和中央银行行长都要出席会议。委员会成员要服从委员会所设定的目标。联邦银行行长没有参与条约的谈判，只是在条约签署的前一天才收到草案。在此情况下，联邦银行决定就在条约刚刚公布后表达强烈的反对（条约签署之后，要经过各自国内的立法机构签署才能生效。译者注）。流传到媒体的银行工作人员准备的一份法律意见书显示其强烈谴责条约违反了联邦银行法，违背了联邦银行的自治本性。在联邦政府面临越来越大的压力下，科尔在联邦议院前重新承诺其对外政策行动不会破坏联邦银行的独立性。但是，联邦银行坚持要求财政部长做出有约束力的承诺，承诺条约不会削弱联邦银行的自治。1988 年 11 月，因为公众的压力，政府最终决定修改条约。富有讽刺意味的是，法德经济委员会第二次会议在联邦银行的总部举行。[27]和上一次的情况类似，这一次联邦银行与联邦政府之间的冲突是关于欧洲一体化背景下的德国对外政策行动。但是，与上一次不同的是，现在更难提出一个可行的理由证明对外政策行动的必要性了。毕竟，法德关系已经超级好了，德国也在西方世界站稳了脚跟，国内恐怖主义威胁已经得到克服，国际上东西方关系也越来越积极了，德国的宏观经济也超级健康。在此情况下，科尔总理不可能通过营造像奥斯维辛集中营遗产和德国未来作为民族国家这种强有力的象征来支持其政策行为。换句话说，他的行为可能被认为是盲目冒险的行动。

如果科尔不能在这个场合打这张牌，他完全可以在马斯特里希特条约上打，重申联邦政府优于德国央行的主权优先权。马斯特里希特条约构成德国历史上任何政府给联邦银行的更根本的挑战。毕竟，它承诺消灭马克，并把联邦银行与欧洲中央银行捆绑在一起。而且，迄今为止，尚未有像这样对德国货币事务有这样激烈的影响的行动被恰当地设计得如此具有高度政治性。正如科尔过去常说的："德国统一和欧洲统一是一个硬币的两面。"（Marsh，1992：197）欧洲货币统一的进程一直是德国领导人为了德国统一而愿意支付的代价，以及愿意向其西方伙伴承诺统一的德国仍将紧密地和它们联系起来，绝不向坏的方向改变其路线。用沃尔夫冈（Wolfgang Schauble）的话说就是，马斯特里希特条约构成一种机制，这种机制防止统一后的德国"在西方与东方之间前后摇摆"㉘。这种感觉在德国领导层中间流传甚广。前总理施密特甚至说，如果在 2000 年前不能达成欧洲货币联盟，以后就永远不会了，因为到 20 世纪 90 年代末期，德国将从统一里恢复过来，并具备太大的力量考虑放弃。（Marsh，1992：222）国外观察者也对这种对时局的解读表示赞同。例如，荷兰银行的执行董事安德莱萨茨（Andre Szasz）认为：

只要放手其自身发展，德国将在未来二十年里发展成为一个不同的民族。我们所熟悉的西欧国家将被一个中央欧洲权力取代，它有自己的利益，这个利益可能和我们的利益显著不同。当代处于领导地位的德国人在欧洲合作最紧密的背景下开展其事业。他们知晓其对德国与欧洲的巨大利益。他们也知道这可能改变的风险，所以，他们准备好德国与欧洲的进一步融合。……所以，双方都有动力建立起之前缺少的经济与货币联盟[20]。

因为欧洲货币联盟计划具有这种政治重要性，所以，联邦银行不可能公开反对，因为这样做会让人们认为联邦银行把自己的特权扩张得太远。

罗曼认为德国总理的名望及其经济政策将影响联邦银行行使自由权的限度。（Lohmann，1998：407）如果公众的意见是反对政府，联邦银行将倾向于走进公众领域并进一步削弱政府的地位。否则，联邦银行应该小心行事，以免削弱其合法性；联邦银行只能相机干预。换句话说，银行的决定相当政治化。南萨克索尼州中央银行行长哈姆特·海塞（Helmut Hesse）似乎证实了此观点。当他进入中央银行理事会的时候，他期望互动更学术化。相反，互动变得很政治化："很多决策缺乏科学基础，而是依赖政治。我在任职第二年认识到货币政策也高度政治化。"（Marsh，1992：61）[30]

认识到公众支持对联邦银行决策很重要，关系到联邦银行在与政府对抗中能够向前推进还是后退；但这仅仅是朝着理解银行实际上如何获得公众支持所迈出的第一步。联邦银行法务部总裁柏拓·华蕾西（Bertold Wahlig）在这方面提供了某些重要的线索。他发现德国立法部门曾经考虑规范联邦政府与联邦银行之间的原则冲突的可能性，但是，它很快认识到不可能设计一套有效的制度规则处理这种类情况。结果，一方面，议会决定在双方出现原则冲突时保留最后决定权；另一方面，议会决定"当出现原则冲突时，当事方可以自由决定把冲突'戏剧化'"，即发动公众提出意见，把制度冲突交给公众监督。（Wahlig，1998：52）换句话说，戏剧化被认定为是一种文化机制，货币参与人借此可以提升其合法性，以便获得公众是支持与政府对抗或者支持中央银行独立。

货币事务戏剧化可能对货币博弈的本质产生深刻的变革效应。当它发生的时候，独立的中央银行业务超脱于只回应经济利益逻辑的常规的制度生活领域之上，转变成有赖于那些组织社会运行的基本惯例和价值的定义的道德戏剧。（Mast，2006：115，117）简言之，它转变成一个关于集体认同的游戏。曾经先后担任过联邦银行与欧洲中央银行首席经济学家的奥特马尔·爱思迎（Otmar Issing）似乎察觉到这一转变，他承认在经济困难时期，中央银行面临更大的政治压力，他们的政策选择越来越呈现出道德偏好，并受制于道德判断[31]。货币事务是否转变成道德游戏，以及中央银行是否因此而有能力赢得公众对其独立性的更多的支持，关键在于为货币事务戏剧化奠定基础的演出条件，以及中央银行与其对手的演技竞争。总之，中央银行独立与宏观经济稳定转变成集体认同的核心，这构成一个微妙的文化成就。

如果冲突戏剧化是中央银行与政客获取公众支持的一个关键途径，那么分析者必须超越通胀偏好与态度。只要货币事务因为戏剧化而退出经济计算领域，转变成一个社会生活其他维度的事务，比如像道德或集体认同，那么公众对通胀的偏好将变成某种对其他事务的标准。如果分析者不能揭示在此转变过程中起作用的因素，而且如果他们仅仅把通胀偏好停留在只看其表面价值，那么他们就在不经意间把文化降低到基本的经济结构里，从而看不见文化实际上在用微妙的方式支持货币稳定。

一旦稳定文化就位并得到强化，人们会看到一个矛盾的现象，即货币事务戏剧化的情况衰退。这些情况会倾向于保持严格的技术形象，普通公众很少参与其中。毕竟，当货币游戏转变成关于集体认同的道德游戏时，所有参与人的利益剧增，失败的成本将极大地增加。因为货币参与人预见到这一点，如果他们认为压倒一切的稳定文化将有助于银行的胜算，他们多数情况下不愿意升级其对中央银行独立的对抗。总之，因为这种倒推过程，戏剧化和公众的积极参与将构成博弈论者所提到的非均衡路径。所以，稳定文化的隐蔽性反而似是而非地为其重要性的事实提供了见证。

这些考虑决定性地把对中央银行业务的文化分析扩展到关于这个话题的为数不多的学术文献的视野之外。我们以肯尼迪的关于联邦银行的书为例。她在书中简要介绍了德国货币事务的文化维度。她在书里讨论了联邦银行的气质，并在德国政治文化，尤其是多元政治出现以前，政治发展早期的法治国家理想里识别其根基。这种理想使得联邦银行能够看见"自己作为良善的代表，高于具体的利益"（Kennedy，1991：4）并从法律上支持其官员把他们自己视为一个代表整体道德利益的"标准群体"②。这种气质一遍又一遍地重塑那些进入联邦银行工作的人们的身份认同。有些人把这种现象称为贝克特效应。例如，不同的 SPD 地方中央银行行长，像北莱茵—西法兰州中央银行行长汉斯·维尔茨（Hans Wertz）或者汉堡中央银行行长汉斯·霍姆斯多尔夫（Hans Hermsdorf），在被指定进入中央银行委员会之后，很令人惊奇地转变成严格的货币主义者。（Marsh，1992：56）

肯尼迪的分析尽管有价值，但是却没有把我们再向前领进一步，让我们看清楚她所指的文化因素如何在货币政策实施过程中怎样具体起作用。联邦银行包括传统的文官制度理想；肯尼迪发现这为其在公众面前的合法性注入营养。但是，问题是这如何发生，而且最重要的是通过哪些渠道发生，以及根据什么规则发生。肯尼迪没有提供分析框架回答这些问题。为此，有必要把货币事务的文化分析再向前推进。

第四节　研究稳定文化

研究稳定文化要求系统分析文化结构与实践。它们使得货币事务可能进入社会的象征中心并转变成关于集体认同的道德剧。

为此，学者们必须把以下三种分析要素结合起来。他们必须体会处于中心的集体认同是什么。他们必须把那些可能把货币和中央银行业务锚定在中心位置的一系列象征联系纳入考量。他们必须解决行为环境，在此环境下这些联系才能够成功地把货币事务带入到中心位置。总之，他们必须考虑剧本、集体代表、演员、观众、场面调度象征性制作的方式以及把货币事务戏剧化需要动员起来的权力资源。（Alexander，2006a）货币事务戏剧化能否成功，他们转化成关于集体认同的戏剧能否看上去真实，以及所有参与人能否据此调整其行为，都取决于这些因素能否紧密地互相融合起来。更具体地，所有参与人调整其行为是指他们都支持中央银行并维护其独立性，抵御反对者的攻击。

学者们可能会研究不同制度条件下的稳定文化。也就是说，他们可以研究其在一个有稳定的象征性中心的社会的运行，或者相反，在一个不确定的社会运行。他们可以研究中央银行独立的传统资源给中央银行提供优于其对手的竞争地位的社会条件下的稳定文化，也可以研究结构性条件对中央银行没有优势的社会里的稳定文化。他们可以研究经济知识得到广泛传播的社会背景下的稳定文化，也可以研究广泛的文盲仍然是一个问题的社会背景下的稳定文化。最后，他们可以通过聚焦源于实际生活中央银行与其反对者之间的冲突的社会戏剧来刺破稳定文化，或者可以通过解决虚构的戏剧，比如广告活动，即货币参与人设计可能的货币游戏戏剧化路径。㉝既然学者可能研究稳定文化的路径很多，在这一点上我们需要问的一个问题是：如果写一本关于这个问题的第一本书，我们需要如何开头？

既然中央银行业务的传统文献一直是显著地反文化主义的，发起研究稳定文化的最好方式是在经济学学者认为文化没有用处的制度背景下讨论这些问题。如果我们能证明在哪种环境下文化起作用，就完全可以让分析者看到文化在其他场合也起作用了。为此，最好的开头方式是在传统的资源似乎保护中央银行的长期独立，而且公众的经济学知识水平更高的环境里考虑稳定文化问题。

一个明显的出发点就是历史上最受称道的独立中央银行，即德意志联邦银行；德国的中央银行具有广为人知的反文化主义偏好，它启发了中央银行独立的整个文献。而且，很矛盾的是，稳定文化这个概念本身就是以德意志中央银行作为案例第一次被提出来的。

然后，欧洲中央银行也值得在第一次研究稳定文化时被包括进去。

尽管在传统的中央银行独立资源上它比德国中央银行得分高，但是学者与从业者已经承认欧洲中央银行并不像联邦银行那样有自己的文化。所以，在这一点上，它会提供有用的对比。但是，还有一个把欧洲中央银行包含进本书的理由。尽管德国在第二次世界大战后具有一个相对稳定和确定的象征中心，欧洲货币联盟却没有。因为稳定文化是关于那些使得货币事务到达社会的象征中心的文化结构与实践，所以我们有必要追问，如果不是不可言说，我们如何在一个中心相当模糊的环境里研究稳定文化。

如果我们能证明在现代社会本应该关注从所有的文化逻辑里消除经济现实的情况下文化在货币事务依然很重要，那么我们的分析框架也应该能够解决在文化应该更重要的社会，比如发展中国家社会里，文化在中央银行独立业务中的角色的问题。

本 章 小 结

学者与从业者传统上都用同义反复的术语解释稳定文化问题。换句话说，稳定文化就是指那种有助于宏观经济稳定的文化。我在本章引进一个框架从分析的角度帮助界定稳定文化。具体地，我论证稳定文化与某些文化结构和实践有关；这些文化结构和实践使得货币事务有可能经历一次特定的含义上的转型，该转型把它们变成关于集体认同的道德剧。这种转型的结果是，中央银行独立开始被视为一种直接与组织社会的基本习惯与价值的维持有关。这样，就有机会吸引公众，吸引的程度远高于如果仅仅事关狭隘的经济计算问题所能获得的吸引力。

为了研究稳定文化，学者必须解释三个要素。他们必须领会是什么界定了处于被考察的社会的中心的集体认同。他们必须考虑潜在地把货币事务锚定到中心的象征联系。他们必须解析这些联系成功地把货币事务带入到中心所需要的行为环境。以下三个方面取决于这些作为一个文化行为而构成货币事务的要素之间能否彼此紧密地联结起来：货币事务戏剧化能否成功，他们转化成关于集体认同的戏剧是否看上去真实，以及所有的参与人能否据此调整其行为。更具体地，他们将向中央银行提供支持，保卫其独立免遭敌对者攻击。

尽管这样，仍然有必要强调声称文化在货币事务中的重要性并非意味着文化是唯一重要的因素。中央银行独立的传统资源依然重要。这些资源不仅包括有关中央银行的法律、法规，而且包括背后的一些经济和政治制度诱因，它们使得政府与议会遵守那些把货币权力授权给中央银行的法律。

第三章
德国的稳定文化

第一节　概　　述

在过去的几十年里，独立的中央银行作为现代理性最纯粹的制度浓缩物横空出世了，而德意志联邦银行被誉为全球历史上最成功的独立的中央银行的范例。（Frowen and Pringle，1998：xx）联邦银行的一位行长汉斯·提迈耶（Hans Tietmeyer）曾经更进一步地认为联邦银行是"抵御非理性力量的理性的堡垒；这些非理性力量穿越摇摇欲坠的社会，寻找方向。"（Delattre，1995）给定这些前提，公众一般从高度技术化的角度描述德国货币事务就不足为奇了。但是，技术描述并非货币事务的唯一表现形式。实际上，只要用非技术性术语表述货币与中央银行业务，"大量的宗教表述"就进入公共领域。（Scherbacher‐Pose，1999）一旦发生这种情况，货币事务就走出纯净的经济计算领域，进入认同和道德领域。这时，通胀就转变成对德国社会的内核的现实威胁，联邦银行就变成与这种威胁相伴而来的焦虑的制度回应，而德国马克也成为德国社会里把这种焦虑一劳永逸地甩在后面的可能象征。随着话语实践把德国货币事务从经济领域转移出去，公众与中央银行之间的关系不再仅仅由经济理性来协调，也由表达理性来塑造。

学者和从业者都认识到公众对中央银行的支持对保持其独立性至关重要。但是，尚未有研究阐述中央银行如何获得并保持公众支持。货币制度的研究文献也未曾解释，当中央银行开始着手争取并维持公众的支持时中央银行体制如何运作。对货币学者来说，公众对中央银行的支持或者是成功的货币管理的自然产物，或者是特定历史条件下的一个给定结果。我认为，这两个假设都不正确。中央银行合法化并赢得公众支持的过程也是一个文化过程；而且在德国，文化机制起作用也是很明显的。让这些隐藏的因素浮出水面有助于我们抓住一个象征性稳定文化——德国稳定文化——的内涵与运行模式。

为了演示其运行，我将专注德国稳定文化的两个维度。第一，我将阐述德国货币事务的象征性嵌入。第二，我将讨论其行为维度，并以此为基础进一步对德国货币游戏如何转变成国民认同的道德戏剧提供启示。

我将首先勾画出从德国马克产生到终止期间构成德国社会的象征中心的各种元素。其次，我将阐述过去德国货币事务每一次转移到社会中心时所呈现出的新含义。最后，我将讨论货币事务的象征性嵌入如何影响把其置于社会中心的可能性，以及货币事务的表现如何影响这类现象的实际效果。

第二节　德国的货币、
独立中央银行业务以及集体认同

德国社会的两个不同的自我认同一直竞争联邦共和国的象征中心。第一个是所谓的经济奇迹认同，这一认同在德国中产阶层里很流行。它迎合了德国在 20 世纪 50 年代到 60 年代所经历的经济奇迹，作为一个媒介拭去普通德国人在最近的一段时间里内心产生的焦虑。而且，它作为一种借口唤起人们重新主张中央银行完全独立并把中央银行从第二次世界大战结束以来就被迫陷入的政治仆从的状态下解放出来。

另一种形式的自我认同是所谓的大屠杀认同。正如伊森（Giesen）评论认为，这"在集体逃避需要方面构建了国民认同"，而不是国民品德（Giesen，1998：146－47）。[①]而且，它自称是一种开放式的公民国家主义，这种主义的内容取决于两个公民实践：一个是公民明确地努力与德国的过去，尤其是纳粹统治时期的恐怖妥协；另一个是公民践行爱国主义，把激情和骄傲注入宪法。[②]

20世纪80年代，很多人相信大屠杀认同作为德国社会的一种自我理解模式已经压倒经济奇迹认同（Honolka，1987；Lepsius，1989），把后者从联邦共和国的象征中心边缘化。但是，柏林墙的倒塌，加上随后的德国统一进程与这种看法产生冲突。正如哈贝马斯（Habermas）所指出的，东西德之间的货币统一铺平了通往"马克国家主义第一次繁荣"的道路，也铺平了通往马克的转型之路，把马克转变成"一种引起'力比多'的物质，这种物质使共和国认同"在这种新的国家主义之前毫无防备。（Habermas，1991：84）[③]结果，大屠杀认同从未成功地把经济奇迹认同从德国社会的中心取而代之，两德统一就是证据。

除此之外，统一的过程也使得经济奇迹认同的一个潜在的强有力的张力得以显现出来。不同的德国知识分子和政客对此积极回应。前者如汉斯·乌尔雷希·维勒（Hans Ulrich Wehler）警告说改造古老的国家神话可能打开通往产生新形式的激进国家主义的一扇门。（Wehler，1990：12；in Schulze，1992：16）哈贝马斯认为德国马克已经取代了德国第二次世界大战时期的斯图卡式俯冲轰炸机，成为一种为德国争取利益冲锋陷阵的工具。（Habermas，1991：85）那些以最大的决心把欧洲统一进程向前推动的政客们也最坚决地阻止经济奇迹认同的激进张力获得动力。虽然马克构成这种张力的活力象征，他们仍然支持牺牲掉马克，把马克放在欧洲货币联盟的祭坛上。比如，在马斯特里赫特条约在法国公投前夕，欧美特使马丁·本杰曼（Martin Bangemann）警告说，投票支持条约将会避免"如果马斯特里赫特在9月20日被否决，德国'妖怪'可能被释放出来。"（Barber，1992）科学总理在法国参议院做演讲为条约辩护时提醒听众："过去的邪恶仍然没有在欧洲得到彻底的禁止：每一代人都应该一遍一遍地承担起责任，阻止这些邪恶卷土重来，并克服新的邪恶。"④

随着德国货币事务和德国社会的象征中心联系起来，他们获得两层新的含义反映经济奇迹认同的现实与政治维度。更具体地，在更现实一端，德国马克变成"国家象征"。（Bonfante，1998）这种国家象征使德国人重新找回纳粹政权残暴统治过后的自尊（Strass，1998），把他们"从战争的政治、经济和道德废墟里"解救出来（Fleischhauer 1997），帮助德国"从二战的废墟里凤凰涅槃"（Bonfante，1998）。德国马克成为"波诡云谲之中的定海神针"（Marsh，1992：21）总之，"原则上，先有马克，"而后才有宪法、议会和政府⑤。正如《金融时报》的欧洲编辑大卫·马尔什（David Marsh）曾经说的，"其他民族的自豪感可能来源于过去帝国的光辉、广阔国土的荣耀、精湛的运动技巧、政治领袖或者电子芯片的制造能力，但是，德国以马克为荣。"（Marsh，1992：20）在庆祝马克诞生50周年的访谈中，联邦银行首席经济学家奥特马尔·爱思迎（Otmar Issing）坚持认为马克给普通德国人带来了特别的存在意义，它填补了纳粹留下的"情感空白"，并通过经济奇迹给德国人带来"新的认同"。多亏有自由流通的马克，德国人"经过多年的纳粹独裁统治以及战争的悲剧之后，可以自由迁徙，感受到自己是自由人。"（Goldkern and Vastano，1998）

随着马克转变成国家象征，联邦银行成为其监护人。随着马克为普通德国人赢得深远的存在价值，联邦银行转变成德国历史上形成的且一直持续焦虑的制度解决方案。换句话说，中央银行作为一种经济制度而生，但是历史把它改变成一种存在工具。

德国货币事务与社会象征中心之间的联系也赋予马克和联邦银行更政治化的意义。联邦银行将成为联邦共和国借以重新获得其完整主权的工具，至少在货币事务范围内是这样。[6]多亏有联邦银行，德国人才有权力抵御外来压力，对其说不。[7]这种观点尤其在外国观察者中间流行。比如，《金融时报》就曾经把联邦银行比作可怕的"联邦堡垒"，根本无法穿透。[8]法国《费加罗报》认为，根据联邦银行规则，"马克城堡"是无法攻陷的。（Kunstle，1993）外国观察者也沉溺于德国货币事务的某些表述里，这些表述是因为货币事务与经济奇迹认同的更致命的张力联系起来之后才产生的。在这一点上，联邦银行可以转变成德国可以赖以恢复其失去的权力的武器。戴维·马尔什（David Marsh）认为，"联邦银行已经取代德国国防部，成为德国最有名且最令人生畏的机构，"而且认为它对欧洲的影响力已经做到"比德国历史上任何一个帝国"都要大。（McCarthie，1992）

把货币事务置于德国社会的象征中心触发了其潜在的道德化。此时，通胀不再是一个纯粹的经济现象，而是开始直面真相与诚实。[9]结果，经过一场恶性通货膨胀之后引入新的货币不仅暗示开启一场新经济，而且标志着"社会生活的再道德化"。（Tietmeyer，1998：1）另一方面，任何无助于稳定宏观经济政策的行为，都将被视为缺乏道德的标志（Herdt，1966），而且将激发人们以产生"纯洁化危机"为理由要求把事情讲清楚。（Tietmeyer，1991）事实上，只有历经一场艰辛的穿越沙漠的长征，而且承受过荆棘密布的"饥渴之路"带来的牺牲，社会才能完成救赎。[10]货币和货币政策的道德化也将对联邦银行产生影响，它的工作将不只限于保卫马克的价值。更确切地说，联邦银行将把马克打造成社会的道德指南针。结果，它的权威不再严格局限于技术，而更来源于"道德威力和经济肌肉"。（Marsh et al.，1993）

德国货币事务与经济奇迹认同的现存与政治要素之间的象征联系的持续运行深深地影响了马克和联邦银行的含义，并增加了他们对公众的吸引力。所以，有必要讨论是什么造成这种联系，以及什么使得这种联系产生效力。我认为联系的产生与德国货币事务的象征嵌入有关，其有效性来自于货币事务的文化表现。下面两部分将分别阐述每一个维度。

但是，在论述这两个维度之前，德国货币和中央银行业务的象征转型中的一个方面是值得关注的。马克转型成为集体认同的象征与社会学者和人类学者在别的场合所指称的图腾化过程具有令人奇怪的相似之处。正如杜克海姆所言，图腾有助于集体地确定一个部落。（Durkheim［1912］1995：100）同时，它还是一个抽象的原则以及具体化该原则的实在的物体。⑪它具体地表现部落，使得部落得以通过它实现认识作为一个逻辑和道德群体的自我。⑫它成为爱、恐惧和尊重的客体。⑬它的神圣化只不过是颂扬部落的神圣。（Durkheim［1912］1995：208）同时，图腾经常与具有特别或者不寻常的物理特点的地点相联系，而且将被用从尊敬到敬畏的仪式接触并对待。（Stanner，1965：230）最后，图腾仪式的参与人被要求用一种特别的神圣语言讲话，这种语言在世俗的交往中是禁止的。（Durkheim［1912］1995：310）从结构的立场观察，只要德国货币博弈降落在德国社会的象征中心，所有这些特质都适用于马克和中央银行。马克变成民族的象征，给德国人提供了自我认同的机会。它变成一个抽象的原则以及该原则的具体化。它变成各种情绪，尤其是尊重和喜爱的焦点。最后，人们被要求只能从仪式上并且通过仪式语言，即货币经济学，接近其圣祠，即德意志联邦银行。⑭

批评者可能会在这一点上提出反对意见，认为把图腾概念应用到德国货币事务，然后在原始社会的宗教领域和现代社会的经济领域之间画两条平行线实在是一场冒险的赌博。尽管如此，有必要强调准确描述现代社会里货币和中央银行业务图腾化的结构可能性并不意味着期望现代人像原始人那样近乎盲目地相信图腾。毕竟在现代社会这种仪式上的转型受制于更严格的行为条件的影响，这些行为条件把转型变成更加依条件而定的文化成就。所以，对货币事务的文化分析就不能避免把它们作为一种文化行为进行研究。

第三节　德国货币事务的象征嵌入

在前一节我提出德国的稳定文化通过系统性地把德国货币事务与所谓的经济奇迹联系起来，使得德国货币事务有可能转变成关于国民认同的道德剧。现在，我将阐述文化空间的拓扑学；德国货币事务就嵌入在这个文化领域里。我将通过这种方式展示拓扑学如何影响货币事务在德国社会象征中心的位置，并从三个角度分析这个问题。首先，我将展示象征中心以何种形式充当相应的解释领域，指导马克和联邦银行的含义与象征功能表述。然后，我将展示德国文化里的语义联系网络如何影响把德国货币事务与中心联系起来的可能性。最后，我将展示文化领域里的拓扑学如何影响对同一语境里的联系进行叙事表述。从这三个角度分析问题将允许我论证德国货币事务的象征嵌入与了解德国稳定文化的运行是相关的。

正如前文所提到的，自从第二次世界大战以来，两个不同的社会自我认同一直在竞争着德国国民认同的定义。每一个认同反过来又建立起不同的政治合法性概念。一方面，大屠杀认同依赖对政治概念的多元理解，对合法性的民间解读，以及对民主的审慎理解。它承认公民之间以及公民与组织之间持续对话的重要性，并把组织的信用作为这种对话实践的必要组成部分。另一方面，经济奇迹认同仍然与国家的组织概念以及对政治合法性的非民间理解保持着暧昧的联系，尽管自由主义支撑着很多为德国 20 世纪五六十年代的经济奇迹打下基础的制度改革。这种政治思维传统把追求公益事业的任务委托给国家，从好的或者更优的利益角度理解事物，并且把公职人员视为国家得以保护整体民族利益的工具。沿着这种思路，立法机构将被视为“不充分、不胜任的公共利益来源”，因而得不到信任。所以，对公职人员更强调远离政治而不是信用。（Schubert，1957：356）

　　这两个政治合法性概念各自潜伏在每一个德国国民认同流派的后面，为德国货币事务提供了两个不同的解释范围。把他们考虑进去对于理解关于马克和中央银行的各种公开表述的含义和象征功能至关重要。

　　例如，宗教表述就经常发生。[15]马克过去常常被刻画成一个全能的实体（Munster，1995），是托付给中央银行守卫的神。[16]中央银行就顺理成章地被视为教堂。[17]它的最高行政长官相当于教皇、[18]红衣主教、[19]或大主教。[20]他们根据自己的领导风格或者以修道者的身份行事，如海尔姆特·施莱辛格（Whitney，1993），或者以布道者的身份工作，如前者的继任者汉斯·提迈耶。（Grunenberg，1997；Ohler，1996）根据指导解释的政治合法性概念，这些表述将呈现出两个截然不同的含义和功能。更具体地，对于那些持政治合法性公民观点的人来说，这种宗教表述将毒害马克和中央银行；对于那些把合法性和公共利益视为非公民范畴的人来说，这种宗教表述将神圣化马克和中央银行。结果，在前一种情况下，这种宗教表述有助于中断货币事务与德国社会象征中心的大屠杀认同的联系；而在后一种情况下，这种宗教表述有助于把货币事务与经济奇迹认同联系起来。换句话说，象征中心充当了相应的解释范围，指导着马克和中央银行的含义与象征功能表述。

　　德国货币事务在其中展开的文化空间内的拓扑学也对把货币事务与中心通过一系列的语义联系连接起来产生至关重要的影响。我们以马克与中央银行和更致命的经济奇迹认同流派之间的联系为例展开说明。

　　我在之前曾经提到，国外观察者在挖掘把马克与中央银行和更致命的经济奇迹认同流派之间连接起来的丰富的象征联系方面尤其富有想象力。更具体地，这些联系把德国货币事务作为德国过去帝国主义的回声来表述。这样，马克就变成帝国货币。（Calle，1995）中央银行的政策决定就被等同于"德国必须接受的文本"。[21]联邦银行的权力就被贴上普鲁士"最高命令"的标签。[22]但是，尽管这种语义联系可能有文化上的意义，它既不是直接的，也不是自动的。相反，它是德国货币事务得以在其中展开的文化领域里特定的拓扑学的结果。

在更一般的水平上，世界范围内的货币市场一直被媒体一再转变成战争和流血的战场。[23]所以，原则上，它可以为德国货币事务象征性地嵌入另一个表述领地做好准备，这种表述定义了其帝国性的过去。但是，只有当人们争辩说联邦银行既不民主也不爱好和平时，这种语义联系才可能发挥作用。

对第一种情况的表述相当混乱。比如，奥斯卡·拉封丹（Oakar Lafontaine）担任财政部长时与担任国务卿的克劳斯·诺伊（Claus noe）在中央银行论战中，回应提迈耶（Tietmeyer）认为欧元已经成为"去政治化货币"的结论，认为中央银行是"处于民主前的专制主义阶段"[24]。《守卫者》杂志的经济栏目主编也坚持认为联邦银行是"自己给自己立法的力量。"[25]在这件事上，德国中央银行家们过去常常自行传递相当含糊的信号。比如，联邦银行行长奥特马尔·艾明阁（Otmar Emminger）就曾经说过"通胀很像独裁，必须不等它建立起来就打败他。"[26]所以，通过控制物价，中央银行应该支持民主，而不是损害民主。另外，北莱茵—西法兰州中央银行行长莱姆特·乔辛普森（Reimut Jochimsen）汇报认为就在联邦银行行长卡尔·奥拓·皮尔（Karl Otto Pöhl）卸任之时，当时的董事会成员提迈耶就以过去阿拉贡贵族在卡斯蒂利亚国王面前宣誓的仪式宣誓，发誓拥护皮尔的继承人海穆特·施莱辛格。即便提迈耶的言辞中带有自嘲的成分，他的表述几乎没有遵循民主表述的标准程式。[27]

接下来，从其成立的早期开始，联邦银行的历任行长们一直公开表明其对和平、自由和社会公正的追求。[28]甚至就在他们以在其他经济体内部创造问题为代价一心一意追求价格稳定的情况下，国外有时候也很机会主义地把其行为解释为单方面贯彻其意志的决心；很多观察者平静地承认这种行为根植于联邦银行对防止通胀再一次失控的偏执的决心，上一次失控发生于魏玛共和国时期。[29]

尽管联邦银行表面上没有激进地或者明确地反民主，但有两组德国货币事务的表述不详地朝着那个方向走，因而间接地助长了把中央银行与更致命的经济奇迹认同联系起来的可能性。

第一组用教会术语表述马克和中央银行。马克等同于神，中央银行等同于教堂，中央银行工作人员等同于神职人员。中央银行行长被刻画成全心全意致力于完成使命的人。[30]这种全心全意的做法经常被设计成狂热不确定形式。比如，联邦银行行长海尔姆特·施莱辛格就因为其对货币主义的毫不动摇的忠诚而被贴上"通胀霍梅尼"的标签。（Muhring，1990）

因为教会组织一般不支持民主，而且历史已经表明当教会寻求执行其教义时，他们会变得更激进，这样一种表述从逻辑上有助于维持德国货币事务与更具致命性的经济奇迹认同之间的联系。从象征性立场，他们借以展开的文化领域的拓扑学通过展示一系列的把一端与另一端相连接的语义联系也有助于解释这种联系。通过把马克和中央银行放进教会领域进行重新塑造，中央银行可以被想象成用来保护圣杯的圣殿骑士。然后，为了保持连续性，中央银行可以被描述为条顿骑士。[31]此后，因为瓦格纳的作品帮助恢复过的条顿神话构成德意志帝国时代重要的文化元素，中央银行可以被刻画成一位"德意志骑士"。（Esterhazy，1992）在这一点上，马克可能刚好降落在这片象征性地域上，使得有可能把马克嵌入经济奇迹认同里更致命的一个。

对德国货币事务的一种卫生学解释也依次产生类似的效果。一旦货币与中央银行业务落入医药与卫生语义领域，通胀开始被描述为一种疾病，政策制定者就有理由及时消除通胀这种"细菌"[32]或"病毒"[33]。现在，当传染病来袭时，我们希望有及时的制度性回应，而且执行者要果断坚决。一般情况下，为了应对严重的传染病，可以想象民主政府会发起一场围歼战，同时，至少部分地暂停某些自由权利。那些应对危机的机构将被赋予特殊权力，甚至要求军队介入维持秩序并执行应对危机的措施。带着这些预期思考，通胀的医药化比喻默示地把中央银行重塑成潜在的更独裁，甚至可能更进取的机构。而且，卫生学表述在纳粹统治时期尤其流行，帮助为各种形式的社会和道德净化活动提供理由。所以，对德国货币事务存在的大量卫生学表述增加了这些表述与界定德意志帝国的表述领域之间的连续性。

总之，这两组表述让我们可能想象德国货币事务与更致命的经济奇迹认同之间存在联系。在德国马克的历史上，这种联系一直潜伏着，德国政治与德国货币事务在其中得以展开的现实环境从未将其激活。但是，它仍然以一种文化可能性的方式存在着。所以，把马克从舞台场景中抽出来，换上欧元，将从根部切断这种结构可能性。

演示完语义联系如何影响对马克与德国社会象征中心之间的联系的表述，现在，我将讨论他们在同一个语境下将如何呈现。为此，我将援引德国一家顶尖报纸的经济专栏编辑彼得·格罗茨（Peter Glotz）的一篇文章。作者在这篇文章里力图从基础上推翻把联邦银行视为圣杯，把联邦银行行长们视为"神圣马克的看护人"的法国表述。（Glotz，1995）把镜头向前推近，我们有可能进一步感知德国公共话语中的稳定文化的微观行为。

格罗茨的文章是把关于货币事务的讨论重新投放到专制国家的象征领域里展开讨论的。"提迈耶们事实上统治着这个国家吗？"对中央银行行长提迈耶的人物描述用的是复数，对德国财政部长魏格尔、施道滕伯格和阿佩尔的描述用的也是复数，这种表述方法就跟我们描述贵族或者皇家王朝一样。复数化表达的效果是把它转化成类似贵族王朝的样子，后者存在的时间久远，使得中央银行行长的社会功能显得很自然。

格罗茨认为提迈耶是一个政党成员，他入党不是出于机会主义，而是出于社会环境。这个定性很重要，因为它强化了复数化所追求的自然化效果。如果提迈耶是一位精于算计的机会主义政党成员，这将玷污他的身份并削弱复数化带来的贵族特质的真实性。

鉴于在货币与中央银行业务的公共话语中越来越多地在实践中用高贵措词表述货币事务，格罗茨在他的文章中默示使用的货币领域和皇权和贵族领域之间的象征联系似乎是可行的。例如，中央银行的中央银行委员会成员曾经被描述为"马克勋爵"（Heemana and Spegel，1993），中央银行行长被称为坐在"宝座"上的"马克国王。"㉞（Prowse，1992；Huebner，1998；Dertinger，1979）

格罗茨继续分析认为，提迈耶的专制与他在德国公共行政系统里的地位有关。因为在担任财政部秘书，提迈耶成为 20 世纪 80 年代末红军派（一个恐怖组织，译者注）一次未遂刺杀的目标。他是在上班的途中遭遇袭击的，但是，尽管发生了令人震惊的事件，他仍然若无其事地上班。格罗茨如何看这个事件尤其有趣。汇报完提迈耶对事件的评论"我并不那么重要"之后，格罗茨怀疑提迈耶的反应是否是因为他是天主教徒或者他具有西伐利亚的厚脸皮特性。这个问题对于创造一个从提迈耶的贵族身份到宗教身份，然后更一般地，从象征性的皇权领域到宗教领域的平滑散漫的转变至关重要。这时候格罗茨加上提迈耶的座右铭："身正不怕影子歪"，这句话似乎指涉一种在宗教基础上建立起来的宿命论，这种宿命论似乎与托马斯·贝克特的人物角色很搭配。每当德国人想象他们的中央银行家时，脑海里就浮现出托马斯·贝克特的形象。实际上，就在两段之后，当格罗茨猜测提迈耶是否会坚守传统的联邦银行的强硬和独立路线，或者他是否会在欧洲利益上与总理科尔站在一起时，托马斯·贝克特比喻就出现了。

此外，从王室领域到宗教领域的散漫转变是有效的，因为这发生在很多方面对其发挥支持作用的文化背景下。首先，这种从王室到宗教的转变借鉴了已经深入人心的文化联系。从结构上讲，纵观历史，拯救或者救世主的形象一直在宗教领域里暗示存在，而王室在神权与人类之间充当协调者角色时具有拯救的含义，这一点已经得到承认。（Sironneau，1982：38－40）其次，"我没那么重要"这种表述是基督教传统中的文化剧本的一部分；信徒们通过这种方式发出信号——他们愿意接受自我否定、谦卑和自我牺牲。最后，德国中央银行家与托马斯·贝克特之间的联系是关于德国中央银行业务的公共话语中经常发生的拓扑图，而且得到中央银行自己的承认。（Issing，1991）

而且，除了德国之外，把殉教人物嵌入王室人物里是货币与中央银行业务的公共话语的典型的象征转型。比如，一位德国记者在一篇关于意大利中央银行的文章里发现意大利中央银行行长就像一位君主。但是，当开始论证行长法齐奥有能力抵制关于货币政策的政治压力的时候，他通过唤起殉道思想把话语表述带进宗教领域。这位记者在评论认为"法齐奥坚定保守对天主教的信仰，不回避作为令人不快的警告者的角色的职责"之后，聚焦法齐奥办公室里的一幅画，这幅画描述的是被乱箭穿透的圣·塞巴斯蒂安教堂。对殉道的承认再一次被利用作为中央银行像托马斯·贝克特那样表现的保证。（Piller，1999）但是，在这个特别案件里，通过援引法齐奥的宗教信仰加强了这种保证的效果；动用法齐奥的宗教信仰旨在加强在法齐奥与托马斯·贝克特的人物形象之间潜在类比的真实性。

格罗茨在其文章的最后部分指出，与托马斯·贝克特的情况不同，在提迈耶的情况下，"今天已经不需要殉道了"。格罗茨继续分析，认为提迈耶应该像沃尔特·郝思坦（Walter Hallstein）那样富有勇气。后者是一位保守的德国公务员，当他任职欧共体主席时，能做到把其所有的正统观念推回到原点。在这一点上我们或许会欣赏象征性嵌入如何能够实际上约束建立或者类似本案例中削弱象征性联系的企图；它如何给自己设定的约束提供一种中立化的方法。下面我对此进行解释。

一旦格罗茨的叙事把德国中央银行业务转换到宗教象征领域，离开此领域就要受到其叙事规则的约束。如果格罗茨认为提迈耶是托马斯·贝克特，他就不能突然说提迈耶不需要经历殉道。这种选择权失效了。随时准备殉道是托马斯·贝克特人物角色的一个重要维度。为了恢复此选择权，格罗茨需要以提迈耶/托马斯·贝克特的圣洁（尊严）为理由证明避免殉道的合理性。例如，他本可以把拒绝接受殉道解释为提迈耶内心良知斗争的结果，提迈耶在内心良知斗争之后发现不计成本地追求"殉道"将是他自己的抱负和自豪感的结果，而不是真实地想要遵循神的意志。（Glotz，1995）这种翻转在基督教传统里的话语实践中很普遍，所以，在格罗茨的论证所着陆的话语领域里这种选择是合法的。

　　下文将提供一个清晰的案例，说明沿着我刚刚提到的路线可以成功地实现话语翻转。一位作者发现对马斯特里赫特条约标准的解释令人想起"圣经中的一个注释：人们可以用任何方式读圣经，但不能逐字逐句读！"（Fischer，1996）换句话说，欧洲货币一体化的过程在一个象征性领域里建立了马斯特里赫特标准，支持这些标准与圣经的隐喻联系并因而建立了一个预期，即这些标准是不可改变的。但是，作者援引圣经仍然似是而非地使之得以绕过那些与援引圣经一起带来的语义约束。

　　总之，是否存在一个可以把货币与中央银行业务转换成不同的语义领域的象征性联系取决于货币事务得以在其中展开的文化场景的地形；或者换句话说，取决于对货币行为的文化嵌入。是否有能力看出联系的机会以及货币事务镶嵌在其中的语义领域里内在的联系限制可以识别独立中央银行业务艺术中相关的象征性技能。

　　但是，存在象征性联系的事实并不自动意味着它是有效的。有效性取决于联系的文化表现。

第四节　作为一种文化表现的德国货币事务

　　德国货币事务可以转变成一个关于集体认同的道德剧，但这个事实的存在并不意味着它们可以自动发生。为了使转变发生，货币事务与德国社会象征中心之间需要有机会真正产生联系。换句话说，真实联系的可能性是一个关键因素。⑥这里，我将参考两个案例对此加以解释。第一个案例讲述的是 1997 年德国财政部长瓦格尔（Theo Waigel）与德意志联邦银行之间关于黄金储备重新估值产生的冲突；第二个案例讲的是1990 年联邦银行与德国联邦政府之间确定东德马克与西德马克之间兑换率时产生的冲突。在第一个冲突中联邦银行胜出，而在第二个案例中其对手占得上风。

　　德国货币事务的文化表现与欧元区或者美国相比存在一个与直觉相

反的发现，提醒读者这一点是很重要的。在德国，关于联邦银行独立性的冲突很难凌驾于常规的技术性讨论之上。我们至多只能听到维护中央银行独立的单方面的呼声，这种呼声本身就可以像喇叭一样使中央银行支持者保持警觉，并在多数时候可以吓跑侵略者。相反，欧洲和美国货币事务在发生制度危机的时候集体认同的各种线索就变得更加明显了。在这一点上人们可能会争辩说这种说法没什么意义。如果德国稳定文化的确是稳定文化的典范，而且比刚兴起的欧洲稳定文化或者美国稳定文化要强，我们不应该看到在货币制度危机期间马克比欧元区的欧元或者美国的美元更清楚地与集体认同相联系吗？与之相矛盾的是，结果正相反。正如我之前所言，把这些潜在线索发动起来要经过央行与其对手之间的制度博弈中的非均衡路径，所以，它几乎不能实现。换句话说，正是因为这些潜在的线索只能在货币文化背景中才具有潜在的可利用性，也因为它们很重要，所以，它们几乎不会发生作用。相反，如果稳定文化更弱，潜在线索的文化可获得性本身不会必然有助于阻止对中央银行的攻击。结果，这些潜在线索只能在出现货币制度危机时才会起作用，这恰恰因为他们的作用轻一些。

这对于我们如何分析货币事务的文化表现具有重要的启示。如果某地的稳定文化波动很大，我们就需要讨论把货币事务转化成关于集体认同如果发生的话，是否有机会令人信服。相反，如果稳定文化正在运行中，分析者就需要讨论让货币与央行业务转化成集体认同问题能否实际上不会产生具有说服力的效果。在前一种情况下，分析者应该关注货币制度危机的背景；而在后一种情况，他们会直接进入危机。

案例一：提奥·魏格尔对决德意志联邦银行

1997 年晚春，联邦银行对德国财政部制订的一个威胁央行独立的计划予以回应。

德国公众对 1999 年德国马克退出的前景持消极态度，这是德国财政部长对马斯特里赫特条约中关于货币一体化的条件不妥协的最重要决定因素。毕竟，这些条件是欧盟接纳其成员国进入欧洲货币联盟（EMU）的基础标准。提奥·魏格尔提出3%的赤字标准就是这种不妥协的典型案例。㊱

但是，1997年春天，德国赤字的倾向价值超过了关键的3%门槛。为了达到3.0标准，需要削减福利，增加税收；但是这样做可能遭到基民党和社民党的反对。僵局下，只有通过财政部有技巧地实施预算创造性，才能提供没有痛苦的出路。

5月15日，魏格尔宣布意向升值联邦银行黄金储备的计划，这样将会使得财政部有能力不加税或削减福利开支的条件下就降低预算赤字。㊲媒体立刻表示担心这个计划可能损害德国的信用并间接影响欧元的未来地位。㊳媒体的反应在联合执政党国会议员中间激起广泛的不安和尴尬，他们开始和他们的领导选择的策略保持距离。㊴

5月30日当联邦银行正式宣布反对该计划并且立刻获得其传统拥护者的支持时，局势进一步恶化了。德国工业协会会长、银行业协会以及批发与出口协会会长都公开支持央行。对欧盟持怀疑态度的萨克森州州长库尔特·拜登考夫（Kurt Biedenkopf）支持联邦银行，而德国自由民主党主席沃夫冈·盖尔哈德（Wolfgang Gerhard）以及联邦议会的自由民主党议会党团对魏格尔突然袭击联邦银行表示不满。在反对者中间，联邦议会的社会民主党议会党团领袖鲁道夫·沙尔平（Rudolf Scharping）以及绿党发言人约什卡·费舍尔（Joschka Fischer）反对魏格尔攻击联邦银行的独立，而奥斯卡·拉封丹呼吁重新选举。在反对阵营里，联邦议会中基督教民主联盟与基督教社会联盟议会党团主席沃夫冈·沙月波（Wolfgang Schauble）为魏格尔提议辩护，认为它从经济和政治角度看都是正确的解决方案，而且指出立法机构独立的重要性不比央行独立的重要性小。这个声明不可避免地拉响了警报。《北方信报》评论认为如果联邦银行像这件事所表现出来的这么容易受到政治影响，以联邦银行为模板设计的欧洲央行将没有希望。联邦银行拒绝了魏格尔的计划，认为它"可能被解读成对联邦银行独立的攻击"。（Williams Walsh，1997）

最终，政府不得不发表声明澄清其调整联邦财务报表"绝不会侵犯联邦银行的成功的稳定政策、独立性以及单独对货币政策负责的地位。"（Andrews，1997）

　　但是，矛盾的是，本来以为黄金储备升值可以无痛打破预算谈判僵局，却最终给执政党派联盟带来重大政治责任。而且，联邦银行和财政部之间的制度冲突有在国会议员和公众中触发支持推迟欧洲货币联盟的危险浪潮的威胁。实际上，这被视为唯一能够真正无痛解决执政党派联盟的问题和选民担忧的办法。这些考虑给执政党派联盟的领导者提供了一个有力的诱因尽快与联邦银行结束冲突，甚至可以重新考虑在预算谈判中使用过的交叉否决。比如，自由民主党总干事（FDP）顾一铎·韦斯特韦勒（Guido Westerwelle）就清楚地表示尽管早先遇到过威胁，FDP不会准备破坏预算上的联合行动。6月3日，经过被联合政府成员要求与联邦银行达成妥协之后，魏格尔宣布达成意向协议。中央银行本来早在1997年就接受黄金储备升值，但是第二年升值产生的利润就划归财政部。巴伐利亚州财政部长埃尔文·胡博（Erwin Huber）和联邦议会联盟党议会党团领袖格鲁克（Gluck）指出，这种安排不能解决当时德国经济政策面临的根本问题，即德国民众对EMU怀有普遍的不安全感。但是这种担心并未影响联合执政党对魏格尔与提迈耶之间达成的停战协议的正面评价。实际上，6月4日，就在绿党和社会民主党试图投票把魏格尔罢免的时候，联合执政党向他表达了信任。

　　6月19日，联邦银行和财政部全部结束案件。联邦银行接受在1997年升值，但是自己有权确定升值金额。升值产生的利润不直接划归财政部。到1999年联邦银行法案修改的时候，将进一步升值。《莱茵报》报道认为，这是联邦银行的完胜。

　　现在，人们可以论证说经济与政治利益足以解释魏格尔与联邦银行之间冲突的最终结果。联邦银行毕竟有能力把德国主要的企业组织（即经济顾问委员会）、联合执政党中至少一个党（即自由民主党）甚至不同的反对党（如基督教联盟和绿党中的不同党员）都拉到自己这边。那些动员起来支持联邦银行的企业组织对维护欧元的强势稳定，避免 EMU 在一开始就被反对者颠覆感兴趣。如果在公共预算上开一个不好的先例，德国将没有资格要求其他参与 EMU 进程的参与人严格遵守马斯特里赫特条约的标准。这将诱使参与人放松宏观经济约束，结果将导致欧元疲软。弱欧元反过来会威胁德国经济，因为后者传统上的成功建立在强势货币上[40]。经济顾问委员会自身代表传统的经济行业支持央行独立和稳定导向的宏观经济政策。自由民主党在这方面自然与央行站在一边，因为它传统上是财政保守主义党，偏好削减开支，反对加税；而且因为通胀可能对其选民基础带来负面财富效应，所以强烈反对通胀。反过来，社会民主党和绿党一直以来更喜欢宽松一些的宏观经济政策，所以将有兴趣看到 EMU 向后推迟，以便放松一下马斯特里赫特条约对其签约国施加的宏观经济条件的严苛程度。结果，那些主张发起成立以强势欧元支撑的强欧洲货币联盟的利益集团支持联邦银行；那些希望欧洲货币联盟推迟一下，避免马克做牺牲品的利益集团也支持联邦银行；那些希望欧洲货币联盟推迟一下，以便缓冲为了达到马斯特里赫特条约的要求而做出经济牺牲的利益集团也支持联邦银行。总之，政治谱系中从左到右都支持联邦银行的人结成联盟，联邦银行的支持者基于各自迥然不同的原因捍卫其独立。

现在，既然联邦银行公共支持基础的政治、经济与社会利益存在异质性，人们可能会问具有不同利益、甚至有时候是对立利益的支持者群体最终如何结成统一的联盟维护德国中央银行。换句话说，是什么样的社会协调机制推动产生这种结果？

随着魏格尔与中央银行之间的冲突加深，冲突不再在每一经济和政治群体的特别的利益基础上展开，而是超越这些利益并逐渐被刻画成针对社会与政治秩序中最神圣的支柱之一的根本威胁，即联邦共和国赖以存在的基础的中央银行独立问题；在金融危机期间《莱茵河报》称之为德国宪政秩序的禁忌之一。

随着危机期间游戏的实质发生转变，CDU－CSU 更难维持其选民支持魏格尔的提议了。毕竟，联邦银行的神圣来自于这一事实，即它是经济奇迹认同的一个不可分割的组成部分，后者反过来又构成多数德国中产阶层，即多数 CDU－CSU 选民基础的认同轴心。而且，该提议可能损害欧洲货币联盟的整个进程，这与 CDU－CSU 领袖把最近刚刚统一的德国紧密地锚定欧洲，并先发制人防止经济奇迹认同取得领先势头的决心发生冲突。

一旦魏格尔与中央银行之间的冲突离开技术争论领域，威胁转变成针对国家象征的危机时，冲突立刻得到解决，避免制度冲突继续升级。

中央银行独立从未被明确质疑过，也从未有参与人敢要求其开倒车。毕竟，他们感觉任何敢提出这种做法的人都将招致普遍的反对。但是，究竟什么促成这种感觉？什么因素结束了对抗？我倒认为使得德国货币游戏实际上变成事关国民认同的道德剧的所有因素已经全部到位了；所以，此时对中央银行独立的任何挑战都可能被令人信服地刻画成对德国社会基础的致命打击。

首先，笼罩在德国货币事务背景上的集体表达支持神圣化联邦银行，把其制度独立转变成一个禁忌，任何敢于触碰它的人都受到污染，而且联邦银行有权处置任何受到污染的人。尤其是德国马克与联邦银行得到宗教与卫生学表述的事实提供了一个潜在的致命混合体，该混合体可能从文化上把对污染和被污染者相当粗暴的回应合法化。魏格尔及其党内成员几乎不会愿意直接感受这种文化逻辑产生的清理效应。

而且，危机中的每一方在制度冲突升级的时候可以利用的叙事框架不仅证实了德国货币事务向一场保护德国社会神圣中心的游戏转型这一事实，而且使得魏格尔让步并巩固了反对他的异质的政治和经济利益联盟。在欧洲货币一体化进程中，联邦银行诉诸所谓的戴皇冠理论框架，其基本思想是只有经过欧洲经济与金融的深度一体化之后，才能实现欧洲货币联盟。但是，这种框架在默示地把货币事务装进一个浪漫的故事里之后，也助长了其道德化。毕竟，在一个典型的浪漫序列里，最后才戴皇冠。它构成英雄获得的来自上帝或者神的最终奖赏，表彰他忍受困境，抵御向恶魔屈服的诱惑以及避免走不道德的捷径。换句话说，戴皇冠理论框架把货币事务投射到一个新的领域，在这个领域中，正义与邪恶针锋相对地斗争，把货币事务推到技术理性所不及的范围之外。同时，框架向预期进入游戏的参与人分配认同，从而默示地界定了他们被预期应展示的特性。例如，耐心就转变成英雄气概的一个暗示。这样，那些鼓吹暂停向货币联盟转型的人士就会给自己带上正面的英雄的面具，并传递了一个信号，即他们愿意站在正义一边并为之战斗。传统上耐心一直是中央银行及其领导人表述的主题。[41]框架在构筑英雄的特质的时候，也为中央银行这位女主角默示地提供了一道防线来防御其对手。换句话说，她的忍耐行为并非一种阻挠或者颠覆德国政府计划的战略。相反，它出于对善的虔诚追求以及真实的信念，即生产并使用捷径的做法在道德上是错误的。同时，框架也定义了那些英雄反对者的认同。换句话说，反派人物不愿意遭受损失和牺牲。他们或者被特殊利益驱动，怀有恶意，玩弄手段，偷偷摸摸；或者不理智、愚蠢并古怪。比如，魏格尔就被媒体描述成这样的人。在一篇名为《戴上金戒指》的文章里，《经济学人》杂志开篇就宣布"目睹一位诚实的人变坏令人不安"。[42]而且他的计划在德国被明确重新编码为"金手指操作"。[43]德国国会议员们指控政府使德国陷入"前所未有的金融混乱之中"，并把魏格尔的计划描述为一个"骗术""诡计"和"噱头"。绿党领袖费舍尔对魏格尔说："你现在是世界上最具创造力的簿记员。"（Karaks，1997）联邦银行首席经济学家奥马尔对此判断加以证实：魏格尔的计划是"极端形式的创造性会计。"（Schmid，1997）《金融时报》把他描述为"高傲的炼金术士。"[44]当魏格尔的第二个想法尚未出台时，批评者就给他的计划贴上怪异的标签。《金融时报》在另一篇文章里把这个计划描述为"疯狂的动荡"。（Davidson，1997）德国之外的一些敏锐的观察者发现联邦银行与魏格尔对立的特质很奇怪地反映出两种不同的实施德国认同的方式。联邦银行代表了好的德国人的特质，魏格尔却不能做到这一点："德国政府极力推行'反德国'的经济计划。但是其他的真正的日耳曼德国人站

出来反对，反德国的德国人退却了。"(Levins，1997)

联邦银行中央银行委员会成员里的一小部分成员，比如汉堡中央银行行长威海姆（Wilhelm Nolling）呼吁不同的框架，即所谓的带头人框架。这一框架基本上传递的信念是，货币联盟将帮助欧洲国家保持欧洲一体化进程朝着政治联邦的方向坚定地走上正轨。通过把货币事务映射到医药领域，该框架默示地把欧洲货币联盟转变成一种疗法，而且把建立欧洲政治联盟与一个健康的身体联系起来。作为一种疗法，欧洲货币联盟将因此获得积极的必备特质，变成欧洲"病人"的一个希望承载者。而且，通过果断地实施治疗，诸如财政部长魏格尔这样的政客会处于更有利的位置宣称他们并非出于不正大光明的政治利益才急着冲进联盟，而是像医生那样出于好心，感觉对其病人负有责任，因而愿意做出任何努力挽救病人。另外，带头人框架在"跳动的心脏"与"欧洲一体化项目"这两个想法之间进一步建立语义联系。这将有助于把项目放进激情和情绪领域，而且，这样做会产生两个效果。一方面，这将违背很多批评者所持的普遍观念，即欧洲官僚精英冷漠的利益计算是推动一体化进程前进的最后引擎。另一方面，这将使我们信任那些视欧洲一体化为一种帕斯卡式赌博的人，欧洲人通过赌博把几个世纪以来在他们中间积累的各种仇恨一劳永逸地埋葬。现在，根据带头人框架，联邦银行可能提出的延缓欧洲货币一体化进程的各种理由必须是为了挽救病人而必须前行的迫切需要。所以，反对朝着这个方向的努力将把中央银行置于道德阴影之下。另外，带头人框架建立在一个假设之上，即欧洲政治联盟是一个健康的躯体，但是却没有充分地把这个假设的基础打牢。结果，中央银行可能给自己蒙上的道德阴影并不是一个严重的问题。带头人框架最终既不能真正地帮助魏格尔，也不能妨碍联邦银行反对他。

那些支持魏格尔部长的人一般更愿意利用不同的框架，联邦银行董事会成员之一，克劳斯（Klaus Koehler）1988 年在巴黎的一次演讲中第一次使用过这种框架。[45]这就是所谓的"跃进黑暗"框架（leap in the dark，本意是跃进黑暗，引申意指冒险或者鲁莽行动，译者注）。这个框架传递的基本信息是，欧洲货币一体化进程构成了一系列的冒险行动。而且即便这样，它是成功的，这意味着理性算计并非成功的必要条件。现在，"跃入黑暗"框架已经足够开放，可以用截然不同的含义朝着两个不同的方向表明意义。它可以把读者引导到把黑暗解释成威胁的文化传统。沿着这个路线走，跃入黑暗变得非常危险、恐怖、荒诞和不吉利。或者，它可以被解读为信心倍增，一种帕斯卡式赌博。沿着这条解释路线，信息行为最后变成真实意图的证据。黑暗不再意味着视而不见，而是一种希望看穿和预测挑战。黑暗不再是一个最终限制范围，超越这个范围所有权力失效。相反，它变成权力的基本来源，这个权力是绝对权力和永恒权力。黑暗是一扇门，人们通过这扇门离开世俗的生活领域，进入神圣而神秘的生活领域。这就是为什么说跃入黑暗最终是一种智慧，而非缺乏远见或者愚蠢的标志。[46]

在欧洲货币一体化进程中，魏格尔始终是马斯特里赫特条约标准的坚定维护者，因而也支持为了成就强欧元而牺牲马克。但是，他计划升值黄金储备却违背其传统的强硬，它看上去几乎挑战了经济宇宙里的引力定律。"黑暗跃进"框架要求那些跃进者保持诚信，以便创造出我在上面讨论的一系列正面意义。对某些人来说，魏格尔与联邦银行冲突中的立场似乎至多是模糊的，甚至可能给人以出于政治私利的印象。结果，在这种情况下，"黑暗跃进"框架很难产生正面影响，而且魏格尔面临被陷在负面的把"黑暗跃进"视为不理智或者（更糟糕的）愚蠢的语义循环里。

悲观地表述危机的选择转而给魏格尔提供了一个机会向联邦银行妥协，向其受众的对立利益让步，并在他们面前干干净净地走出危机。毕竟 CDU – CSU 的选举基础视联邦银行为魏格尔挑战的神圣秩序的支柱之一，但同时对加税与削减开支的前景又不那么乐观。所以，沿着悲剧叙事的方向展开危机使得魏格尔能够向他们展示他已经挑战经济秩序里永恒的法则，竭尽全力做了不可能完成的事情；尽管其用心是好的，但他在一开始就已经注定了失败的命运。留给他及其支持者的只是接受稳定导向的宏观经济政策的严酷含义。

魏格尔所面对的由不同派别组成的联盟的成员从情景剧里吸取经验，发动了一场正义与邪恶之战；同时，为了证明其加入这一方参战的正当性，他们也吸收了传统上反社会和政治派别所需要的道德资本。换句话说，当面临重大危险时，所有的成员需要放下分歧，形成合力，维护更高的利益。一直到那时，魏格尔仍然被认为隶属于这一利益阵线，但是已经显示出算计型政客的本质，其信念显然是不真实的。面对这样的威胁，公共利益应该高于个体利益，社会上所有善良的成员应该团结起来，保卫中央银行。按照这种戏剧性的叙事走下去，他们肯定会收获胜利。

从演员的阵容来看，中央银行显然比魏格尔占有优势，因为央行行长非常令人信服地扮演了一位牧师的角色：这位牧师负责保护神龛，无私地决心保护好它，击退所有外来的亵渎行为。毕竟汉斯·提特麦尔在明斯特大学研修了三个学期的神学，当时该大学的天主教教学团体开设了一门学科，把神学和经济学结合起来。然后，他转到科恩大学研究经济学，他在科恩大学的博士论文与天主教的社会教义有关。后来，一位观察家评论道："他宁愿做马克的牧师，也不会做心灵的牧师。"（Grunenberg，1997）在他的各种优点中，媒体经常提到的是他绵绵不绝的才智和传教士般的执着。（Marsh et al.，1993）一位 OECD 官员曾经评论认为"他的言语中带有宗教热情"。（Marsh，1991）结果，中央银行的支持者们可以利用汉斯·提特麦尔的人格魅力中流淌出来的道德优越感更有效地利用其情景剧剧本。如果汉斯·提特麦尔的人生轨迹有助于证明其作为某一神圣机构领导人的行为的真实性，这一神圣机构的道德目标至少和经济目标同等重要，那么，在另一方面，汉斯·提特麦尔的行为证明就不那么可信了。他毕竟是一位政客，而政治在传统上又被认为具有某种内在的模糊性。依其身份，魏格尔在整个危机期间的诚信不能被轻信。这将对其真实地解释悲剧剧本的能力产生影响。

就观众而言，从象征的角度看，CDU - CSU 的选民能充分地发现提特麦尔相对于魏格尔在行为表现上的竞争力，从而更倾向于相信前者。结果，魏格尔和 CDU – CSU 从央行的制度危机中遭受的损失更多。

德国媒体对经济的报道一般更趋保守，这一事实进一步给魏格尔施加了一份压力。

最后，对抗的舞台也有助于增加中央银行相对于魏格尔在行为表现上的真实性。汉斯·提特麦尔可以在中央银行总部这个圣洁的空间里发表演讲，这里被很多人视为保护马克圣杯的大教堂。这个空间，即便从物理上和其他的机构以及利益也是分开的；这种物理上的分隔有助于使其神圣化。另外，魏格尔就没有这种有利的舞台可供依赖。不同的政治官殿分享同样的地理舞台。世俗政治可以从一个政治机构传导到另一个政治机构，进而使得世俗的特质在机构中间传播，其中就包括魏格尔所运作的财政部。

总之，在魏格尔与央行的对峙危机中，各种行为要素冒出来侵蚀魏格尔的悲剧性行为的真实性，并反过来使央行对魏格尔实施的各种英雄并最终胜利的反抗行为合法化。换句话说，中央银行及其支持者所建立起来的行为表现可望更具说服力，因为这种行为表现的要素可以更紧密地黏合在一起。中央银行所能建立起来的与象征中心的联系比魏格尔的更"真实"、更坚实。在这种情况下，升级对抗对德国财政部来说只能起到适得其反的政治效果。

案例二：两德货币统一

1990 年冬春交替之际，德国政治当局和货币当局在东德马克与西德马克之间的兑换率上产生冲突，最终前者胜出。和之前的案例不同的是，这回联邦银行不仅在冲突中一败涂地，而且其独立性也受到伤害。

1989 年末，民主德国的瞬间崩塌是西德政策制定者主要担心的一个问题。他们尤其担心民主德国的崩溃可能引发大量东德人逃离到西德，给西德的经济和社会秩序带来不稳定。毕竟，从 1989 年 10 月到 1990 年 2 月，有 30 万东德人逃离。（Koenig and Willeke，1998：20）为了阻止这种可怕的事情发生，联邦德国需要做出可信的承诺，对民主德国承担全部责任。但是，这种承诺的可信度只有在两德统一之后才能得到保证，因为只有统一之后这种承诺才不会受到国际政治局势的影响。这使得西德当局确信推进两德统一步伐的紧迫性。1990 年冬春交替之际，德国统一问题作为朝着两德统一的方向迈进的第一步，即两国货币统一的问题成为西德政治议程上的头等大事。但是，当时的联邦银行行长波尔却认为这样做太荒唐，当时的联邦银行副行长施莱辛格认为这样做太不现实（Marsh，1992：180）。2 月 9 日，联邦银行经济专家委员会警告科尔总理说货币统一不应该放在日程的最前面。但是，2 月 5 号，巴登符腾堡州中央银行行长在州政府内阁会议上提出货币统一的替代品不存在政治空间。

联邦银行认为，货币统一进程需要的准备期比政府准备接受的时间要长。尤其是只有东德法律体系经过深层次的结构性改革之后货币联盟才能成功地给东德引进市场经济。由于政治需要给货币统一步伐施加了加快的压力，联邦银行只能采取守式，尽量最小化因为缩短准备期而带来的不可避免的损失。这样，针对德国货币统一的争论就以聚焦到东西德马克兑换率的定义而告终。根据联邦银行及其传统支持者的意见，1:4 甚至 1:5 的兑换率能反映两种货币的实际相对价值。毕竟，在 1990 年初，东德马克在商品贸易中对德国马克的兑换率是 4.5:1，而在自由外汇市场这个比率是 7:1。（Marsh，1992：178）此外，东德政治当局认为 1:1 的兑换率是当时唯一能够维持政治稳定的选择。西德政治当局在这两个观点之间周旋。

2 月末，基民盟—基社盟和社会民主党的财政专家尽量调低东德的 1:1 兑换率预期。东德议会选举的结果也给西德政治当局提供了诱因，使之可以在兑换率上采取更灵活的策略。3 月 13 日，在参观莱比锡春季博览会期间，西德经济部长豪斯曼（Helmut Haussmann）尽量安抚东德储户；第二天，科尔总理承诺对小额储蓄账户执行 1:1 的兑换率。

随着从东德向西德移民的规模达到令人担忧的程度，加速货币统一进程的压力也增大了。总理秘书赛特斯（Rudolf Seiters）和内政部长邵博尔（Wolfgang Schauble）宣布，东德难民问题必须在7月1日得到解决，所以，货币统一问题也必须在这个时间得到解决。结果，兑换率争论进入白热化阶段。如预期所料，企业家、银行家和经济学者支持联邦银行。例如，德国工业与贸易协会会长汉斯警告说1:1的比率可能给东德工业系统和劳动力带来灾难性后果，然后指出1:2的比率将是一个很慷慨的比率。凯乐国际经济学院的两位经济学者克劳斯（Klaus - Werner Schatz）和特拉普（Peter Trapp）认为1:1的比率是政治比率，根本没有经济逻辑。

3月29日，联邦银行中央银行委员会决定在回答政府货币统一问题时支持1:2的兑换率。但是，联邦议会自民党领袖拉姆斯多尔夫（Otto Lambsdorff）和外交部长根舍反对联邦银行提出的把享受1:1兑换率的储蓄账户上限额定为2 000马克的做法，因为这样做违反了自民党在最近一次的民主德国选区选举中所做的承诺。类似地，CDU - CSU联邦议会党团议会事务首领波尔声称接受联邦银行的建议意味着违反科尔总理的承诺。在波恩的反对阵营中，拉封丹、马特斯麦尔、德莱斯乐强调1:2的兑换率将阻碍东德向民主转型。在贸易团体中，德国雇主联盟反对把1:2的兑换率适用于养老金。4月5日，成千上万的人群聚集在GDR反对1:2兑换率。西柏林众议院对此的回应是表示反对联邦银行阵线。特别是西柏林CDU秘书长兰多夫斯基宣称是联邦银行不负责任地宣布兑换率，而不是政府。1:2兑换率事实上只会带来不可持续的社会不稳定。为了支持联邦银行的立场，银行董事会一位成员哥杜牧警告联邦银行不可能维持1:1兑换率。经济专家委员会领袖施耐德表达了同样的观点。

鉴于这些差别各异的观点，似乎可以达成1:2附加一些例外的妥协，而且可以给联邦银行提供合理的担保，比如指定联邦银行董事会成员提迈耶作为科尔总理的德国货币统一谈判顾问兼西德代表团团长。⑰4月20日，CDU - CSU联邦议会党团的公共财政专家要求政府不接受民主德国提出的按照 1:1 比率兑换储蓄、工资和养老金的条件。尤其是 CDU – CSU 的财政政策发言人格劳斯批评民主德国财政部长罗姆伯格的立场，后者曾经为 1:1 兑换率辩护。此后，联邦银行副行长施莱辛格警告说联邦银行将毫不犹豫地采取信用紧缩政策以应对 1:1 兑换率带来的通胀压力，施莱辛格和储蓄银行行长盖格尔明确指出这种兑换率会导致货币数量增加到不可容忍的地步。4 月 23 日，政府、联合执政党和联邦银行同意达成一份对东德谈判方的共同提议。货币联盟将从 7 月 2 日开始启动；1:1 的兑换率将适用工资。南萨克森州中央银行行长海瑟强调，尽管他不赞成先验性地增加利率，但是如果民主德国境内过量的储蓄转化成消费的话，联邦银行将不得不干预。4 月 26 日，联邦银行行长普约尔在第 15 个德国银行日的演说中确认联邦银行不会置国家货币稳定于风险境地，联邦银行、财政部和总理下决心保护货币稳定。4 月末 5 月初，两德代表团分别在提迈耶和克劳泽（民主德国议长）的带领下举行了最后一轮谈判。5 月 2 日，科尔与马耶尔最后确定货币统一将在 7 月 2 日开始启动。双方同意在双层兑换机制的基础上确定兑换率。例如，个人储蓄将在一定的上限范围内适用 1:1 的兑换率，而且上限也与年龄挂钩。除此之外的储蓄适用 1:2 的比率。5 月 23 日，汉堡中央银行行长威尔汉姆在一次报纸访谈中表达不满，认为"政府必须停止让人感觉因为重新统一的政治进程而把联邦银行的独立搁置一边的做法。"他还抱怨认为这种态度"将开始损害联邦银行的信誉"。（Marsh，1992：189）类似地，南萨克森州中央行行长海思在基尔的一次演讲中认为联邦银行在货币政策中的领导地位正在被剥夺。5 月 30 日，普约尔公开批评波恩与法兰克福之间的"冲突"。第二天，他在中央银行委员会抱怨各州中央银行行长在陈述中表达的联邦银行形象是错误的。媒体报道认为这次事件破坏了委员会的内部气氛，为普约尔在银行内部开辟了一个阵线。7 月 2 日，货币统一开始启动。M_3 增加了 14.7%，而不是预期的 10%。平均兑换率是 1.81:1，但是最后在提出"合并资产负债表"里纯粹会计头寸后的兑换率是 1.6:1。（Kloten，1998：115）联邦银行行长普约尔后来

在 1991 年 5 月 16 日因为个人原因辞职，距离其任职的最后期限提前了
4 年半。

乍一看，这个案例似乎与针对中央银行独立进行的政治竞争毫不相
关。毕竟，严格意义上说，政治与货币当局在东西德货币兑换率上产生
的冲突不是一个货币政策的问题。相反，冲突针对的是汇率政策；根据
联邦银行法案，汇率问题不在联邦银行的权力范围之内。但是，必须强
调，根据该法案，如果财政部长制定的汇率制度与联邦银行的反通胀目
标产生冲突，联邦银行就不再受到汇率制度所施加的义务的约束。换句
话说，根据立法，联邦银行和财政部应该在汇率政策上进行合作。法律
这样规定的原因在于，财政部制定的汇率制度可能在将来影响货币政
策，因而催生出对中央银行独立造成潜在威胁的情况。[48]从这个意义上
讲，有可能认定联邦银行与德国政治当局之间针对东西德货币兑换率制
度的定义产生的冲突实际上是针对中央银行独立的冲突。

起初，联邦银行低估了两德货币统一进程的速度。例如，南萨克森
州中央银行行长海思就向《法兰克福评论》宣称"如果大家齐心协力，
货币统一可能在三到五年内实现。"[49]当 1990 年 2 月科尔宣布其货币统一
建议时，联邦银行行长普约尔称其为"一个非常荒唐的想法"。（Protz-
man，1990）但是，当德国总理的政治决心变得越来越明显时，普约尔
的立场开始转变。他在一次广播访谈里承认"我们不能以店掌柜的心态
看待货币统一问题"，并把科尔的计划评价为"一个非一般的魄力所能
做出来的历史性决定"。（Protzman，1990）现在，不同的评论者对德国
货币统一进程的结果也给出迥异的解读。有的把它解读成科尔的胜利，
联邦银行为此付出代价。例如，位于法兰克福的汉诺威生产者银行执行
董事维尔穆斯发现"联邦银行的信誉遭到损害……它提出的建议没有得
到关注。"（Williams，1990a）接下来，汉堡中央银行行长威尔海姆指责
波恩屡次忽视联邦银行在货币统一上的建议（Guttsman，1990）。德意志
联邦银行首席经济学家沃尔特承认"联邦银行的形象在最近的这场争论
中遭到破坏，尽管我认为这种破坏是没有理由的。"（Guttsman，1990）

另外，伦敦 UBS/飞利浦与安德鲁公司的欧洲经济学家评论认为联邦银行仍然健康且有反击能力："他们被打了脸，但是他们有能力反击。"（Williams，1990a）波恩政府发言人冯盖尔承认联邦银行对政府计划有保留意见，但是加上一句"银行最终接受了政府的政治决定"。（Williams，1990a）普约尔巩固了此观点，强调当关键的政治问题出现危机时，联邦银行的自治有明显的限制。有些银行家甚至否认针对两德货币统一的制度斗争的最后结果对联邦银行不利。例如，贝斯曼银行的一位合伙人克罗博克得出结论认为"联邦银行的信誉达到历史最佳"，德国银行首席经济学家里皮坚持认为"提议距离联邦银行并不遥远……政府允许联邦银行影响自己。"（Williams，1990b）

在这种情况下有人可能会问为什么联邦银行没有向前推进一步，把冲突升级，以便把科尔逼进死角。在这时，格拉斯明确呼吁联邦银行中央银行委员会抵制德国货币统一计划。（Grass，1991：71）"为什么作为货币的守护神，德国联邦银行不提出反对呢？"他抱怨说。（Grass，1991：69）我认为在这种情况下文化逻辑阻止了联邦银行实实在在地利用与社会象征中心之间的一般联系，在这个社会中经济奇迹认同构成这种象征中心的一个重要支柱之一。

首先，尽管联邦银行所代表的一整套复杂的元素使其稳居象征中心，但是一旦进入中心就不存在中心了，此时，什么也没有统一的德国这个概念更神圣。而且，德国统一的进程不像其他的普通的政治进程。它很特别，它超出一般的政治，在一个更神圣的层次上展现自己。在这个意义上，从结构上讲，联邦银行与推动加速统一进程的科尔总理相比处在更不利的位置。

其次，从叙事的角度，德国统一的进程构成一个浪漫故事的最后场景；科尔总理及其支持者可以利用这个故事使德国人相信经过几十年的牺牲，德意志民族终将胜利。最重要的是，科尔把联邦银行从传统的框架里抛出来，这是一个浪漫的框架，联邦银行曾经在这里做得很成功；科尔把它推进一个悲剧的框架，在这里，鉴于危机在其中展开的特别情形，它就不能和先前表现得一样好了。原则上，悲剧框架使得银行可以屈服于科尔的压力，但是仍然可以保持其道德完整性。银行就像一位预言家，它不能阻止人们伤害自己，但是至少可以说出货币统一进程过急所带来的危险，并警告伤害基本的经济规律将给德国带来的不可避免的后果。一位外国观察者评论道："普约尔以其预言家的清澈的双眼，发现并接受不可避免的事情。"（Picaper，1991）但是，危机的文化逻辑使得联邦银行行长普约尔被视为真正的预言家是有疑问的。毕竟，普约尔是可以同时向不同的受众以同样令人信服的方式传递不同信息的大师，这个能力曾经得到国际认可。但是这种灵活性被某些批评者指责为变色龙做法。例如，一位联邦银行观察者就曾经抱怨他"从太多的角度观察事物，以至于有时候你怀疑他是否有观点。"（Marsh，1992：29）现在，科尔总理把联邦银行逼到一个位置，加剧了普约尔广为人知的模糊性。在整个危机期间，他被诱使传递"弥漫着警告与重塑信心、担忧和自信的"信息。（Marsh，1992：189）他越是这样，给公众留下的预言能力越弱。毕竟，作为预言者，应该言辞清晰、声音洪亮，模糊不是他们的特质。而且，普约尔的个人发展轨迹进一步削弱了其作为一个不知名的预言家的表现。他对联邦银行神圣地位的怀疑妨碍他成功地借用传统式笼罩在银行上的神圣光环，帮助其在这个舞台上做一个更好的预言家。而且，不像其副行长施莱辛格，普约尔既不传统，也不学院，更不是苦行主义者。总之，他不是一位合适的演员，可以按照悲剧框架的要求扮演角色。而且，因为这个框架是联邦银行唯一可以利用的叙事资源，用以控制与科尔总理的冲突中的形象损失，所以，他根本没有进一步挑战科尔的任何资源了。

对于科尔联盟的支持者来说，德国统一意味着实现了隐含在经济奇迹认同里的最高承诺。换句话说，联邦德国的经济力量，尤其是马克将最终把第二次世界大战中失去的拿回来。这一预言最终为成就联邦银行作出了贡献。所以，阻碍德国统一将被很多保守主义者视为这是银行作出的背叛行为。对立一方的选区对此形势持各种不同的态度。有的视统一进程为西德完成其对东德负有的兄弟义务，其他人则担心这一进程带来的国内外政治影响。总体上可以得出的结论是，绝大多数德国人不能理解联邦银行反对统一进程，而且不会同情这一立场。换句话说，联邦银行失去了公众的传统支持，因而如果科尔总理决定进一步蚕食其独立性时，它再也不能指望获得公众的支持实施抵抗了。

媒体不是全部赞同或反对联邦银行的主张。很多经济分析者承认联邦银行态度的合理性，但也指出形势的特殊性。换句话说，如果联邦银行在这一点上妥协，他们也不会认为这是对其独立性的永久性打击。政治观察人士和学者中间出现分歧。某些人欢迎德国的统一，其他人则警告新马克民族主义可能带来的危险。总之，从东德跨越柏林墙的人物历史形象和统一后德意志民族的未来的说服力要远大于报纸上分析者的连篇累牍的理性分析。

最后，统一进程的场景即便不是在物理上，至少在象征意义上也是沿着倒塌的柏林墙展开的。结果，它产生在一个分裂的场景中，这个场景充斥着兴高采烈的气氛，其历史功能把它变成一个神圣的目标。这一场景，即德国统一的社会剧本在其中得以展开的场景，其象征性力量最终淹没了另一个场景，即德国货币事务传统上在其中展开并助推了联邦银行神圣化的场景。科尔在前一个场景中表演，而联邦银行注定在后一个场景中表演。这样，在本案例中科尔总理就比普约尔占据竞争优势。

综上，我在这一节讨论了影响德国货币事务向关于德国民族认同的道德剧转型的行为条件。我特别聚焦两个案例。第一个案例，即魏格尔对决德国联邦银行案展示了一种情形，即联邦银行不需要实际打象征性联系的牌，因为所有的行为要素都表明如果它打了这张牌，危机的文化逻辑将对它有利，这促进了魏格尔的最终妥协。第二个案例描述两德货币统一进程。联邦银行输掉了这场战役，因为它的竞争对手成功地占领了德国社会象征性中心的核心。

本 章 小 结

德意志联邦银行一直被作为最具代表性的现代技术理性的制度结晶和世界历史上中央银行独立的最成功的典范而在世界范围内被广为称道。在本章，我指出这一成功部分归功于德国货币事务背后的文化逻辑。换句话说，如果没有文化的无形作用进行补充，现代技术理性不可能取得这么大的成功。

更具体地，我论证马克和联邦银行与德国经济奇迹认同之间的联系是德国稳定文化的主题，对联邦银行获得公众的压倒性的支持起到关键作用。然后，我论证这一文化中有两个维度值得研究，一个是象征性维度，一个是行为性维度。解决稳定文化中的这两个方面有助于确定货币事务参与人需要掌握的两项能力，以便控制货币政治进程的方向。一方面象征性能力让他们能够关注那些潜在地把货币事务锚定在社会象征中心的稠密的联系网络，并让他们追踪把含义转换成货币以及中央银行业朝着中心行进的路线。另一方面，行为表现能力使得货币参与人成功地利用这些联系并实际上把货币事务投射到中心。

总之，货币学者只是偶尔并相当浮浅地研究德国银行业中的文化维度。比如，肯尼迪关于中央银行的著作讨论了银行的精神特质并解决了其在德国政治文化中的根的问题。（Kennedy，1991）其行文走得那么远，以至于认为这些元素构成联邦银行合法性的重要来源；但是此分析没有确认这一切如何发生的，而且更重要的是经过哪一个渠道并根据什么规则发生的。它也没有提供任何分析框架，以便解决这些问题。本章把文化分析又向前推进了一步，以便解决这些问题。

第四章
欧洲的稳定文化

第一节　概　　述

1999 年 1 月 1 日，11 个欧洲国家接纳欧元作为其新货币，把各自的货币主权移交给欧洲中央银行（ECB），欧元区诞生了。

很多观察者强调新成立的欧洲货币联盟与德国货币事务在之前的四十年里得以在其中展开的制度场景之间的连续性。尤其是德国货币制度的两大支柱，即价格稳定与中央银行独立得以传递给欧元区。科勒甚至认为欧洲货币联盟的成立使得"德国认同中的好的成分"正在出口到欧洲其他地方。（Marsh，1992：221）其他人强调欧盟的架构赋予欧洲中央银行更高的独立权，使之享受比联邦银行更高的不受政治干预的权利。换句话说，新成立的货币联盟不仅复制了德国的货币制度，而且对此加以强化。

批评者承认欧洲货币联盟的制度安排可能复制了很多之前的德国货币制度中的正式元素。但是，他们仍然警告说前者与后者之间横亘着一道鸿沟，即文化与历史鸿沟。[①]这最终使得这种制度安排缺乏活力，用斯蒂格利茨的话说，欧洲中央银行犯不起错误，因为公众绝不会原谅其犯

错。而且考虑到它的工作环境的复杂性，这是相当大的挑战。（Stiglitz，1998：218）

为了填补欧洲中央银行与联邦银行之间的鸿沟，有人建议把德国的稳定文化输送到欧洲其他地方。但是，怀疑者发现德国的稳定文化根植在德国人脑子里，内化为一种观念，这种观念来自于把通胀转化成一种现实的威胁，并把联邦银行转化成对付通胀的制度工具的历史经验。但是这种历史经验是无法传递的。换句话说，正是通过把德国货币和中央银行业务转化成文化现象，才使得强硬的货币政策在德国公众面前取得合法性，并最终使得德国货币制度得以顺利实施。

如果，一方面，批评者强调欧洲中央银行业务的文化基础与德国中央银行业务比较起来非常弱，这是正确的；那么，另一方面，他们暗示欧洲货币联盟不能拥有像德国那样强健的稳定文化，因为后者根植于一种独特的历史经验，这种历史经验是欧元区其他国家所无法分享的，这个是错误的。显然，预期马克与联邦银行从这种经验中获得的相同的含义与潜在功能也附着在欧元和欧洲中央银行上，这是不现实的。但是，期望欧洲货币事务可以很好地转化成针对欧洲认同的道德戏剧，作为结果，德国稳定文化的正式内核可以成功地被复制到欧洲的场景里，这并非不现实。

当然，在欧洲层面出现稳定文化相比德国的案例出现了新的问题。毕竟，稳定文化把货币与中央银行业务推到社会的象征中心，通过这种方式把货币事务转化成集体认同问题。但是，我们能说欧洲有个象征中心吗？欧洲存在一个清晰的集体认同吗？或者说不止一个欧洲吗？这些是学者们在研究正在产生的欧洲稳定文化的前景时必然遇到的新的难题。

因为稳定文化必然涉及把货币事务转变成与集体认同道德戏剧，所以，我先提出三个与欧洲认同各不相同的自我认同，即种族认同、公民认同和文化认同，他们正在竞争欧洲象征中心的定义。然后，我将讨论某些正在进行的把欧洲货币事务与这三个认同联系起来的努力。最后，我将分析象征性嵌入和行为对这种联系的可能性与效果的影响，把重点放在分析欧洲货币事务的特别复杂性如何确切地影响这两个维度，并在最后一节概括总结我的观点。

贯穿整章我将坚持这一观点，即欧洲稳定文化的出现是可能的，但是欧洲当前在这方面所做的努力还太少。当下，欧元区正在经历一场可怕的危机。这场危机只能提醒我们欧洲中央银行必须在这方面有所作为，而且必须加倍小心"欧洲本身"这种想法正在穿过越来越广泛的不同的欧洲社会的碎片经历的悄然而至的污染。我们要收获在这方面采取策略性行动所带来的果实尚需时日，所以，欧洲中央银行越早介入越好。某些人可能认为太晚了。其他人可能认为需要现在行动，否则永远没有机会了。我不会在这里选边站队。欧元区危机的结果会给出答案。但不管怎样，本章将有助于厘清本应该做什么或者还可以做什么，当然是在不同的观点的基础上回答这些问题。

第二节　欧洲的货币、独立中央银行业务与集体认同

欧洲认同是一个很难琢磨的概念。（Banus，2002：166）它太抽象，以至于欧盟委员会避免给出官方定义。委员会认为，毕竟"亲近、思想、价值观和历史互动上的共同经历不能凝结成一个简单的公式。"（Shore，1993：786）海姆则认为：

"欧洲"是一个思想、象征和神话的丛林。在很多方面它也是一面镜子，折射出多种观念和意义的形象；而不是一个棱镜，围绕着一个主体聚焦不同的人心和想法。所以，对"欧洲"的描述需要在把过去、现在和未来的不同线索拧成一起的多种模式的背景下进行分析。（Ham，2001：58）

尽管对欧洲文化认同的表述具有多样性，这些表述还是可以缩减成三种不同的话语表述策略，每一种都能挑选出欧洲象征中心的独特元

素。第一种从种族心理学的角度挖掘这种象征中心的核心思想。第二种聚焦欧洲民众的思想作为象征中心的支柱。第三种把欧洲的终极思想作为象征中心的内部架构。

把欧洲认同建立在欧洲种族心理学上的努力强调欧洲人共同的历史和主要传统。[②]而且，欧洲种族心理学的表达依赖两个同时发生的主要的故事来建立对过去的共同记忆。

第一个故事提醒我们在民族主义出现之前，欧洲的范围定义是欧洲人可以实际迁徙的区域："'欧洲人职业'很普通""尽管这个区域里有很多种语言和方言，哲学与科学知识到处流传。"[③]然后，故事朝前发展，对"不正当利益"的自私的辩护导致欧洲分裂和长期的战争与破坏，直到 20 世纪后半叶才结束。只是在那时，欧洲人才明白"必须统一才能确保挽救欧洲人共同拥有的文明"（Pantel，1999：49）[④]并决定"朝着新的方向推动历史"，[⑤]进入一个新的和平合作与一体化的时代。这将为他们赢得一个"前所未有的持久且无与伦比的和平。"[⑥]

第二个故事讲述欧洲人共同的历史记忆，包括欧洲人为了实现通过具有重要意义的立法，最终把欧洲转变成一片自由、平等和民主的土地而进行的长达几个世纪的斗争以及他们为之所进行的战斗。[⑦]但是，故事朝着这个方向发展的进程并不顺利。欧洲人一而再、再而三地被诱导偏离在欧洲大陆建立民主制度的轨道。诱惑既有个人主义，把自由扭曲成"为了个人利益可以完全自由地行为"；也有集体主义，"以平等的名义鼓吹一致"。这反过来让他们忘记了"只有在民主环境下人的尊严才能得到张扬"。尽管"在我们历史上发生最致命的兄弟相残和斗争之后"，欧洲人开始决定通过一系列的后续条约，进一步加强他们之间的合作与融合，在巩固民主并尊重人权方面迈出果断的步伐。欧洲人吸取自己的历史教训，开始认识到需要出现他们的新的自由领域和团结领域："个人的自由建立在所有人团结一致的基础上。如果团结遭到破坏，自由无法建立，人类可能面临人性被剥夺，变成生产与消费单位，变成数字，饱受破坏的环境之苦，或者被胁迫使用同一个文化密码。"[⑧]

另一种尝试是把欧洲概念建立在欧洲人概念基础之上。这种尝试把欧洲认同视为一种开放、动态和灵活的构想，这种构想是从欧洲公民与其机构之间以及公民自身之间持续的理性对话中产生的。[9]对立的社会力量、利益和思想之间通过这种对话相互碰撞，使得"政治目标得以澄清并改变航向，……公共意见得以出现，并开始塑造政治意图。"（Laffan，1996：94）如果欧洲认同的种族定义用被视为识别"欧洲文化"的"共同的根"填补了欧洲象征中心，那么公民定义则把交流规则置于中心，以便让欧洲公共领域得以出现，让欧洲民众得以形成。

批评者抱怨这两种对欧洲认同的观点都有问题。更具体地，前者太封闭，太排外；后者对认同所做的定义太单薄，对公共空间的理解陷入狭窄的理性主义，以至于最终难以解释公民如何致力于巩固社会团结。（Calhoun，2002：157）于是，他们转向具体的公民通过参与公共事务获得的文化竞争力，以此作为集体认同的替代资源。他们强调现在的观点源自于"共同的政治、文化和社会参与"，因而更具包容性了；把理性批评表述与社会想象和承诺联系起来，因而更丰满了。（Calhoun，2002：170）不像欧洲认同的种族和公民概念，第三种集体认同概念认为欧洲象征中心的内在结构包含一种道德纤维，其宗旨是为了把文化深深地嵌入欧洲公共领域。[10]

某些知识分子，比如丹迪（Diner，2000；in Probst，2003：53）、拉库撒（Ilma Rakusa）、新戴尔（Robert Schindel）和慕诗客（Adolf Muschg）曾经认为把欧洲变成一个对其历史上的恐怖负责任的记忆文明的前景构成这种组织中的一条纤维丝。（Keller，2004：209，254，27）其他人，比如德雷塔（Derrida）反过来认为作为欧洲文化公民身份基础的宗旨，除了其他内容之外，还包括在积极的差异性方面从文化上承诺承认差异性，所以，它包括保证转移到"其他主题"，公开放弃"认为自己是前进的先锋和知识的中心的断言"，并接受这一观点，即"只有站在他人的角度才能看清自己的位置"。（Derrida，1992；in Passserini，2002：206）这样，帕塞里尼（Passerini，2002：208）评论认为这种集体认同力图不确定、自我批评且自我嘲讽。

欧洲各种制片人和作家似乎会同意这后一种解读。例如，埃弗莱特（Everett，2005：12 - 13）认为欧洲电影的特征是对社会和社会秩序持怀疑态度，致力于激发、挑战与干预，对内在的东西以及对社会持批评的眼光。（Everett，2005：13）葛伯伦（Geir Pollen）强调"欧洲人这种说法一般传递更多的问题而不是答案"。（Pollen，2004：238）迟维恩（Stefan Chwin）坚持这一事实，即欧洲认同与抵制"对事物非黑即白"的能力有关。[⑪]米尔希卡（Mircea Cărtărescu）进一步延伸此观点，认为欧洲认同与复杂性以及一种承认其内部冲突并致力于寻找平衡的主观性有关。它是一种犹豫，对现实也是一种不可简化的模糊和暧昧的承认。尽管如此，它提倡行动。它不仅关涉关键的自我解嘲，而且关涉行动的热情。（Cătărescu，2004：17）

现在，稳定文化把货币事务与社会的象征中心联系起来，把它们转变成一个集体认同问题。所以，追溯欧洲稳定文化的出现要求密切考察当前欧洲货币事务与正在竞争欧洲象征中心定义的三种欧洲认同之间的联系。

很多欧洲货币一体化进程的批评者们认为没有证据表明欧洲货币事务与任何形式的集体认同之间存在联系。他们争论说欧元是一种功能性媒介，一种人造的概念，一种"世界语货币"（Engelmann et. al.，1997：122；in Helleiner，2006：13），是一种没有认同的货币。"没有人喜欢它，大家都接受它。"（Horisch，2004：122）欧元钞票的设计看上去像是"'星际迷航'中火星上某种文化上被剥蚀的土地的一个背景，而不是苏格拉底、查理曼大帝、马丁·路德、巴黎圣母院、乌菲齐美术馆、巴赫、贝多芬和莫扎特的字。"（Zakaria，1999；in Helleiner，2006：6 - 7）一位评论者认为，欧元钞票只是否定欧洲的集体历史，"替换真实的欧洲"。[⑫]另一位分析者抱怨说，欧元是一种幻影货币，没有根，没有过去，也没有回忆。它只代表纯数量，而一般的货币历史上还代表质量。它是一种技术上的人工作品。它代表一种虚拟的、"弹性的"和可能错误的现实。欧元无色无味，它只是一种适合充斥着疯牛和含激素牛肉的时代的货币。它是一种充满矛盾的不能形象化的语言，它是因为拒绝与欧洲人意识产生任何联系而达到这种效果的。（Prado，2001）从欧元身上根本不能触发那种普通的直觉，即认为货币是集体认同的有机组成部分，"是我们良知的血脉"。（Helleiner，2006：2）在我们的良知之上，欧元突然抹去欧洲几个世纪的历史形象，包括交流、影响、混血、侵略、发明和习惯。⑬换句话说，欧元的出现导致"审美损失和文化损失"。（Royle，2001）

根据其批评者的观点，欧元似乎将真实地反映很多社会理论学者经过 19 世纪到 20 世纪对现代货币所形成的常规理解。那就是，货币只不过是人造的交易媒介，它引起贪欲和自私，污染社会关系，分裂而不是团结人，压制了社会生活的所有维度，剥夺了人类自己的认同，最终把人类转变成甚至可以被处置的客体。哈特曼（Heiko Michael Hartmann）在他的一部获奖小说《未知病毒》里迅速捕捉到这些因素，这部小说是第一部把新诞生的欧洲货币作为主角的小说。在这部小说里，面值 50 元的欧元纸币变成一种新的未知病毒，即 MOI 的携带者。只要触摸到这种纸币就会染上一种可怕的疾病。身体将浮肿，就好像经历了一场推高的通胀一样。四肢会掉落，或者需要截肢，然后被医院里的工作人员处置掉，扔进一个搅拌器里。最后，经过几个星期的病痛折磨和精神错乱之后，等待病人的将是死亡。很怪异的是，哈特曼充满悲喜剧的想象几年后似乎部分变成了现实。《观察者报》报道了《英国皮肤学杂志》上的一篇文章，警告欧元因为含有镍，所以可能给 4500 万人造成湿疹。该报还谈到一个事实，即澳大利亚医生开始给欧元贴上"很脏的货币"的标签。这篇文章的作者还说，欧元不仅因为威胁国民认同和释放通货膨胀而遭到批评，而且还被视为"骗子和毒枭的最好的朋友"。现在，他还被指控给人们带来疾病。欧元一进入 12 个欧盟国家，"成千上万的急着抓到新货币的人们可以发现他们的手几分钟后都变成鳞状的、有病的样态"。银行出纳和商店店员被建议戴上手套工作，或者换工作。

（Browne，2001）"经过媒体报道接触欧元患病之后"，欧洲中央银行马上澄清，指出"你必须吃掉 400 张纸币才能得病"。（Harston，2003：28）

批评者继续论证认为，因为明显缺乏把欧元锚定在一个集体认同上的机制，危害到欧洲货币联盟的可持续性。他们指出，信用要求有深厚的根基和一致性，[14]而且在发生经济危机的时候只有当欧元区成员有共同接受的强有力的认同纽带时，欧元区才可能团结一致。[15]

与其所取代的国家货币相比，欧元的文化深度不够确是事实，但这不应该导致否认正在进行的努力，即把欧元根植入当前正在竞争欧洲象征中心的定义的三类集体认同之中。即便如此，欧元区现实的货币危机已经提醒我们没有时间自满自足了。这些努力仍然太缺乏力度，太缺乏系统化。更重要的，这些努力仍然缺乏全面的战略指引它们，支持它们给它们提供某种整体的一致性。总之，聚焦这三种集体认同是有价值的。

欧洲各地的各种政客、记者和学者都努力把欧元直接植入欧洲历史框架之内。正如欧洲中央银行行长杜伊森伯格在其为引进欧元纸币和硬币前夕所做的主题发言时所言，"单一货币是欧洲人几十年来的梦想"。（Duisenberg，2001b）在欧元诞生 10 周年庆典上，他的继任者得雷斯特把欧元的历史根基往后推得更远了。他说："欧洲单一货币有历史渊源。除了两千年前罗马帝国有单一货币之外，我还可以举出别的例子。比如 15 世纪波西米亚国王乔治呼吁单一欧洲货币，或者 19 世纪的雨果号召成立欧洲单一市场并用单一货币。通过实施 38 年前的维也纳报告中所载入的经济与货币联盟计划，我们实际上已经实现了古代版的包括货币统一的欧洲统一计划。"（Trichet，2008：2）从这个意义上讲，欧元的引进构成一个长期历史过程的顶峰。

这种把欧元根植入欧洲历史的努力也确保把它嵌入一个史诗叙事里，传统上曾经用这种史诗叙事给欧洲一体化进程赋予含义。比如，观察者曾经指出，欧洲货币联盟并非欧洲单一货币区域的第一次实验。毕竟，它比罗马帝国的区域小，比查理曼大帝的区域大。但是，它却是最有特色的，因为它不是因为征服而产生的："欧元前无古人之处在于这么多独立主权国家自愿把它们各自的主权集中起来。"（Dale，1998）它实现了欧洲人长期以来的一个梦想。欧元意味着通过当前以及未来的合作克服过去的战争和仇恨。（Duisenberg，2001b：1－2）它"正在帮助我们建立一个共同体，这是一个由我们特有的多样化文化滋养而且由我们共同的民主和个人机会价值观所加强的共同体。"（Duisenberg，2001b：2）正如科尔所言，它对欧洲大陆的自由、和平和繁荣做出关键贡献。（Kohl，2001）或者如希拉克在一次新年电视讲话中所说："欧元是欧洲的胜利。经过一个世纪的撕裂、战争和苦难，欧洲大陆最终以和平、团结和稳定的方式确认了其认同和力量。"（Castle，2002）总之，欧洲大陆构成一个历史过程的顶峰，此时，欧洲人得以战胜民族主义、战争、破坏和仇恨并建立一个具有建立在和平与善意基础上的共同价值观的共同体。在这种胜利的上升过程的顶端，善行、德行和光芒得到恢复，欧洲在其中心建造祭坛和大教堂为它们留下位置，敬拜它们。欧元构成一个大教堂，欧洲人建造这个教堂庄严宣告庆祝战胜过去的黑暗行为的英雄般的胜利。正如欧盟委员会一位成员波尼诺（Emma Bonino）所言，欧元"将是现代欧洲的第一座大教堂，因为通过使用这座大教堂公民确实有参与一个共同体的感觉。"[16]

但是，我们应该认识到把欧洲货币事务根植入欧洲认同的种族分支给欧元打开一扇新的愿景之门，在这里，欧元可能被怀旧地重铸成欧洲借以夺回世界霸主地位并梦想美国力量在全球范围内退缩的工具，因此，它将以不太友善的面目出现。卡恩在某个场合表示，如果 20 世纪是美国世纪，那么 21 世纪可以是欧洲世纪，而且还表示欧元的到来是"向世界宣布欧洲和欧洲认同是什么。"（Marlowe，1999）欧洲不想模仿美国，因为它的模式不一样。它的模式特点是更团结，更强调社会凝聚力。多亏有欧元，欧洲现在有了一个以之维护其模式并与美国模式竞争的工具。法国前部长现里昂政治学院历史学教授让纳内（Jean－Noël

Jeanneney）也把欧元比作权力工具。[17]欧洲中央银行执行董事格特鲁德（Gertrude Tumpel‐Gugerell）在一次关于欧美文化冲突的演讲的结尾也建议欧洲必须专注其优势，明确自己与美国的区别，并在相互尊重和平等待遇的基础上寻求与美国的合作。（Tumpel‐Gugerell，2003：3）非常有趣的是，在这个事件中，欧洲中央银行的一位官员为欧洲扮演了一个要求在世界舞台上恢复权力的管道。但是，这只构成给欧洲货币事务根植入种族可能开启全球反转之梦的开端。这个梦起始于用石油欧元替代石油美元。这样，欧元替代美元成为拉丁美洲和亚洲的储备货币。最后，欧洲要求修改条款，让国际货币基金组织和世界银行的大股东要求这两家机构的总部迁至欧洲。这个梦继续做下去的情节是，把这两家国际金融机构迁出华盛顿，迎回欧洲，将使得世界经济机构感受到欧洲文化传统的深厚的智慧。一旦受到欧洲人文主义和在个人与集体之间建立起合理平衡的资本主义概念的强大力量的感召，国际货币基金组织和世界银行将在世界范围内传播一种新型经济事务概念。风水轮流转，欧洲再一次为了全球利益把它的智慧"奉献给"世界事务。这样一种全球反转的普渡众生的梦想以"将死对手"告终：美元国王丢掉了王冠。

　　但是，把欧洲货币事务锚定在欧洲认同种族概念上的种种努力并未穷尽正在进行的把欧洲货币和欧洲象征中心联系起来的各种努力。尽管仍然分散和不系统，但是这个象征中心正在成型。正如我先前所提到的，还有两个集体认同的流派，它们正在竞争欧洲象征中心，其中一个是公民流派。

　　尽管欧洲中央银行展示出比联邦银行更广泛的汇报要求，[18]但没有证据表明它故意通过鼓励欧洲公民之间以及欧洲公民与其组织之间的自由争论与对话而促成欧洲公共领域和欧洲公民的形成，也没有任何证据表明欧洲人已经开始视其中央银行和欧元为这种对话的一个象征。尽管这样，某些欧洲中央银行高级职员，比如欧洲中央银行执行董事帕杜什（Tommaso Padoa‐Schioppa）的个人行为也可以提供一些线索，让我们了解欧洲中央银行如何把欧洲货币事务与公民认同联系起来。作为欧洲中央银行副行长，帕帕戴莫斯（Lucas Papademos）评论道，帕杜什通过其在一份意大利报纸上的每月一期的专栏文章积极地与公众互动，其文章讨论的范围很广泛，经常超出中央银行业务的狭隘束缚[19]。帕帕戴莫斯接着评论说，他对这些事务的公开观点可以从他在公共生活中的立场得到见证。他不只是一位欧洲中央银行的银行家，更是一位才思敏捷的知识分子和对现实事务洞察深刻的评论者[20]。但是，我认为帕帕戴莫斯对帕杜什的交流实践的解读忽视了一个关键的联系，这是他的同事们努力在这两个角色中建立的联系。最后，帕杜什可以向其观众推行公民品性，如果欧洲中央银行采取行动对这种实践加以制度化，这种公民品性完全可以实现把其欧洲中央银行业务与公民认同结合起来的使命。

尽管欧元与欧洲公民认同之间的联系似乎极其微弱，但是，当前把它与欧洲认同的文化流派联系起来的努力似乎更零散了，这从欧洲中央银行主要官员在某些场合的演讲和智力实践或者欧元纸币上的肖像似乎可见一斑。

例如，在最近的一次罕见的以欧洲认同为主题的演讲中（Trichet，2009），欧洲中央银行行长特里希特认为欧洲中央银行的制度实践复制出欧洲文化认同的两个话语成分。一方面，"欧洲中央银行积极提升欧盟的文化多样性意识作为欧洲文化统一的主要元素之一"；（Trichet，2004：1）另一方面，在德利塔之后，欧洲中央银行也认识到建立在自觉承认多样性的基础上的集体认同必须还具备抵制自我封闭并"以一种惯常的方式朝着远离自己的认同的方向，即'另一个好望角'"前进的抱负。（Trichet，2009）

另一位著名的欧洲中央银行家艾斯迎在他自己的关于中央银行道德维度的著作里也似乎在货币事务和欧洲文化认同之间建立起道德认同。根据艾斯迎的观点，道德是独立的中央银行业务的内在维度；没有道德维度，中央银行家不可能实现中央银行独立制度所应该提供的货币利益。现在，艾斯迎的观点巧妙地把货币事务的专家话语穿针引线般接入构成欧洲认同的复杂的文化结构中。这根线识别了欧洲思想里一个生命世界的功能理性与文化逻辑之间早已存在的紧张关系以及解决这种紧张关系的持久抱负。[21]

在肖像层面，我们也可以激发灵感，展现出与欧洲认同的文化流派之间的联系。正如欧盟官网的解释所言，欧元纸币上所描绘的窗户、大门和桥梁的形象构成"一种隐喻，即欧洲人之间以及欧洲与世界之间的交流"，而且也是"欧洲开放与合作精神的象征"，（Helleiner，2006：6）这也似乎回应了德瑞达所发现的以及特雷西特在其演讲中所提到的欧洲文化认同中的某一个特别的线索。欧元上的肖像也反映出欧洲人已经开始分享的作为一种"欧洲文化时代精神的"后现代文化氛围。[22]毕竟，它摒弃了早期只传递一种意思的信息的实践做法，它在作者与读者之间将这种意思结合了起来，它开启了多种解释的可能性时代，它抛弃了先前的"大师与杰作"式文化表达，它开始在中央银行纸币上展示纸币持有人的住所图案。[23]正如一家意大利报纸所评论的，欧元"是一种没有文化霸权时代的后现代货币：没有精英，只有简单的装饰。欧洲货币是没有英雄的货币。"（Belpoliti，2009）

尽管当前有各种把欧洲货币事务锚定在欧洲认同的文化流派之上的努力，但是，可以说这种联系依然很微弱。多数观察者一般把欧元肖像理解成其缺乏磨合成集体认同的标志，这一事实证明需要更多的努力加强这种联系，而且必须更多地思考如何增加其有效性。

现在，欧洲认同的文化流派把欧洲人建立并重新确认的文化实践置于欧洲的象征性中心，并把欧洲作为一个特定的道德秩序进行挑战。这种文化实践存在于持续使用一套特定的象征、肖像、比喻、代码、叙述和风格，以便使得政治机构、社会关系和政治制度合法化。而且，这些文化实践一般会在欧洲人的广泛的话题的公众辩论中浮出水面。这些话题很多，比如，在反恐战争中限制正当程序是否合法；在欧洲之外的人道主义干预的边界在哪里；如何解决过去以及现在在欧洲以及欧洲之外的种族灭绝问题；非法移民应该享有哪些权利；以及经济一体化应该走多远，尤其是对于弱势社会群体？随着欧元逐渐在国际层面获得更主导的地位，欧洲中央银行将有资格在欧洲公众面前依法提出更多问题。欧元在世界占据主导地位之后，欧洲应该在世界面前承担什么责任？面对其帝国的过去，它应该如何给自己定位？它应该如何抵制伴随主导地位而来的诱惑？它如何回应来自世界各地的那些人，这些人可能会说"如果欧元不来找我们，我们会主动找欧元，"就像当年东德人在柏林墙倒塌之后曾经提及马克时所说的？越来越多的欧洲中央银行家加入进来，证明他们作为欧洲公民在从事这些话题时的文化竞争力，就会有越多的欧洲人开始把他们的货币当局视为与欧洲的文化认同具有意义深远的联系。

作为总结，普莱茨曾经发现：

欧元不仅是一种货币，而且是一种意义。但是，这种意义不会只依赖于金融信息就可以建立起来，还要通过叙事得以成型。叙事的形式很多，比如社会上的人们如何谈论它；个人和社会整体如何解读这些故事等。所以，如果告诉人们他们将要分享的仅仅是一种货币的话就大错特错了，我们必须说服人们，欧洲一体化进程意味着我们要分享更多的东西。(Perez, 1999: 140)

在前面几节我曾提出两个不同的观察欧洲货币事务的视角。首先，我引进那些视欧元为一种没有意义的存在，因而是一种纯粹的技术理性产品的人的观点。然后，我提到当前正在进行的给欧洲货币加上新的几层含义的努力，即把欧元直接固定在欧洲集体认同的三个流派之中，这三个流派当前正在竞争欧洲象征中心的定义。[24]

第三节　欧洲货币事务的象征嵌入

目前为止，我已经指出欧洲货币事务可以遵循的三种路径，通过这些路径得以变成关于集体认同的道德戏剧，因此在欧洲范围内再造它们目前仍然缺失的德国稳定文化的核心维度。我将在这里讨论文化空间拓扑学中的一个方面，欧洲货币事务得以嵌入此文化领域之中，而且这个方面将影响欧洲货币事务向欧洲象征中心的位移。我将论证欧洲货币事务的象征性嵌入影响意义以及这种联系可能执行的象征性功能，正如在德国出现的情况一样，但是这里影响的方式更复杂。

自从第二次世界大战以来，政治合法化的两种不同的话语表述支撑着构成德国社会中心的集体认同的两种流派。一方面，大屠杀认同依赖一种集体主义政治观念、一种合法化的公民解释以及对民主的协商理解。它承认公民之间以及公民与其机构之间持续对话的重要性，把制度责任制作为这种对话实践的一种必要品质加以重视。另一方面，经济奇迹认同仍然时不时地影响国家的组织概念和政治合法性的非公民理解。这种政治思想传统把追求公共善品的责任委托给国家，并承认公务员真实地解释公共利益，因而值得从制度上保护他们免遭政客和个别利益的负面影响。

原则上，这两种政治合法性观念为德国公共领域里的货币事务提供了替代性的解读范围。结果，对马克和联邦银行的同一套表述完全可以依据指导解读的政治合法性的概念呈现出两套截然不同的含义和功能。例如，对中央银行业务的神职表述将被那些对政治合法性持公民概念的人视为具有污染性，被那些把合法性和公共利益理解为非公民术语的人视为神圣化。在前一种情况下，对政治合法化的解读将是把货币事务从德国社会象征性中心断开的一种战略；而在后一种情况下，对政治合法化的解读的目的将是把货币事务与德国社会象征性中心连接上。但是，在德国协调从来都不特别成问题，因为对政治合法性的非公民概念最终构成德国货币事务解读中的主导解释视野，但是欧洲货币联盟却不是这种情况。

自从第二次世界大战以来，国家的组织观念以及对政治合法性的非公民理解的受欢迎程度在欧洲大陆已经下降了。但是，1978年，欧洲货币体制（EMS）诞生了，联邦银行成为其支柱。因为该体制存在严重的权力不对称，联邦银行对货币事务中的政治合法性的理解逐渐得以把它自己的理解作为文化标准强加给所有的成员，而金融市场竭力对此进行实施，以便对其进行配合。[25]在欧洲货币一体化进程中，随着权力不对称进一步沿着按照对联邦银行有利的方向发展，这种文化分散现象得以持续并深化。随着欧洲中央银行的诞生，政治合法性的非公民观念，这种传统上德国货币事务的标准解释也作为欧洲中央银行业务的主要文化标准得以适用。正如一位意大利分析者所指出的，欧洲货币联盟（EMU）得以建立是因为德国及其联邦银行允许其这样做，它们之所以允许是因为欧洲中央银行接受了联邦银行的条顿骑士精神气质。（Recanatesi，2000）欧洲中央银行行长杜伊森伯格后来以承认欧元以德国为主导的方式回应这种观点。（Delhommais，1998）

　　这种最初把欧洲货币事务与德国社会象征中心的一个主导部分联系起来的做法具有重要效果。第一，它以把欧洲货币事务从一开始就加入欧元区的其他欧洲社会的象征中心脱钩，或者把其他欧洲社会的参与向后推迟作为代价，英国就是一个尤其明显的案例。英国的政治文化在历史上就一直对国家的组织概念以及政治合法性的非公民理解存在抵触。[26]例如，《经济学人》杂志就为欧洲中央银行的本性贴上"秘密、不透明……甚至邪恶"的标签，[27]并拒绝承认银行的正面的非公民代表，坚持认为当前中央银行家都强势，都不喜欢对自己的社会负责："他们喜欢秘密经营，就像一位匿名的牧师，而不愿意在电视上为自己进行解释。杜伊森伯格先生是一位高级牧师。尽管他愿意向欧盟理事会汇报工作，他本能上不喜欢开放。他是一位有名的乏味的演讲者。"[28]

　　欧洲中央银行业务与德国社会象征中心的非公民成分之间的联系也对欧洲中央银行与一种公民话语之间的明确的一致进行了妥协；之前，尤其是自从柏林墙倒塌以来，这种公民话语给全球性民主施加的制度压力提供了导向，而且在过去的十年里已经逐渐引导全球中央银行业务在各自的制度实践范围内不断提高对公众的开放水平。[29]最后，而且可能更重要的是，欧洲货币事务与构成德国经济奇迹认同基础的非公民合法性概念之间的联系存在把欧洲货币事务从欧洲认同的种族、公民和文化这三种正在竞争欧洲象征中心定义的流派之间的联系断开的风险。毕竟，政治合法性的公民理解已经弥漫于正在构造的欧洲人民中间。他们构成欧洲文化认同的目标中的一个重要的组成部分。它们甚至作为一个对欧洲民主建设的叙事的初步线索而运作；这种叙事是根据欧洲认同的种族描述的。

但是，在使德国参与欧洲货币联盟之后，欧洲中央银行逐渐偏离欧洲货币事务的非公民理解。

例如，被很多人视为"货币主义牧师"（Weber，2006）的艾斯迎就公开疏远合法性观念，尽管这个观念曾经在历史上让联邦银行受益几十年。他在给剑桥大学做的一篇题为"我们应该对中央银行有信心吗?"的演讲里反对把中央银行业务表述为"用来灌输敬畏和崇拜的某种神秘的艺术"（Issing，2000：2）。他承认在联邦银行这个案例中很难划清信任与准宗教信仰之间的界限（Issing，2000：9），并认为这种虔诚是不正常的：

我不确定对于像中央银行这样的机构来说是否有必要总是保持这种敬畏。如果公众的预期变得太高或者被抬高到准宗教的维度，中央银行家们确实会变得紧张，或者至少有些不安。而且，如果中央银行不管出于什么原因获得超越其严格的权力范围的声望和地位并成为信任或者神秘的崇拜的对象，这都说明它填补了其他地方留下的一个真空。具体地，这可能表明社会上在其他更重要的制度上缺乏信心。（Issing，2000：10）

欧洲中央银行填补艾斯迎退休后在董事会留下的空缺的方式也有助于把银行朝向制度合法性的公民理解拉近一些。艾斯迎过去在银行里监督两个部门，即经济部门和研究部门。他离开后，前一个部门由史塔克掌管。现在，史塔克表现出典型的中央银行家气质，即强烈的货币主义和坚定的独立性。[30]他自豪地展示自己的强硬形象[31]并因其"不可调和的正统形象"而闻名于世。（Fradin and Madelin，2006）像一位真实的联邦银行家一样，他沉浸在使用宗教比喻传递经济生活中的深层次道德维度。例如，他把那些违背稳定公约里规定的规则的国家称为"罪人"，[32]把预算松弛主义视为"一种资本罪过"。[33]史塔克的形象和传统上对中央银行业务性质的神职理解非常一致，他给人的印象根其严谨律己。有一次《金融时报》记者阿特金斯在和他进行的一次谈话中暗示他代表中央银行参加会议的旅行应该"是他工作中令人愉快的部分"。可史塔克马上回敬道："中央银行家们从不会玩得愉快！"[34]

欧洲中央银行的研究部门由欧洲中央银行副行长帕帕戴莫斯负责，这是一位麻省理工毕业的经济学者，有过在波士顿联邦储备银行工作的经验（Weber，2006）。帕帕戴莫斯支持更广泛地理解中央银行在经济中的作用，所以允许银行在计算得失时要把更广泛的社会利益考虑进去（Weber，2006）。他来到欧洲中央银行任职受到广泛欢迎，被认为"在年轻的机构里开启了强有力领导、开放与灵活的新时代"（Schmid，2002）。他的经济实践摆脱了凯恩斯主义学派或者货币主义学派的教条，转而选择把中央银行业务置于倾听模式的折中主义（Kontogiannis，2002）。正如帕帕戴莫斯曾经说过的，他热衷于区分"建立在理论基础上的方法与建立在经济实际运行方式上的方法。"[35]

根据欧洲中央银行董事会内部这种新组织安排的结果，史塔克分配到的任务是向理事会提供货币政策分析，并就利率的涨跌提供建议；而帕帕戴莫斯将用他监督下的研究部门的高超的分析能力予以回应。这种史塔克与帕帕戴莫斯之间的官僚功能的分配默示地发出一个信号，即银行向更大的对社会的制度回应开放，继而其自身也带来更大的公民敏感性。

银行行长从杜伊森伯格到特雷西特的转换也有助于中央银行业务的制度合法性进一步远离非公民观念。当然，特雷斯特在其母国因为其担任法国中央银行行长时坚定地执行稳定导向的货币政策而被某些人视为"强货币的坚定执行者""联邦银行的仆人"和"严谨的偏执狂者"。但是，这不能抹杀一个事实，即不像其前任杜伊森伯格，特雷西特从未被刻画成一个本性不喜欢开放的人。正如一位观察者在指涉这位法国中央银行家时所说的，"他知道如何把谈话对象带动起来，即让对方感到如果自己跟着节奏谈话的话，会表现出很睿智。"（Lepri，2003）这反过来似乎暗示机构领导更公民化的实践。[36]

欧洲中央银行董事会里其他成员的个人档案和实践也发出银行内部公民意识不断增加的信号。如我前面指出的什帕在公共生活中作为时事评论者的身份激起显著的公民热情，使之参与各种公民团体回应其所关切的问题。拉伦佐也通过展示开放可以成为独立的中央银行业务的正价值而对增强民众对欧洲中央银行的信心作出很大贡献。[37]某些分析者公开比较他的"自由精神"和史塔克的僵化。[38]例如，当司马什承认有必要增加工资以便充分地反映德国劳动力效率的增长时，他挑战了德国的中央银行业务的一个根深蒂固的禁忌，因而暗示了对包容性民主原则的极度敏感。（Weber，2006）他还在另外的一个场合指出基于"精英主义是危险的"这一假设前提，欧洲人应该通过投票决定出欧盟是否应该扩张。（Bini-Smaghi，2002）现在，一位来自古老的托斯卡纳贵族家庭[39]的成员鼓吹在欧洲层面更多的民主参与以及欧洲中央银行业务更多的包容性实践，即承认资本和劳动力都得到公平的收入，这一事实使得这些观点更有说服力了。

尽管在过去的十年里对政治合法性的公民理解作为欧洲中央银行业务的一个解释维度已经变得越来越突出了，有必要强调这一转移根本没有达到无法回头的程度。最近发生在希腊和其他南欧国家的债务危机表明合法性的非公民概念可能要回归。毕竟，当德国公民越来越对帮助陷入困境的南方经济体感到"不安"时，联邦银行可以重新取得像其在20世纪八九十年代那样具有某些文化影响力的地位。这可能助长欧洲中央银行从很多欧洲社会的象征中心以及欧洲的具有凝聚作用的象征中心脱钩，而这也将反过来在经济危机的情况下进一步疏远欧洲公众并削弱欧元区的长期团结。[40]

欧洲中央银行家努力获得欧元区人民的尊重与支持，所以，他们必定在两个不同维度的解释之间疲于应对，[41]这个事实给欧洲货币事务带来一个令人烦恼的两难困境。毕竟，中央银行能一面在某些观众面前以托马斯·贝克特教堂的形象展示自己并建立信任，随时准备不惜自我牺牲来捍卫其独立性抵御世俗权力的入侵；同时又在其他人面前展示民主机构的形象，即理解独立就是似是而非地逐渐融入到一种与公众不断持续对话的实践中吗？

如果多义性行为把看上去不可调和的文化维度可信地调和好，需要适用两个条件，但这两个条件在欧洲货币事务里都没有；第一，银行需要保持斯芬克斯一样的姿态，防止其观众把它和某一种单一维度联系起来。第二，每一维度内部的互动需要充分地分隔开，防止每一类公众之间比较之后发现银行实际上只专心于一个维度，因而只顾及某一套利益。⑫在欧洲货币事务情况下，这种分隔实际上是办不到的。所有的欧洲中央银行高管都受到来自欧洲社会内外不同观察者持续且同步的监督。所以，他们与其观众的互动难以完成从神职到民主模式的转换，然后又呈现出一张斯芬克斯的面目，似乎他们谁也不支持。让银行里的某些高管前后一致地坚持一个解释维度，比如像史塔克这种情况，而让其他人坚持其他的维度，比如像帕帕戴莫斯、帕多瓦·西奥帕和比尼·司马奇，这种办法也解决不了这个问题。毕竟，观察者可以通过分析组织内部不同类别的高管之间行政权力的平衡来推断银行最终会偏好哪一个框架。在这一点上，银行的任何斯芬克斯姿态都是不可持续的。

虽然多义性行为解决不了两难困境，欧洲中央银行仍然可以诉诸一种替代性的机制来对付其所面对的机构合法性的两个彼此矛盾的文化指标，即它可以尽力对中央银行业务的神职与民主模式采取模棱两可的态度。⑬

对于如何做到这些，奥马尔·艾斯迎和金·克劳德·特雷西特都提供了有用的案例。我在前面已经提到，艾斯迎传统上一直被与联邦银行的神职式中央银行业务实践联系在一起，尤其是他坚持严格的货币主义之后。但是，这种解读忽视了他所在的位置的文化复杂性。早在1991年，当他还是联邦银行首席经济学家的时候，他就对德国的中央银行家们以宗教的形式表现自我的做法表示怀疑。例如，在某一场合，他承认，"即使我们不想相信一种不断重复的基督复活式的奇迹，"联邦银行董事会的新成员在认同上经历了一次转型，这些认同经常让其政治捐款者惊讶或者失望。就像坎特伯里大主教托马斯·贝克特一样，他们开始顶住世俗势力的压力，化身他们的新机构的利益的真正的保卫者。然后，艾斯迎用一种足够健康的方式自嘲总结道："关于我们是否也应该准备殉道的问题，我暂不回答。"（Issing，1991：7 - 8）所以，他最近在剑桥大学的演讲反对货币事务的宗教观念，对此我们就不必感到特别奇怪了。换句话说，他的制度表现的文化节拍在神职与民主实践之间，因而也是在货币事务的制度合法性的非公民与公民观念之间犹豫不决地摇摆着，总之，用神职解读，但不过分！

　　类似地，作为法国中央银行行长，特雷西特没有吝啬夸奖法国政府，就像他的法兰克福同行一样。在其任职期间，它在政治压力下始终保持平衡，这也像德国传统做法一样。但是，特雷西特把一些似乎适合于民主模式的元素加入到神职模型里，使之得以扭曲德国的神职模式："声音更柔和，讽刺更犀利"，即化僵硬为力度。⑭

　　总之，欧洲货币事务展开所处的文化维度是特别复杂的。欧洲中央银行现在必须同时应付两个不同的制度合法性的文化标准，而且这两个标准朝着对立的方向拉伸。如果接受一个标准，欧洲中央银行最终取悦了联邦银行和德国公众中的一个重要部分，但是却把欧元从起凝聚作用的欧洲象征中心断开，因而破坏欧洲货币事务朝着欧洲认同的磅礴剧本转型。自相矛盾的是，如果欧洲中央银行模仿构成德国稳定文化的基础的文化形式，就会根除建立欧洲稳定文化的机会。另一方面，如果接近制度合法性的公民标准，欧洲中央银行会更接近把欧元和正在形成的欧洲象征中心联系起来，但是这样做又必须面对德意志联邦银行和部分公众的抵制。在这一点上，采取模糊的制度行为使得欧洲中央银行有可能与制度合法性的两种冲突的文化标准共舞，但这样做不能从根本上解决其困境。为了一劳永逸地解决问题，有必要把德国稳定文化转移到公民层面，这就需要把德国货币事务从经济奇迹认同断开，把它连接到大屠杀认同上。⑮

第四节　作为一种文化表现的欧洲货币事务

欧洲货币事务可以转化成关于欧洲认同的道德剧这个事实本身并不意味着他们会自动达到这个效果。要达到这个效果，把货币事务与欧洲象征中心联系起来的行为需要有机会变成真实的行动。我将在本节以欧洲正在经历的债务危机为参考讨论这个问题。

全球金融危机使得世界上很多国家的财务平衡受到严重破坏。2009年4月，欧盟（EU）要求法国、西班牙、冰岛和希腊降低预算赤字。10月，乔治·帕潘德里欧当选希腊总理，之后不久，他就警告说希腊债务已经达到历史最高点。评级公司对此消息的反应是把希腊债券排在一长串降低评级名单的第一位，使得希腊债券立刻变成垃圾级。这件事导致希腊利率飙升。利率飙升反过来又损害其财政平衡，把希腊带进一个危险的循环，最终使国家暴露在违约风险中。2010年1月，一份欧盟报告宣布希腊财政赤字达到GDP的12.7%，而不是希腊政府之前向欧盟主管当局宣布的3.7%。4月，欧盟宣布希腊赤字实际上达到13.6%。2月，希腊公布了第一个紧缩政策措施，欧盟保证提供帮助。一开始，欧元区和国际货币基金组织（IMF）提供了一个220亿欧元的安全网。3月，5万希腊人走上街头游行示威，抗议希腊政府宣布的调整方案。4月，欧元区国家提供300亿欧元的紧急贷款担保。同一时间，评级公司开启了一系列的降低主权债务评级之旅，首当其冲的是葡萄牙和西班牙的主权债务，冰岛随后加入。2010年11月，达成了一份850亿欧元的救助冰岛计划。但是，2011年的头几个月里局势逐渐恶化。2011年2月，欧元区财务部长们成立了一个永久救助基金，即"欧洲稳定机制"（European Stabilization Mechanism）基金总额达5 000亿欧元。2011年5月，欧元区与IMF达成一项780亿欧元的救助葡萄牙计划。彼时，希腊、葡萄牙和爱尔兰债务早已经被降为垃圾级。6月，欧元区部长们号召希腊进一步采取紧缩政策，以便批准最新一期救助贷款。当时，已经有谣言传播说希腊要退出欧元区。7月，欧元区达成向希腊提供总额1 090亿欧元的第二笔救助贷款。8月，欧盟委员会主席巴罗佐警告危机可能蔓延。西班牙和意大利的政府债券收益率开始上升，8月7日，欧洲中央银行收购意大利和西班牙政府债券，以便控制住贷款成本，防止西班牙和意大利陷入债务危机。2011年9月，西班牙通过宪法修正案，保证控制未来的预算赤字。8月到9月，意大利也通过了很多紧缩措施。此后，欧盟委员会预测2011年下半年欧元区的经济增长会"实际上陷入停顿"，同时，意大利债务第一次被标普降级，然后被穆迪评级进一步大幅度降级[46]。到2011年10月初，局势已经很明显：欧洲债务危机正在向银行系统蔓延，就像几年前美国的次贷危机向其金融系统蔓延一样。9月末，欧盟委员会秘书长盖纳预测将会出现连锁违约、银行挤兑和灾难性风险。几天后，特雷西特在这一时点向欧洲领导人呼吁采取快速、果断措施。他警告说，欧洲处于新一轮全球危机的中心（Launder and Fairless，2011）。诺奖得主蒙代尔（Laureate Robert Mundell）以个人的名义警告说"就像雷曼破产之前所发生的一样，谁也不能预测后来会发生什么……我们现在就正处于一场危机的中间。这不仅仅是一场主权债务危机，这是一场银行危机，而且是全球性的。危机将蔓延到美国"。（Kennedy and Martinuzzi，2011）

对希腊、葡萄牙和冰岛的救助在德国、奥地利、荷兰和芬兰国内的很多国民中间激起越来越严重的担心，他们担心欧洲货币联盟可能已经蜕变成一家中转机构，无休止地从他们口袋里掏钱，然后把钱转给其他社会用来覆盖其不负责任的财政行为，用来为这些社会里可耻的精英的特权埋单[47]。

欧洲右翼民粹主义者为了选举，在这个问题上渲染了修辞表达。比如，奥地利自由党领袖斯特拉抱怨奥地利人、德国人或者荷兰人不能无休止地"用钱填充南欧国家的无底洞"。2011年4月，正统芬兰人党领袖提姆·索尼质疑对南欧经济体的救助计划，在选举中其所在党派获得的选票相比 2007 年增长了 3 倍。然后，在荷兰，维尔德甚至要求把希腊逐出欧元区："我们拼命工作，他们享受美酒佳肴。"（Jung and Zand，2011）

为了充分地处理危机，欧盟成员国，尤其是德国和法国需要积极主动，展示更大的政治勇气，并更快地采取行动。但是，给定德国选民的普遍情绪，那里的政治领导人对回应危机非常谨慎。毕竟，在德国，欧洲货币联盟贴上中转联盟的标签已经深入人心，这使得其他欧洲领导人，比如扬克尔暗讽德国人"看不见欧洲的共同利益"。[48]

欧债危机的不断恶化已经逐渐使得不可想象的事情变得可以想象了。2011 年 9 月初的一次电话采访的结果表明 25 位伦敦城顶尖经济学者中，有 12 位预测欧元不会以当前的形式挺过这一届欧盟议会任期。[49]接着，德国的杂志《德国商报》把欧元比作朝着冰山行驶的泰坦尼克号（Fuest，2011）。另一家杂志《图片报》公布了一份民意调查，显示三分之一的德国人，即东德的 41% 和西德的 28% 相信十年之后欧元将不再存在。[50]而且在德国精英中，之前支持欧洲货币联盟的人开始号召对欧元区进行激进的重新设计。比如，德国工业联盟的前主席海恩克尔出版了一本题目为《挽救我们的货币》的书，他在书中倡导把欧元区划分成两部分，一部分是由德国领导的硬货币联盟，一部分是由法国领导的软货币联盟。[51]

欧债危机重新燃起关于引进欧元的经济原因的辩论。批评者提醒我们，欧洲并非最优的货币区域，所以，一种措施不可能适用于全境。欧元区当前的不平衡就是一个证明。在相反一端，欧元的捍卫者们指出欧元仍然有经济价值。第一，它控制住了通胀。例如，特雷西特在给《图片报》撰写的一篇文章中坚持认为欧洲中央银行已经确保 12 年的价格稳定，而且将继续坚持下去。[52]第二，欧元创造了就业并提供了新的商业机会。例如，法国和德国的 50 家大公司的 CEO 们支持进行一场宣传活动，保卫欧元并救助欧洲那些陷入困境的经济体，尽管成本很高。他们说欧元是一个成功的故事。在短短 12 年里，它已经成长为世界上第二重要的货币并创造了 900 万就业岗位。[33]第三，欧元提升了欧洲应对全球化挑战的地位。例如，前欧盟委员会委员皮特·曼德尔森曾经警告说 21世纪的欧洲信用和影响力依赖欧洲一体化进程。如果欧元遇到危机，欧洲的国际地位也将面临危机，"我们吸引投资者的能力以及运用我们的'软'大陆实力的能力都将面临危机。"（Woodcock，2011）最终，欧元正在证明其有实力深度改变欧洲经济。例如，前欧盟委员会委员马里奥·蒙蒂就曾发现"希腊政客以及社会在腐败、偷漏税、裙带关系、保护主义以及拒绝把价值和竞争作为指导原则加以接受方面是出了名的，"但是他们已经设法引进变化，如果没有欧元，这些改变可能要等几十年才会发生。（Monti，2011）

如果这些是欧元捍卫者们在欧债危机第一阶段提出来的经济原因，危机转变成一场系统性的"足以毁坏经济的银行危机"，（Peston，2011）进一步增加了反对分裂欧元的论点，并给德国和法国提供了新的动力，以便提高其发起欧洲范围内全面回应的力度。因为在债务危机期间各个欧洲国家的政府债券都被评级机构降了级，很多欧洲银行发现自己深陷大量有毒债务之中。换句话说，欧洲银行系统已经进入美国金融机构曾经在次贷市场崩溃之后所经历的危险的通道。有些观察者已经开始把这场希腊债务危机的蔓延比作欧洲 14 世纪的黑死病。（Evans-Pritchard，2011）金麦文认为这是 20 世纪 30 年代以来最严重的一次危机，而且可能后无来者。欧洲大陆引爆严重的经济和社会危机的前景以及担心再次体验欧洲曾经经历过的一些悲剧等在欧洲政治领袖中间重燃危机感。而且，把欧元区划分成硬通货区和软通货区的这种号召已经表现出其脆弱性。人们越来越认识到，因为欧洲国家之间存在相互依赖性，所以分割欧元区也不会阻止不同经济体之间财政危机的相互传染。所以，在这一点上用超国家的力量回应危机既有必要也很紧迫，欧洲中央银行就是欧洲仅有的可以自己支配用来在合适的时间与范围内应对危机的几种制度财产之一。最后，因为银行业危机必然给欧洲境内的增长与就业带来负面影响，分割欧元区只能使局势更严重。瑞银集团经济学家曾经计算过，如果德国退出欧元区，其货币将升值40%，利率将提高2%，银行将需要再融资，贸易额将减少20%，而且第一年每一位德国人的收入将损失8 000欧元。另一方面，如果希腊退出欧元区，其货币将贬值60%，利率将飙升7%，贸易将减少一半，平均每位希腊人在第一年将承担11 500欧元的成本，第二年的成本是4 000欧元。但是，甚至更令人担心的是，欧洲金融系统将面临严重的威胁。汇丰银行经济学家预测认为，在这种情况下，外围国家将深陷恶性通胀，而核心经济体将因为激进的重新估值而面临崩溃。"银行将不得不清理大量的跨境资产与债务"，"各国重新拥有各自的主权货币加上法律的模糊将使市场恐慌"。瑞士信贷战略分析师已经警告过，在这一时点标准普尔500指数将贬值45%，进一步给欧洲内外带来负面财富效应。[54]

在这一点上，欧洲政治领袖们最不愿意看到的是欧洲的一个中心出现动荡；德国失业率迅速上升，银行系统面临困境；普通民众潜在地暴露在右翼民粹主义者的宣传之下。

在债务危机开始时，很多德国人责备南欧国家财政吃紧，但是欧洲货币联盟没有能力制衡其疏忽大意的行为。既然欧盟没有能力履行义务，所以，故事继续向前推进，各国应该把命运掌握在自己手里。也就是说，每个人都应该走自己的路。随着危机逐步发展，人们开始认识到缺乏一个统一的超国家治理结构，而不是像现在一样，应该对结果承担部分责任。2003年，德、法在一次欧洲理事会上与意大利合谋推翻了欧盟委员会的决议，旨在避免受到稳定条约的程序约束，因而给其他国家发出信号，即在欧元区范围内财政纪律不必执行得太严肃。而且，德、法也是那些反对欧盟委员会提出的加强审查成员国账目的建议的国家之一。（Monti，2011）

正如特雷西特最近观察到的，欧债以及现在的银行业危机在其中得以展开的经济和政治环境似乎再次表明欧洲是一个"命运共同体"。[55]即便这样，即使有利于欧洲中央银行且抑制欧元区分裂的经济和政治利益越来越多，我们也必须认识到，这些利益并非自动地凝聚在一个阵线上，尤其是当反对者聚集在另一边的时候，这一认同很重要。只有当对所有成员都利益攸关的根本事情出现的时候，他们才会更加开放地接纳反对者作为同路人。危机越来越严重，已经威胁到欧洲得以存在的基础，这一事实朝着这个方向移动，表明欧洲货币事务可能逐渐转移到欧洲认同的领域，很多要素正在促成这种转移的真实性。

不同的参与人在保卫欧元时唤起的集体表述以及他们用过的剧本暗示当前正在竞争欧洲象征中心的定义的种族、公民和文化理解。就其对欧洲种族认同的暗示而言，比如，法国总统萨科齐使用关于欧洲一体化历史意义的现成的故事，并警告说欧元失败的后果将是不可想象的，足以震撼全球。萨科齐认为，那些终止欧元的主张是对欧洲过去的"野蛮"战争的遗忘，这些战争直到最近仍然持续着。欧洲人知晓这些，所以经过漫长的彼此战争的岁月后，"他们的内心只有一个愿望，即和平与合作"。（Clark，2011）托马索接下来警告，欧洲货币的"大本营"正受到金融交易者和评级机构大军的攻击。失去这场战争将对未来世界投降并导致欧洲的另一个遗产，威斯特伐利亚政府的终止。他坚持认为，保卫欧元就是"站在历史的正确的一方为'正义事业'而战。"⑤特雷西特个人评论欧洲一体化进程是成功的，带来了和平、稳定和繁荣，所以必须继续再一次挖掘一个典型的主题，这一主题不断代表欧洲认同的种族流派。（Einecke and Jakobs，2011）欧盟委员会副主席莱丁强调说，欧洲在世界上的影响力已经越来越大了，只有团结在一起，欧洲才能有希望成为全球事务参与人，换句话说，就是做真实的自己："欧元是全球货币，有些人不喜欢这一事实。他们就是当初在欧元还没诞生的时候就希望它死亡的那些人。他们就是那些尽力扰乱欧洲市场，以便转移其他大陆中严重的财政与货币困难的注意力。我们不能掉进这个陷阱，因为欧元是我们的货币，它是强货币，而且我们应该调动所有的力量和决心，确保欧元继续成长，造福全体欧洲人。"⑰欧洲之外的其他观察者的话似乎证实了莱丁的剧本："欧元即将崩溃，这将有助于美国重塑作为超级大国的地位……所以，接受这个事实：欧元结构已经死亡！

西方文明的遗产——欧洲多样化万岁！"（Sanders，2011）

尽管在危机期间参与人经常使用欧洲种族认同线索谈论欧洲货币事务，与欧洲认同的公民与文化流派的联系也在公众话语中浮出水面。在其 2011 年的亚琛查理曼奖颁奖典礼演讲中，特雷西特有效地把欧洲货币事务编织到欧洲的公民与文化理解里。他评论说欧盟并非仅仅是个经济组织，它还建立在共享的法律与制度之上。换句话说，它也是一个公民组织。他继续评论认为，欧盟"完成了几个世纪以来欧洲伟大思想家们的愿景：16 世纪的伊拉姆斯，他指出严格的民族概念构成道德限制；17 世纪的威廉·潘，他发现欧洲各国可以通过建立共同机构相互受益；18 世纪的康德，他认识到这些共同机构的权威必须建立在共同的法律之上；19 世纪的维克多·雨果，他发现民主参与对于给这些法律提供合法性基础是很有必要的；20 世纪的罗伯特·舒曼，他发现以上所提及的事务的基础是"经济一体化"。（Trichet，2011b）现在，为了应对危机，欧洲人需要给自己建立新的机构："欧洲人民需要他们未来的历史"。（Romano，2011）然后，特雷西特把他对欧洲货币事务的分析与欧洲文化认同之间联系得更紧密了。他认为，尽管欧洲发明了"民主"这个词汇，它还会发明新的形式的组织，"这种组织不会简单地复制现存的模式……欧洲人不做模仿者，他们要创设榜样。"他继续评论，这种创造性和对无限可能性的追求是欧洲文化的一个内在组成部分。为此目的，他引用了德国著名哲学家胡塞尔 1935 年 5 月在维也纳的一次演讲中对欧洲精神的总结："一种新的精神，一种根植于哲学并建立在科学基础上的精神，即自由批评的精神，为无穷的任务提供范式，主导人类创造新的、无限的理想。"

一旦欧洲货币事务走进欧洲认同领域，参与人就处在有利的位置挖掘另一种文化表述，这种表述在欧盟发展史上一直赋予欧洲人以合作的态度应对危机的能力。这种文化框架把危机作为更深层次一体化的机遇。莱丁明确地吸收这一资源："我们当前处在一个十字路口。未来几个星期里的决定将塑造几代人的命运。"她补充说，主权债务危机不需要把欧洲引向灭亡："这是……一个需要机会、团结和责任的时代。总之，这是一个需要挖掘深层次的欧洲的时代。"（Reding，2011）接着，特雷西特在其亚琛演讲中鼓励欧洲人想象给欧洲配备一个财政部长的可能性。为了支持其观点，他再次借鉴胡塞尔演讲中的结尾陈述："欧洲当前的危机只能以两种方式之一结束：以灭亡结束……陷入精神憎恨并回到蒙昧状态；或者通过理性英雄主义，从哲学精神中再生。"特雷西特坚信，欧洲人给自己建立的用来"在当前与未来之间架设相互依赖性"并借以度过危机的这个新机构将是"理性英雄主义"的一种表达。他在另一个场合补充说这并非一种政治乌托邦。为了理解这一点，只要回顾欧洲一体化的历史进程就足够了："我们现在谈论的是 60 年前开始的一个历史进程。欧洲一体化的视野在几个世纪以前就已经开启了。"（Einecke and Jakobs，2011）

不久以前，德拉·萨拉（2010：11 - 12）发现作为进一步一体化的前奏的危机描述似乎在最近的欧债危机中阻塞了。替代性的衰退与停滞描述反而开始出现，并为欧洲领导人缺乏处置危机的果断提供理由。德拉·萨拉当然至少对危机的所有起始阶段有自己的见解。格尔腾·艾仕精准地描述了某些原因，这些原因可能对中性化欧洲过去曾经用来克服危机的文化机制负责。第二次世界大战的回忆、苏联的威胁、美国的支持、德国重新在欧洲事务中获得合法地位的渴望以及法国领导欧洲的愿望一直以来都是进一步一体化的强烈动力。但是，在今天，他们不再适用了，或者远不那么明显了。尽管如此，一旦欧洲债务危机蔓延，"危机作为一种深化一体化的机会"框架越来越讲得通。随着局势和 20 世纪 30 年代越来越相似，对那个时代的回忆映入脑海并产生恐惧。危机不止肆虐南欧，而且掌控德国的可能性；右翼民粹主义者可能失控的预期，以及欧洲被一场社会动荡的浪潮淹没的可能性，以上这些因素有助于聚焦一些似曾相识的东西。这些是欧洲的政治、经济和社会领导人中的大多数不愿意加进来的原因，这反过来有助于这种观念的逼真性，即如果欧洲不前进，就会倒退到过去的黑暗时代。随着"惨案的未来"这种表述的成型，"危机作为一种深化一体化的机会"框架在欧洲层面获得更多的可行性，而且德国第二次世界大战后认同中的一个重要因素就再一次接通运行了。想要做一位好的德国人，你也要做好欧洲人（Greeley，2011）。2011 年 9 月 30 日，德意志联邦银行对扩充欧元区救助基金举行的最近一次投票，523 票赞成、85 票反对和 3 票弃权的结果似乎证实了这一点。

但是，吸收正确的表述和剧本重塑欧洲货币事务，使之进入欧洲认同领域，这并不会自动把他们变成欧洲认同的戏剧，而这又是正在兴起的欧洲稳定文化的主旨。为了实现这些目标，表述和剧本必须与解释这些表述和剧本的演员融合起来，而且必须与后者的表演内在一致地匹配。

当欧洲推动马斯特里赫特条约的时候，参与推动的领袖们绝大多数可以宣称他们的个人背景具有欧洲历史最黑暗时期的真正标志，而这恰恰是欧洲一体化进程所要埋葬的。比如，科尔总理在第二次世界大战时当过童子军。密特朗总统在法国抗战中战斗过。德洛尔主席也直接经历过德国占领。今天，这些战斗在欧债危机前线的领导者们不能声称直接见证过欧洲在 20 世纪所经历的恐怖。他们只是和平、繁荣与合作的接受者，而这些恰恰是欧洲一体化原本就要带来的礼物。结果，他们个人把欧洲货币事务作为欧洲认同的戏剧进行实施的行为，就与欧洲认同的种族流派之间的连接的表现而言，势必个人化程度很低。尽管这样，特雷西特的个人背景仍然在某种程度上支持其把欧元编织进入欧洲文化的丰沃组织的努力。像他这样的中央银行家在演讲的时候提到胡塞尔、瓦雷里或德里达并不显得尴尬。对于一位传统上多才多艺的法国工程师，我们不仅可以预期其具备精湛的数字能力，也可以预期其在哲学或文学上的游刃有余。

欧债危机借以展开的舞台有很多：政府权力的庙堂、金融机构的董事会会议室、欧盟议会及其成员国的议会、位于布鲁塞尔的欧盟总部、欧洲以及世界各地证券交易所的交易大厅、德国宪法法院以及欧洲很多民主人士游行示威的大街。在某种情况下，"欧洲合众国"的梦想似乎已经被'欧洲合众街'的令人烦恼的前景所取代。现在，这些舞台中很少有能力承载把欧洲货币事务转化成欧洲认同戏剧。例如，金融机构的董事会会议室和证券交易所的交易大厅远不如欧洲议会适合。还有很多其他的场所更适合，但是，欧洲权力当局很少系统地使用。特雷西特在亚琛的演讲"建设欧洲，建设制度"是在查理曼大帝的墓地发表的。在这种情况下演讲地点的象征意义与特雷西特的抱负有力地结合在一起，他的抱负就是在他的叙事里把欧元与欧洲认同联系起来。查理曼大帝毕竟是最早提出欧洲统一设想的人之一，而且在关于欧洲认同的所有种族叙事中一般被视为建立欧洲的一位先驱。现在，欧洲的许多场所，包括建筑、教堂、广场以及更多其他的运营场所，都以欧洲意识无形的中性终端作为特点，而且在这些地方欧洲历史的暗河重新浮现，奔流向前。这些场所之一是批发市场，这是欧洲中央银行即将把总部迁过去的地方。从1941年到1945年，来自法兰克福的10 000多犹太公民被集结在这座建筑东翼的地下室里并由此被火车运送到集中营里。2011年3月，特雷西特公布大屠杀纪念碑的中标设计，纪念碑将建在中央银行新址的旁边。在这一特定地点开展欧洲中央银行业务有潜力以更系统的方式把欧元发射到欧洲认同领域里。在这一地点发出任何号召消除过去的心魔都有机会做得更令人信服。只是，欧洲货币当局需要把自己暴露于该场所的转型效应之中，让象征起作用并在它们中间传播。但是，芬兰自行要求希腊提供的用来保证救助资金的担保中必须包括帕台农神庙，这种做法适得其反。它把货币与认同之间的联系切断了，它耗尽并贬低了欧洲文化的强大的象征，它还用一个值得怀疑的功能性逻辑把欧洲文化的象征殖民化了。⑬

总之，在欧债危机过程中以及与其初始阶段比较，经济与政治利益逐渐导致出现对欧元区和欧洲中央银行更广泛的支持基础。但是，利益本身不足以把不同质的利益凝聚起来形成一个阵线。这种凝聚是一种文化成就，关键依赖于把欧洲货币事务转化成欧洲认同问题。我在这里提出几个在这一转化过程中起作用的要素。

但是，必须强调把货币与集体认同联系起来的行为是一个非常具有或然性的文化成就，强调这一点很重要。这样，我们有必要让它在系统的基础上发生，以便创造持续的制度效果。既然这些并没有在欧洲货币事务上发生，把欧元变体成欧洲认同问题往好了说也显得仓促。

当前的欧洲危机给我们上了一堂重要的课。某货币可以在欧洲范围内流通这一事实本身不足以使之自动上升为欧洲货币。为了达到这一目标，必须让货币本身的性质发生某种根本的变化。它必须超越普通的经济计算并拿起白纸黑字的集体认同逻辑。它必须停止世俗化，上升到神圣地位。欧元起初有实实在在的成为欧洲认同的神圣象征的机会。但是，当前的危机使得越来越多的欧洲人把它视为世俗的货币，而且其中某些人对其可能超越当前的普通的功能性地位感到悲观。这反过来削弱了它在欧洲社会部分人眼里的形象。欧洲中央银行和欧洲当局必须赶在不太晚之前介入，扭转这种趋势。

本 章 小 结

各家评论者都强调欧洲中央银行与德国联邦银行之间的相似性。有些人甚至走得更远，坚持认为欧洲货币联盟的结构赋予前者甚至比后者更高水平的独立性。但是，批评者警告说这两个机构之间横亘着一条鸿沟。毕竟，联邦银行可以在 20 世纪的整个后半叶一直依赖德国的稳定文化维持其平稳运行，这是无法仅凭签署一个马斯特里赫特条约就可以推广到欧洲其他地方的。但是，不能做到这一点并非排除另一种可能性，即欧洲稳定文化可以生成并最终帮助实现与其德国对手同样的目标。

在德国，历史把通胀转化成对德国社会核心的现实威胁。它把联邦银行转化成对与这种威胁相伴而来的焦虑的制度回应。然后，它让马克担任一种象征，象征德国社会有可能把这种焦虑一劳永逸地甩到历史后面。这种文化转型的后果是，德国货币事务转变成关于国家认同的戏剧并直接嵌入德国社会的象征中心。这构成德国稳定文化的核心，也构成世界上最有名的独立中央银行，即联邦银行的制度稳健性的最终源泉。考虑到德国的情况，基本上没有什么能阻碍欧洲货币事务也通过建立与欧洲象征中心的联系而转变成关于欧洲认同的戏剧。只是，这种情况下过程会显得复杂得多。毕竟，是否可能讨论欧洲的象征中心还是不那么清楚的，因为欧洲象征中心与构成欧盟的各个社会的象征中心的总和是两回事。这样一个中心已经凝聚到什么程度了尚不清晰。

我展示了当前正在竞争这个中心的定义的集体认同的三个流派，即种族、公民和文化流派。所以，建立欧洲稳定文化意味着把欧洲货币事务和最终占领中心地位的那个流派联系起来。

在本章的第二部分，我讨论了欧洲货币事务得以在其中展开的文化空间里的拓扑。我论证说它们的象征嵌入影响这种联系所呈现出的含义和象征性功能，就像德国的情况那样，但是欧洲的情况要更复杂。更具体地，为了努力赢得欧洲人民的尊重和支持，欧洲中央银行家们注定要在两个不同的制度合法性视野，一个公民合法性，一个非公民合法性，因而也是两个不同的中央银行业务制度模式之间，玩跷跷板游戏。这接下来也使得欧洲中央银行业务在行为标准上更复杂，并面临两难。为了赢得并维持公众支持，欧洲中央银行似乎注定要同时实施两种截然不同的中央银行业务实践，一个是神职的，一个是民主的，他们似乎互不相容。我建议欧洲中央银行可以在这两个模式以及最终在这两个制度合法性概念之间诉诸文化上模棱两可的制度行为，以便部分解决这种行为上的两难。毕竟，我已经展示了欧元与欧洲认同之间的联系如何在最近的欧洲债务危机中从头演到尾。

就在本书即将完成之际，有些人预测欧元将内爆。其他人预测欧元区将已经转变成一个双层系统，德国和法国在核心，其他南部欧洲经济体在外围。而且还有其他人预测欧元区成员将更果断地朝着更严格的财政联盟发展。在所有这三种情况下，分析正在兴起的欧洲稳定文化都是有用的。如果欧元失败了，本章将给那些在过去十年里一直努力让欧元更坚实地扎根在土地上而不是仅仅建立在经济利益上的人们提供一个见证。但是，如果欧元成功了，本章将有望作为一种鼓励，即鼓励推进这种努力并在不久的将来让这些努力更系统化。

第五章
处理美国的金融危机

第一节　概　　述

自从 2007 年房地产泡沫破裂，美国一直在经历一场空前的经济危机，其波及面如此之广，以至于很多人把这次危机比作 20 世纪的大萧条。危机在 2008 年 9 月和 10 月达到高峰。危机把美国人的财富中相当大的一部分蒸发掉了；成百上千万的美国人失去了工作和家园；多数金融机构陷入破产；美国几乎三分之一的贷款机制被冻结；很多大公司，尤其是汽车工业，走上破产之路；美国 GDP 萎缩；股权资本与大宗商品的市值跌至谷底；金融危机蔓延到几乎整个世界经济；国际贸易紧缩；最终，损失掉上万亿美元。

金融危机使得美国政府对美国经济实施前所未有的干预、前所未有的财政刺激和前所未有的货币扩张。尤其是美联储化身美国经济重要部门的"唯一贷款人"并偶尔扮演"最后买方"的角色。（zumbrun，2009）

欧洲中央银行、英格兰银行和世界范围内的其他中央银行都加入了美联储拯救经济的行列，到 2008 年第四季度，它们已经注入几万亿美元购买政府债券和有毒的私人资产。

对于这次"19 世纪 30 年代以来最大规模的政府干预市场和金融,"美国共和党右派指控美联储主席伯南克与市场调和并允许社会主义溜进美国经济;① 另外,民主党左派给他贴上"拯救华尔街"的耻辱标签。②

为了大规模地干预美国经济,伯南克援引"规范美联储的立法中鲜为人知的条款",这些条款授权美联储在面对"系统风险"时实施紧急状态权。(Stewart,2009:73)他承认自己所做的努力"对于中央银行来说都是很不寻常的举动",但是又补充说这些举动"与我们身处的非常情况是匹配的"。而且在非常情况下,政治经济学者早已证明中央银行完全可以充分地放松货币纪律,这不会损害其作为反通胀斗士的名誉。(Lohmann,1992)

但是,我们必须认识到中央银行这样做的效果远非简单明确。只有当公众相信中央银行决定释放货币创造政策时所面对的的确是特别情况时,中央银行的独立性才不会因此而受到损害,这就构成一个相当复杂的文化成就。

在这方面,人们讨论特别情况的方式以及中央银行家及其支持者在公共领域回应特别情况的方式提供了某些有用的启示。例如,《经济学人》在 2008 年 9 月 18 日金融危机达到高峰时,预示"核冬天即将到来"并援引巴菲特对金融衍生品的定义"大规模杀伤性金融武器",用来指涉金融危机。③在详细报道美国财政部联合美联储为挽救美国金融系统而发起的一场八天战役的时候,斯蒂瓦特报道说在一次与伯南克、盖特纳和其他财政部以及美联储官员举行的会议上,鲍尔森警告:"我们正处在峭壁边缘……这就是一场金融战争,我们需要战时武器。"(Stewart,2009:74)然后,9 月 18 日,财长鲍尔森和美联储主席伯南克与主要的立法议员会面,提出建立一个价值 7 000 亿美元的紧急救助基金。据报道,伯南克对议员们说:"如果我们不这样做,美国经济下周一就崩溃。"(Sorkin et. al,2008)几星期后,诺里斯询问顶峰时期的金融危机是否与大萧条或者 1929 年金融崩盘相似,或者它是否构成与 1940 年春季纳粹德国对西欧的侵略类似的一场"对文明的威胁"。(Norris,

2008）随着经济紧急状态持续到2009年，约翰逊和可瓦克发现危机已经变成"伯南克的战争"，而且他"已经动用了美联储武器库里所有的武器"。（Johnson and Kwak，2009）韦茨曼在2008年5月就用过这种描述，当时他报道伯南克"作为美联储主席修改了规则。他就像一位战地指挥官一样动用所有的力量采取了行动，以至于过了两个多月之后美联储里某些人都使用伯南克准则这种说法。"（Weisman，2008）财政部部长盖特纳后来用这组比喻来捍卫美联储抵御各种批评，他说："美联储更像五角大楼，它保卫美国人的自由与安全不受现实威胁。"他又说："这不是一场自愿选择的战争，而是迫不得已的战争。他们打赢了。"（Grunwald，2009）

为了挑战美联储因扩大其对美国经济的干预而援引的特殊情况，批评者们自行使用伯南克、鲍尔森、盖特纳及其支持者用以说服听众的话语资源。例如，布劳格就警告说联邦公开市场委员会可能于2010年11月3日作出的旨在支持更大程度地干预美国经济的决定可能把"美国社会置于更进一步接近内战的境地，如果不是更坏的话""如果在一个公正的国家里，法治占统治地位而不是被贪官污吏滥用的话，他将面临共谋暴乱罪的指控，因为他的政策将不可避免地搞垮我们的共和国。"总之，某些美联储反对者警告发生"美联储大泛滥"。（Gandel，2010）

如果特殊经济情况自己能说话，证实宽松货币政策的正当性，那么中央银行家们、政策制定者们以及其他的观察者将只能不得不"如实地"描述，即凭未加工的经济数据说话。那么他们肯定没有理由再用"核冬天""战争""对文明的威胁""武器""武器库""军事准则""五角大楼""内战"或者"破坏"之类的概念。相反，他们是用模仿政府及其支持者们合法化战争时所用的很奇怪的方式做这些事情。换句话说，货币参与人似乎认识到，很多文化资源，比如大灾难流派开始发挥作用，界定特殊情况并把特定措施合法化以便应对特殊情形。[④]他们也本能地认识到执行宽松货币政策的同时还要维护中央银行的声誉及其独立性的可能性相当于脆弱的文化杂耍游戏，总是有失败的风险。而且每一次失败，用斯密的话描述就是，不管基本的经济指标对某些人来说似乎多么惨淡，宽松的货币政策最终显得"脆弱、固执、诡秘或者道德上是破产的。"

在特殊情况下尽管有货币宽松政策依然能够出来干预以维护中央银行独立的文化机制仅仅是稳定文化的一个维度。因为在最近发生的金融危机期间美国的货币事务提供了一个观察文化机制运行的完美视角，所以，我将在本章阐述美国货币与中央银行业务中尤其与最近的金融危机有关的象征与行为绩效维度。所以，本章的分析将更聚焦这方面并与前两个案例对比。

贯穿本书我一直认为稳定文化有助于把中央银行独立锚定在更稳固的基础上。通过阐述美国稳定文化的一个潜在弱点，我在本章的分析将把成就该弱点显现的一个重要情势作为证据。在德国，中央银行独立构成经济奇迹认同的一个制度性基石。所以，把联邦银行排除在德国社会象征中心的内核之外相当困难，如果不是不可能的话。实际上，我已经表明科尔总理得以在两德货币统一的场合下做到这一点。反观欧洲的案例，欧洲中央银行真正的超国家本质有助于把它打造成欧洲认同的内在基石，但是我已经强调过欧洲中央银行以及其他的欧洲机构并没有在这方面做出努力，所以需要在这方面付出更多的努力。即便欧洲中央银行做到了那一点，它扮演的欧洲认同角色也有到期日。毕竟，如果欧洲中央银行设法占据这个位置的话，欧洲其他超国家机构的出现可能把欧洲中央银行从欧洲象征中心的内核里排挤出去。这种事情很可能发生，比如，假设通过了欧洲宪法，宪法规定成立欧洲宪法法院或者一个真正有权的欧洲议会。现在，在美国尤其是在伯南克做主席的背景下，美联储可能比以往任何时候都更坚决地把美国中央银行业务转移到美国社会的象征中心，以便把自己与美国自由民主的象征、叙事和价值观更直接地匹配起来。但是，从业绩的角度，美联储很难把自己保留在那个象征中心的内核位置。毕竟，美国社会里的其他社会参与人比美联储作为美国民主的实际解释者更具竞争力。

第二节　美国的货币、独立央行业务和集体认同

尽管对于美国认同存在不同的理解，分析者一般认为美国的政治文化是很一致的。它以"对自由民主的'美国教义'的共同信仰"为基础（Huntington，1981：23；in Smith，1988：225），建立在一整套核心思想上，[⑤]这些思想整合了自由和压制两种话语言说。通过这种形式，美国人区分合法与非法的动机、社会关系和政治制度，并最终作出接纳或者排斥的决定（Alexander and Smith，1993）。例如，伊丽莎白·凯迪·斯坦顿就吸收独立宣言里的原则用来保护妇女权利。日裔美国人集中营里的战俘就援引美国理想要求美国政府道歉。马丁·路德·金也这样，他就像在他之前的托马斯·杰弗逊那样提醒我们"人生而平等"。（The Bradley Project on America's National Identity，2008：14）

在19世纪，美国社会的象征核心是"自由和世界主义，如果实践上不是这样，至少精神上如此：美国认同不是血缘，而是共同的民主信念。"随着时间的推移，对于不同的移民如何吸收美国价值观，不同的国家主义思想采取不同的观点。一方面，世界主义自由派"对美国社会同化新移民的能力公开表示有信心，认为新移民只要努力工作就会获得事实与原则上的平等地位"。（The Bradley Project on America's National Identity，2008：6）另一方面，种族主义者辩解说自由政治思想是美国人的思想，这是事实；而且"只有盎格鲁—撒克逊人具备民主公民所要求的道德和智识品质"。（The Bradley Project on America's National Identity，2008：7）只是在后来，因为与纳粹德国斗争，才使得世界自由主义重新获得给国民认同下定义的支配权。[⑥]

美国社会的自由主义核心一直以来都对美国货币事务产生强大的影响。美联储的批评者一直把它说成是对美国民主的基本威胁，而美联储的支持者一直坚持认为美联储仍然体现构成美国社会基础的核心理念。

　　更具体地，在批评者中间，某些人指控美联储排斥异见并妨碍或者压制自由表达。[⑦]其他人，比如罗伯特·沃尔巴赫把指控甚至向前推进了一步。美联储不仅妨碍对经济问题公开辩论，而且也干扰了民主到位，保护美国民主免受流氓官僚的损害。沃尔巴赫强调，给定银行在过去几年里保持广泛的咨询网络，反对美联储已经成为经济学教授委员会成员的一个职业责任（Grim，2009b）。"当这些经济学者在立法听证会作为证人或者在司法程序中作为专家出庭，而且当他们发表关于包括美联储政策的研究和观点时，"这就转变成严重的民主问题。阿尔巴赫补充说，制药产业一直试图控制主要的医疗杂志，这种做法涉及不同的公司。相反，在经济学里，"它不过是美联储。"而且，美联储一直（不顾）危险地破坏媒体对货币事务的审查，从而进一步削弱美国民主中的制度制衡。（Auerbach，2008：83）

　　对于美联储和财政部最近对华尔街金融机构的救助行为的结果，批评者们坚持认为美联储可能正在损害美国的自由和民主。例如，一位华尔街救助的反对者取出一份纽约时报整版的漫画指控布什、鲍尔森和伯南克是"新共产主义者"。漫画画的是这三个人正在插一杆旗，就像硫磺岛纪念碑的场景一样，只不过这次插的旗上印着锤子和镰刀，而且镶嵌着"大额保险""底特律汽车"和"华尔街银行"的字样。（Baltimore，2008）布莱德福特·德隆，这位加州大学伯克利分校教授以及克林顿政府时期的前财政部助理秘书也唤起人们警惕对美国社会核心认同的潜在社会主义威胁。他炮轰美联储，称为"中央计划的孤岛"，称伯南克为把美国民主变成"中央银行家共和国"的"道德—哲学家—王子"。（Delong，2008）阿米替·史莱斯则警告对美国民主的独裁威胁。他认为伯南克坐在王座上，因为自己"具有几乎不受限制地干预世界经济的权威"，因而行使着比伊丽莎白女王二世还要大的权力。他坚持认为问题不在于"伯南克或者格林斯潘或者甚至于他们各自的法院，而是王座存在于最高位置。"（Shlaes，2009）而且，正如阿克顿爵士所警告的："权力容易腐败，而且绝对权力绝对会腐败，"（Auerbach，2008：

192）这就是为什么很多人反对这一事实，即美联储的"威严地独立在一个民主社会里拥有任何位置。"（Canterbery，2006：29）

　　根据约瑟夫·斯蒂格利茨的观点，美联储对美国民主构成根本威胁的原因与利益冲突有关。他指出，继世界银行之后，没有任何一个具有与美联储类似的治理结构的国家会得到帮助，"美联储是一个腐败的治理结构。"在美联储，接受其帮助的银行同时也往美联储银行董事会派驻董事并参与指定美联储的地区主席。他得出的结论认为，"在民主社会，你想让人民有信心……但是美联储的治理结构将损害对民主的信心。"（Nasiripour，2010）前美国劳工部秘书罗伯特·莱西也指责美联储缺乏透明性。他论证说美联储的隐秘性"使之变成一个民主里的怪物"。尽管从稳健的货币政策的角度来看这是正当的，但是当美联储开始用纳税人的钱作为工具，挑选"资本主义系统里的胜者与败者的时候"，正当性就没了。他继续论证道，美联储似乎证实了托马斯·杰弗逊的担忧，即中央银行不再可信，这一担忧最终导致杰弗逊反对亚历山大·汉密尔顿在美国建立中央银行的呼吁。（Fitsnews，2010）

　　现在，美联储的支持者们给它辩护，反对这种指控。他们认为美联储已经走过一段漫长的路，使自己与美国社会的民主内核相一致。米尔顿·弗里德曼曾经评论说"中央银行的主要目标是'一方面要避免责任，另一方面获得公众威望。'"阿兰·布林德承认弗里德曼可能说得有道理。早在20世纪80年代，弗里德曼就提醒说卡尔·布朗纳抨击中央银行业务深奥难懂以及货币事务广泛地缺乏开放性和透明性肯定是有根据的。[⑧]正如伊森·海瑞斯所言：

　　保罗·沃克是一个大烟鬼，他在1979—1987年担任美联储主席时可以形象地把他描述为在国会听证会上喷云吐雾，施放烟幕弹，用复杂的经济学论据忽悠议员们。格林斯潘继承了其衣钵，继续使用"美联储式话语模式"，即用隐晦的只有老练的美联储观察者才听得懂的代码语言讲话。格林斯潘只是在第二任期时才很不情愿地更透明一些。（Harris，2008：6）

例如，当布林德在 1994 年 6 月末担任美联储副主席的时候，他得到的美联储资深首席发言人的欢迎词是："相信我，他的吹风会不想损害透明的品质。事实上，在某一时点他告诉我，'我们不谈论经济'。我怀疑地看着他，然后带着一丝嘲讽回答，'那你想让我谈什么？天气？'"（Blinder，2004：28）。但是，自从那时起，中央银行业务在美国以及世界范围内加速转变（Blinder，2004：29）。伯南克担任美联储主席就是一个证据。很多人向伯南克治下的美联储的更加民主的风格致敬。他们发现伯南克很坚决地鼓励在美联储公开市场委员会内部进行争论，并强调现在可以包容异见了。[9]正如布什总统曾经说的，伯南克作为负责人的讲话"因为富有洞察力而且语言通俗易懂而广为称颂，其话语风格与格林斯潘截然不同，后者一般晦涩难懂，学起来像德尔斐神谕的风格"。（Montagne and Ydstie，2005）与格林斯潘任期不同，在伯南克任期内，美联储不再以晦涩自居。（Siegel，2009）伯南克开启了更多的与公众沟通的渠道。他曾经召开市政厅会议，也曾经撰写专栏文章。他接受采访。他不止一次出现在国会作证。而且，更重要的是，"与格林斯潘的故意让人难以琢磨不同，他尽量做到透明。"（Grunwald，2009）有些人把伯南克的新交流姿态视为一种真正的"开放"。（Overtvelt，2009：40）

阿兰·布林德甚至发起政教分离的斗争以便声称是伯南克的对手，而非伯南克自己违背美国民主的核心原则。他在美联储获得的新领导地位真实地体现了世俗官僚思想。伯南克是一位现实主义者，这从他对监管采取的立场就看得出来。相反，他的反对者都是"经济上的地平说支持者"（Blinder，2010）。

美国货币事务潜在地转化成依附于社会自由核心的事务在美国历史上并非新鲜事，现在，认识到这一点很重要。早在美元刚问世的时候，这种联系就建立起来了。（Garson，2001）例如，尤其是在谈到"抛弃英镑、先令、便士和法新这种复杂的货币体系，转而用十进制的美元、美分、美厘（milles）"取代的时候，推动者过去常常强调"十进制货币与共和国政府之间的联系"。早在 1795 年，学校手册上就指出"十进制货币……不仅在数学上是合理的，而且有助于美国反对殖民统治，因而加强了其在民主政府中的领导地位。美国拒绝了英国货币制度中展现出来的具有腐蚀性的'封建野蛮主义反抗蠕虫'。"英国"货币体制的复杂的四分之一制记账模式适合他们聪明的政府，因为这种模式似乎有利于其独裁暴君的政策，即让其会计方法越复杂难懂越好。"换句话说，英国的货币单位是人为复杂化的。相反，"合众国的货币应该简单，适合大众的平均水平。"总之，"数学和政治制度之间具有紧密的联系"。（Garson，2001：39）

后来，美国内战之后几年里重金主义者与美元支持者之争也表现出把美国货币锚定美国社会公民中心（civil center）。对于美元支持者，例如：

黄金就像贵族，一种过时的遗迹，其存在的目标早就消失了："但是尽管独裁在教堂遭遇反对，在政治里遭到抵制，在金融领域里却依然当道，嘲笑异议者天真，把公平作为空想主义改革者的幻想加以保护"。（Heywood，1874：14）"国王的货币"意味着恢复英国王室的统治，那就更好了。美元支持者驳斥那种把黄金视为某种天然货币的观点并批评重金主义者为"黄金狂信徒和崇拜者"。（Carruthers and Babb，1996：1571）

所以，金本位就被刻画成原始、落后和盲信。只有"野蛮的部落"才会接受具体的物质作为货币，而法定货币构成"文明的货币"。（Carruthers and Babb，1996：1571）

美元支持者把美元与黄金之间的价值差距归结为"邪恶政客""精心设计的阴谋"，这些政客"剥夺人民的法定货币的权力和特质，而寡头统治者的黄金却拥有这些权力和特质，通过这种方式限制人民的法定货币"。（Carruthers and Babb，1996：1573）但是，重金主义者却认为回到金本位制将会使得美国重返"文明的基督教国家行列"。换句话说，金本位将"作为其文明化进程的一个闪亮标志，也作为其拥有基督教第一价值观，即诚实正直，展示一个伟大民族的道德品质"。（Cowdin，

1876：32；in Carruthers and Babb，1996：1570）金本位还暗示通胀"污染了公众的道德，正在把国家经济转变成赌博"。（Carruthers and Babb，1996：1576）

如果我们把美国货币事务与德国和欧洲的货币事务中的文化交流做一个比较，会发现美联储的支持者和批评者中对公民话语（civil discourse）的使用要比欧洲中央银行和德国联邦银行在使用马克时期更富有活力而且或许更令人信服。正如我在之前的章节里所讲述的，在德国货币事务中对合法性的非公民理解占主导地位，所以，在德国，任何把中央银行指涉为神秘、深奥、带有神职或者宗教性质的做法都根本不算亵渎。相反，在欧洲货币事务的情况合法性的公民和非公民概念都适用于相关的解释范围。结果，为了追求并保持其合法性，欧洲中央银行及其支持者必将陷入复杂的文化跷跷板游戏。就美国的情况而言，格林斯潘在美联储走过的历程提醒我们在美国货币事务中作为合法性来源的公民话语占霸主地位要比它第一眼给人们呈现出来的更缺乏直接性。我们看看原因。

格林斯潘曾经被颂扬为"华尔街的大师、魔法师、圣人和教皇"（Canterbury，2006：vii）。某些评论者尊崇他为"领袖"或"宇宙之王"，声称："我们信仰格林斯潘"。（Sicilia，1999：x）富国银行首席经济学家孙文松认为，"毫无疑问，媒体很可能要把他打造成神。[10]"1998年史蒂芬·格拉斯在《新共和报》上发表一篇虚构的文章，讲到一群华尔街债券交易商给格林斯潘建了一座圣祀。彼时，对格林斯潘的崇拜根本看不出有任何令人难以置信的地方，所以，这种故事一开始都是令人深信不疑的。（Chait and Glass，1998）

格林斯潘的话曾经被给予特殊的权力："格林斯潘一讲话，世界就颤抖"，[11]"市场依赖格林斯潘的讲话"，他是"推动市场，并令市场恐惧的人。"他的宣告可以转化成"神奇的疗效"。（Sicilia，1999：x）他的话也被认为具有特殊的神秘力量。2003年11月6日，星期四，格林斯潘在佛罗里达州做了一个演讲，该演讲获得人们狂热的称颂，称颂他有预测未来的能力。《纽约时报》在随后的星期日刊登了一篇文章，标题是"格林斯潘精准的预言能力回归了"（Auerbach，2008：82）。甚至他的批评者也承认格林斯潘晦涩混乱的语言助长了"人们把他视为圣贤，给他封神"。（Auerbach，2008：54）当然，格林斯潘的美联储语言将会因其像炼丹术一样的神秘和模糊而被铭记。例如，拉里·卡耐尔就记录了2000年格林斯潘在西雅图的一次银行业大会上回答记者提问之后新闻媒体报导的四个标题："格林斯潘看到衰退的迹象"，《纽约时报》；"格林斯潘认为不可能发生衰退"，《华盛顿邮报》；"格林斯潘认为衰退风险增加了"，《巴尔的摩太阳报》；"美联储主席没有看到衰退即将到来"，《华尔街日报》。（Auerbach，2008：53）

现在，如果美国社会的自由内核构成美国货币制度政治合法性的唯一最终来源，我们可以预见这种对格林斯潘的神话塑造的结果只能伤害他。事实上，他的很多批评者的确这样做了。比如，奥巴赫评论认为"美联储主席的混乱表达、闪烁其词和欺骗性描述不仅煽动人们对其难以理解的代码宣告的错误赞誉，而且隐藏了责任，增加了内部信息对一小撮得宠的人的价值。"[12]大卫·维塞尔通过提醒人们格林斯潘的辞职"并不太像共和党风格"，来揭露他。（Wessel，2009：4）格林斯潘的支持者对把他宗教化刻画的有害结果保持警惕，因而经常淡化对他的膜拜。比如，一位投行家就指出"封神并非格林斯潘本意。如果我们选择坐在那里把他当成上帝膜拜，那是我们的错误。"[13]

但是，问题在于对格林斯潘的表述，比如大师、圣人、魔法师或者哲人，很明显旨在给他贴金。这种事情在20世纪80年代以及90年代早期当德意志联邦银行权力达到顶峰的时候在德国也发生过。这显然给分析者造成两难。可能并非一定要把美国货币事务锚定在美国社会的象征中心才能从文化上把美国货币制度合法化。或者换一种表达方式，美国社会象征中心的自由元素，至少对美国货币事务来说可能不是公共合法性的唯一来源。

前一种解释显然不是一种选择。如果真是那样的话，美国货币事务中的大众传播将会坚持严格理性对待货币和银行业务，不给援引圣人力量、预言能力或者神职留空间。相反，第二种解释更难不予考虑。如果不予考虑，就必须专注神话格林斯潘与神话联邦银行巅峰时期他的德国同行之间存在的细微差别。在美国，因为人们感觉格林斯潘精通对市场的理解，因而视之为预言家。相反，对其德国同行而言，对市场的理性理解并非事情的全部。德国人更怀有柏拉图式的理想传统，所以，德国中央银行家们的魅力也来源于他们作为优秀的管理者的个人形象的真实化身所散发出来的道德光芒。他们抵制诱惑的能力，换句话说，他们作为优秀价值的真实解释者的道德自律，以及他们对其工作作为一种道德事业的理解都可以解释对国家机构的理解不同于格林斯潘的情况。更确切地说，它被注入一种国家的有机组织理论，这种理论明显偏离了格林斯潘的行政理性主义似乎嵌入其中的对公共生活的更自由主义理解。

第三节　金融危机中美国货币事务的象征嵌入

在前一节我提出美国货币事务潜在地与社会象征中心相联系，在社会象征中心里自由思想构成美国认同的一个中心支柱。就像在德国和欧洲中央银行业务的情况一样，这种联系构成稳定文化的核心机制。如果美联储受到攻击，为了获得公众支持，中央银行家及其支持者们可以把争论戏剧化并且把它卷入一个直接撞击社会核心基础的事件。那时，货币事务将转化成关于集体认同的道德戏剧并开始用美国民主的语言表达。

我在全书里一直论证只要中央银行收紧货币政策并受到社会上那些主张更宽松的货币政策的人士的攻击的时候，稳定文化就有重要关系。美国金融危机很有趣，这是因为它表明当特殊的冲击影响美国经济，而且中央银行必须一边放松货币创造的缰绳，一边说服民众中央银行并没有抛弃货币稳定路线的时候，稳定文化也起作用。和以前一样，这还是一个把货币转化成集体认同的问题，但是现在出现了一个新的因素需要特别处理。特殊情况并非不证自明。如果分析者花费这么多时间才发现美国进入一场前所未有的金融危机，那么公众不会自动发现金融危机也就不足为奇了。所以，问题在于如何判断情况是否特殊。吊诡之处部分地与其背后的文化工作有关。一位客观分析一组严峻的经济数据的经济学者被打断的分析可能不会必然向大街上的一位行人传递情况紧迫性的信息。相反，警告社会站在峭壁边缘证明更有效果。我将在本节建议特殊叙事流派开始在公共话语中对于"营造"特殊情况起作用，因而使得中央银行得以放松货币政策而不必一定会丧失其作为反通胀战士的声誉。对稳定文化的这一面的阐明将允许我再次强调货币事务中文化交流的深度戏剧性结构。[14]

在继续阐述之前，我想强调本节关于美国金融危机期间美国货币事务的象征性嵌入与我之前两节里提出的关于德国和欧洲货币事务中的象征性嵌入之间在目标和范围上的一个重要区别。在那里，我主要关注的是把维持货币与集体认同之间联系的文化结构以及两个替代性的塑造该联系的解释的制度合法性的文化范围，即一个公民和一个非公民。两种情况对分析都很必要，因为它们分别证明两个分析极端。德国的情况是，有一个具有明确设立的象征中心的社会，有一个由单一制度合法性文化维度占支配地位的货币场所。实际上，这是个非公民社会。相反，欧洲的情况是，社会象征中心尚未完全形成，货币领域尚有多个制度合法性文化标准进行竞争。在这方面，从分析的角度，美国的情况没有什么新鲜的东西。毕竟，这又是一个具有确定的象征中心的社会，有一个由单一制度合法性文化标准占统治地位的货币空间。尽管与德国不同的是，这是个公民社会。但是，从分析的角度分析，为什么美国的情况需要特别的关注，其原因与两个我在之前的章节里没有机会阐述的关键问题有关。更具体地，一个与文化资源有关，这种文化资源在经济特别情况下的戏剧性解释中开始发挥作用（形成稳定文化的一个重要方面）。另一个与竞争力有关，从业绩表现的角度，中央银行面对其他参与人在竞争占领其所在社会的象征中心时可能有，也可能没有这种竞争力。我将在本节重点讨论第一个问题，把第二个问题留给下一节。

首先，我将扼要地回顾最近美国的金融危机中的最突出的一些事件。

经过几年的宽松货币政策之后，美联储从 2004 年 6 月开始调高联邦基金利率。结果，住房销售下滑，房地产价格下挫，越来越多的次贷购买者贷款违约，最终导致 2007 年前几个月几十家提供次级贷款的金融机构破产倒闭。因为次级抵押贷款已经被重新打包成抵押支持证券和担保债务凭证，所以，贷款违约影响到证券市场。投资银行和对冲基金的账户上突然出现过多的有毒资产。2007 年 6 月，贝尔斯登停止支付其两家对冲基金，进而给美林、摩根大通、花旗和高盛带来负面影响。2007 年 9 月，英国北岩银行发生挤兑危机。自此，危机开始滚雪球。从 2007 年 10 月到 2008 年 1 月，UBS、美林、花旗和华盛顿共同基金先后宣布因为次贷危机而产生巨额损失。2008 年 2 月，英国北岩银行国有化；3 月，美国第五大投行贝尔斯登破产，被摩根大通收购。然后，危机蔓延到美联银行和华盛顿共同基金。

在 2008 年前几个月里，美联储积极地向市场注入资金的方式回应危机。它给摩根大通收购贝尔斯登提供贷款融资，并营救房地美和房利美（"两房"）。但是，形势仍然急剧恶化。9 月 7 日，"两房"被美国财政部国有化。当 9 月 15 日雷曼兄弟申请美国破产法第 11 章保护，9 月 16 日 AIG 承认自己处于破产边缘时，美国金融体系已经非常接近崩溃了。商业票据市场突然失去流动性，造成波及整个经济体的毁灭性冲击波。毕竟，企业依赖商业票据给日常营业提供资金。9 月 18 日，美联储和其他中央银行向全球市场注入几十亿美元缓解信贷紧缩。9 月 25 日，华盛顿共同基金被迫出售给摩根大通。

同时，美国财政部和美联储认识到为了有能力应对局势，它们需要拥有特别的权力。9 月 29 日，美国国会否决了政府提出的一项拯救美国金融体系的 7 000 亿美元救助计划。但是，10 月 1 日，美国参议院通过了该计划的修订本，10 月 3 日，众议院通过了该版本。通过的版本形式是《2008 年紧急经济稳定法案》，根据法案建立了一个总额 7 000 亿美元的问题资产救助项目（TARP）。10 月 6 日至 10 月 10 日，道琼斯指数下跌了 18 个百分点，创了 100 年来最坏的纪录。（Cassidy，2008）很快，美联储董事会引进三种新的金融工具给市场注入流动性，而且在下一整年里它将逐渐放松使用这些金融工具的合格条件[15]。2008 年秋天，局势持续处于危险状态。通用和克莱斯勒请求政府救助。就在"两房"和联邦住房贷款银行继续要求美联储大规模注入流动性的时候，财政部、美联储董事会和 FDIC 不得不干预救助花旗和美洲银行，避免其进一步的损失。

在 2009 年第一季度就有 21 家银行破产倒闭。2009 年 2 月，形势如此危机，以至于美联储不得不公开承诺联合财政部和其他政府机构支持美国银行系统，并承诺维护系统重要性金融机构的稳定。

同时，美国政府在弹药库里加入新的金融工具，用来应对危机。奥巴马总统签署 2009 年《美国复苏与再投资法案》，促进全社会投资。然后，他发起"房屋所有人支付能力和稳定计划"，用来帮助给某些"两房"持有或者担保的房屋抵押贷款提供再融资。最后，他签署了 2009 年"帮助家庭挽救房屋计划"。根据该计划，一直到 2014 年，FDIC 的储蓄保险金额上限将从每位存款人 10 万美元上升到 25 万美元。美国财政部自行制定出一个监管改革框架，以便控制金融体系里面的系统风险。

随着时间的推移，经济开始呈现出混合的信号。比如，美国最大的参与"资本收购计划"的十家金融机构符合还贷条件。而且 AIG 声明它已经与纽约联邦储备银行达成协议降低其对后者的负债。2009 年 7 月末，伯南克主席在国会作证时表示"上个秋季的严重避险情绪已经得到缓解，投资者政治返回私人信用市场。"2009 年 9 月，美国财政部发表了一份题目为"政府金融稳定与复苏政策进入下一阶段"的报告，宣布将分阶段执行这些维护金融体系稳定的项目。到 2009 年末，美洲银行、花旗和富国银行宣布将向财政部完全偿还所欠的 TARP 救助融资。但是，2009 年 6 月，通用汽车申请第 11 章破产保护，而且从 2008 年第四季度末到 2009 年第四季度末"问题银行"的数量从 252 家受到存款保险保护的金融机构激增到 702 家，资产规模从 1 590 亿美元激增到 4 028 亿美元。[16]

到 2010 年 1 月末，奥巴马总统早就可以宣布"市场现在已经稳定，我们已经收回大部分曾经救助银行的融资"了。（Obama，2010）事实上，局势在 2010 年一直在改善。5 月，财政部宣布 TARP 收回的偿还款第一次超过尚未偿还的 TARP 融资总额，到 11 月超过的余额达到 2 500 亿美元。但是，尽管取得这些进展，2010 年 8 月，联邦公开市场委员会同意美联储长期持有证券不变现，11 月，委员会决定扩大持有证券，以便鼓励复苏。2011 年 1 月，纽约联邦储备银行宣布终止其对 AIG 的救助。

在那些年里，各种评论者对危机进行戏剧性解读，把它解读成一场华尔街与商业街之间的道德斗争。[17]他们给华尔街银行家们贴上"鲁莽与贪婪"的标签。（Zagorin and Weisskopf，2009）他们攻击后者，指责其傲慢、无耻。（Sachs，2009）他们提醒后者不仅已经忘掉构成资本主义基础的道德情操，（Roosvelt Malloch，2009）而且也忘掉了美国社会认同中心的核心原则，比如守法、诚实和信任。例如，当 2009 年 3 月 AIG 签署向其高管发放 1 650 万美元奖金的决议时，奥巴马总统对此反应强烈，指示财长盖特纳"阻止发放这些奖金弥补美国纳税人的损失"。他说，"这不仅是钱的问题，它关系到我们的基本价值观。"（Zagorin and Weisskopf，2009）

随着戏剧达到高潮，故事的叙事节拍加速，评论者开始描述伯南克，此时，他在夜半带着面纱俯瞰美国经济。（Cassidy，2008）

很多评论者公开承认对危机的很多描述呈现出戏剧性特点。2009 年 4 月，迪帕克·乔普拉认为媒体和政客们在创作一出"崩溃戏剧"上起了重要作用。（Chopra，2009）2011 年 1 月，艾尔·乐维斯在金融危机调查委员会准备的一篇报告和约翰·唐纳德·奥希尔创作的一部喜剧之间画了两条平行线。后者曾经是一位伊利诺伊州的巡回法院法官，退休后走进社区剧院。（Lewis，2011）在亚特兰大的另一海岸上，2008年12月，CBI首领理查德·兰博特在描述危机时给介入报导的记者贴上"夸张喜剧语言"的标签。2009年1月，《卫报》在社论里警告说金融戏剧尚未演完。剧目以引用"热心的重要性"里的一段作为开始，其中讲到奥斯卡·维尔德提醒读者们即使货币问题"也有其戏剧性的一面"。[18]

在危机过程中，某些评论者的描述超越喜剧，转移到启示录上。例如，参议员苏美尔说，在2008年9月18日夜晚伯南克告诉国会议员们美国经济正在面临心脏病风险。[19]其他人把做空雷曼和HBO的对冲基金经理指涉为"启示录中的骑士"。（Randall，2008）10月初，这种启示录情结加剧了。经济学人的头版标题为"处在边缘上的世界"的文章刻画了一个站在岩块儿正在剥落的悬崖边的黑暗形象。[20]《金融时报》上一位分析者把危机指涉为"世界末日的大决战启示录"。（Jacobs，2008）另一位评论者在《西部早新闻》报上建议读者把钱藏在"地板下的鞋盒子里"，并"囤积罐头汤、瓶装水和手电筒电池。如果金融启示录确实发生，你将有自己的幸存者工具箱。"[21]

当鲍尔森和伯南克向国会提出一项7 000亿美元的救助计划时，启示录式的叙事加强了。从9月末到10月初的几天里，国会讨论并最终投票通过了一项达到该计划效果的法案。例如，美国重要的立法人员在公开演讲中提到"混乱""险境""末日""灾难"和"恐慌"等字样。[22]警告传染风险[23]以及号召"把实体经济从华尔街隔离开"，（Pelosi，2008）也增加了那些天里到处弥漫的紧迫感。信用是"任何经济的血液"，一位美国议员说，但是，信用正在全美国干涸。（Hoyer，2008）所以，"我们从未见过的大规模混乱"的预期给特别行动提供正当性："这关系实体经济，关系美国。如果我们开始认真处理这件事，会发现这的确关系到美国人生活的全部，因为这关系到美国的商业，关系到大混乱将给个人以及显然也给金融带来的效应"。（Velshi et. al.，2008）

大萧条的幽灵也潜伏在很多政客的演讲的背景里，潜伏在主要杂志的页面上。[24]

某些评论者说美国不仅仅病了，它几乎正遭受攻击。例如，沃伦·巴菲特就把金融危机描述为"经济珍珠港"并敦促监管当局马上通过救助计划，不得再延误，尽管这个"应对整个战争的计划"并不完善。[25]9月25日，《经济学人》的封面把鲍尔森刻画成一个穿戴像山姆大叔并号召公民加入到对抗金融危机的战争的形象。[26]10月2日，议员谢尔曼在其议会发言中谴责说当前有人正在制造一种恐慌的气氛，他的某些议员同事们受到"如果我们投票反对"救助法案，"美国将发布戒严令"的预期的压力。（Sherman，2008）

在战争、死亡和大萧条的幽灵面前，公共剧本阐述团结一致战胜威胁[27]、展现勇气[28]、迅速行动[29]的紧迫性。但是更重要的是，他们是通过诉诸美国社会里某些最神圣价值观做到这一点的。奥巴马参议员于10月1日所做的议会演讲建议性地显示所有的这种修辞元素：

我知道很多美国人现在感到很焦虑，焦虑的事情包括工作、住宅和储蓄。但是我知道我们能够走出危机。我们一直都有这个能力。在20世纪的金融大危机中，富兰克林·罗斯福在他的第一次炉边谈话中告诉他的美国同胞们"在我们的金融体系整顿过程中，有一个比货币和黄金更重要的因素，那就是人们自己的信心。信心和勇气是我们的计划成功的关键。让我们团结起来，赶走恐惧。只要同心协力，我们就不会失败。"我们不会失败。我们现在不会失败。这是一个曾经降服过战争和萧条，战胜过巨大挑战和威胁的民族。每一次每一刻，我们都能够站起来直面挑战——不是以民主党的身份，也不是以共和党的身份，而是以美国人的身份。我们有决心、有信心、有基本信念，即我们的命运不是已经被安排好的，而是由我们创造的。这就是我们美国人，这就是我知道我们所能够建立的国家。（Obama，2008）

几星期后，汽车行业的公司领导们飞到华盛顿要求政府救助。如果政府不干预，将出现"工作大屠杀"的结果。[30]怀疑者警告说援引启示录的做法怀有政治动机。2008 年 10 月，他们中的一位强调说启示录的预期只不过是为了推动国会通过 7 000 亿美元救助计划而实施的策略。（Darian，2008）后来，到 2009 年 3 月，另一位分析者在提到政府持续大规模干预救助银行业时提出类似的观点。[31]2009 年 10 月，保罗·克鲁格曼嘲讽启示录式的狂乱，他指出，危机"不是现在才进入启示录阶段"[32]。2009 年 11 月，罗伯特·阿姆斯特朗在《巴伦周刊》上评论认为"我们挺过了 2008 年的金融危机，某些人认为这场危机是金融大决战。但是我们现在还身处其中"。（Armstrong，2009）[33]

通过建立道德压力，夸张的戏剧和启示录情结帮助美国财政部和美联储把它们对美国经济的前所未有的干预合法化了。但是，这两种方式的问题是，他们保证正义事业的成功，但是金融危机很快就显示他们所保证的事情不能实现。毕竟，银行家们把政府的支持变现后就像往常一样重操旧业，继续公开展示他们传统上的贪婪和傲慢。[34]那时，很多人会提醒公众在紊乱的民主体制下有组织的贪婪将横行。（Taibbi，2009）

不同于夸张的喜剧和启示录式的叙事，对金融危机的悲剧性描述并没有遇到这种表述挑战，所以随着危机的深入和政府干预的扩张，很快就开始和前两种表述竞争了。[35]很多评论者记录了这一现象。正如保罗·克里格曼在 2008 年 3 月评论道，"不可想象的事情将要变成不可避免的事情。"换句话说，银行家们正在得到营救，尽管他们粗心。[36]就在联邦政府给金融巨头 AIG 提供价值 850 亿美元的救助之后不到一星期，记者斥责公司为其高管提供了一星期的疗养，疗养地点在加州豪华度假胜地，耗资 44 万美元。一位议员说，"他们修指甲、修脚、按摩、做面部护理，而美国纳税人埋单。"[37]另一位分析人员在 2008 年 12 月发现 TARP 基金本来是要解冻信用市场的，但是，"今年这 116 家银行得到纳税人提供的几十亿美元救助资金却在去年光给高管支付报酬和津贴就花掉了 16 亿美元，即使这些银行里有些财务状况已经糟糕到过不久还要向政府寻求帮助。"（Patalon Ⅲ，2008）2010 年，就在危机的最后阶段，另一位分析者苦涩地总结"今天，全球经济的纵火犯们反而变成了公诉人，

反过来指控救火者造成了水灾。"（Fitoussi，2010）

2008 年 11 月，英国金融服务局前任主席霍华德·戴维斯（Hward Davies）在莎士比亚悲剧和本次危机之间做了比较。他提醒我们前者一般以"未来将拯救或和解的重要信息结束"，但是后者仍然"让人难以在隧道的尽头看到光亮"。"那灯光，"他判断说，"可能就是一辆迎面而来的火车"。（Tay，2008）㊳几天后，卡尔·莫提什德（Carl Mortished）在《金融时报》上撰文坚持认为金融危机的性质是可悲的，他评论认为危机源于"一群疯狂的信徒一路朝向地狱狼狈地冲去，拦也拦不住"。（Mortished，2008）2009 年 2 月，艾玛·白瑞特（Emma Barrett）在道琼斯新闻专线栏目评论道，"如果金融危机是一个希腊悲剧，盖特纳就是现代俄尔普斯——为了从地狱里拯救金融体系，他和影子银行系统达成了交易"。（Barrett，2009）

现在，史密斯建议说当社会决定进行一场战争时，他们诉诸夸张的戏剧和启示录，以便使得干预合法化，但不会诉诸悲剧，因为悲剧使得事情看上去不可避免，因而不值得干预。（Smith，2005）但是，美国金融危机的情况是，夸张的戏剧、启示录和悲剧情结起到了维持干预的作用。更确切地，夸张的戏剧和启示录在早期阶段，即刚引入政府干预的时候起作用，然后，当矛盾开始以令人尴尬的步调积累的时候，悲剧开始发挥作用，用来确认对干预的承诺。

总之，叙事类型是一个文化结构问题，它对于社会如何构建特别情况以便中央银行可以自由地创造货币而又不损失信誉成本有很大关系。但是，文化结构并非货币事务中起作用的唯一文化元素。为了了解其中的原因，有必要把货币与央行业务作为一种文化表现处理。

第四节　金融危机与作为一种文化表现的美国货币事务

当货币事务变成集体认同问题时，可以想象中央银行独立受到的威胁会直接动摇社会的基础。结果，对货币事务的政治干预的成本更高了，有能力进入中央银行政治地盘的参与人更少了。这就是稳定文化可以带来的效果。

就美国的情况而言，界定美国集体认同的是社会的象征核心，其主要特点是有一套自由思想融合成对自由和压迫的表述，美国人通过这种方式区分什么是合法的，什么是违法的。（Alexander and Smith，1993；Alexander，2006b）当美国货币事务被发射到美国社会的象征中心的时候，货币和中央银行业务开始和美国的民主认同步调一致了。

但是，中央银行家及其支持者令人信服地与美国社会的象征中心步调一致这个事实本身不足以把中央银行独立置于安全的境地。他们必须比其对手做得更令人信服。换句话说，如果他们的对手在占据社会象征中心的最核心领域方面比他们做得更好，并最终得以把他们挤出去，那么银行及其支持者就不会收获其行为努力的果实。成功取决于很多因素。第一，它与双方的行为表现竞争力有关；第二，它取决于一些背景环境，这些背景环境给双方各自执行美国民主的竞争性行为提供舞台。

在这方面，美国金融危机及其影响尤其具有启示性。随着危机的产生，美联储为了和美国民主认同步调一致而做出的所有努力都逐渐受到破坏。这部分与危机以及对危机的制度回应所借以展开的特定情势有关，部分则因为某些美联储的对手在竞争美国民主认同的文化表现过程中最后赢得了对美联储的竞争优势。

为了论证我的观点，我先从金融危机的高潮阶段开始阐述。彼时，国会通过了 7 000 亿美元的救助计划。然后，我将描述美联储如何逐渐而且很矛盾地被挤出美国社会的象征中心。为了表述清晰，我将尤其专注伯南克推动的货币与集体认同之间的联系的文化表现，并阐述其暂时的成功。

这 7 000 美元救助计划并不属于严格意义上货币政策的范围。但是，它获得国会的通过在特殊情况的公众建设里非常关键，因为这种特殊情况使得美联储得以到 2009 年 6 月实施了超过 1 万亿美元的救助计划，被救助项目达到几十个，而又不至于伤害其作为反通胀战士的信誉。毕竟，到 2009 年中期，很多人早已经视美联储为英雄，把美国从另一次大萧条中拯救出来。（Boone and Johnson，2009）

现在，国会于 2008 年 10 月 3 日批准的救助计划在其批准前后激起了热烈的公共辩论。美国年度流行词协会宣布 2008 年度词汇是"救助"[39]。它甚至激发百老汇创作了一首标题为"救助"的音乐。（Greenman，2008）

救助这部大戏的演员阵容很强大。其中之一，伯南克尤其适合扮演他在其中的角色。例如，我们传递这样一个信息，即救助不仅仅意味着拯救华尔街，而且也保护美国的实体经济。为了使观点令人信服，布什政府需要诚信地代表实体经济说话。但是，这对于财政部部长鲍尔森来说是一个风险大的赌注，因为他在进军华盛顿之前在华尔街高盛公司担任 CEO。即便他的确认为救助计划对美国的实体经济有利，他支持救助计划也会引起人们对其真正动机的怀疑。另一方面，美联储主席伯南克的处境就好得多，他可以声称自己与华尔街保持一段距离。正如一位评论者后来所说"他学习经济学却未能靠此致富——他和妻子仍然合开一辆福特福克斯，而且贷款尚未还清"。（Grunwald，2009）在一次关于救助计划的参议院听证会上，伯南克突出其与鲍尔森以及华尔街之间的区别，他说："我没有那些……那些利益，那些关系。"[40]他在听证会上随后的举止印证了他的话。"我们将收回相当数量的救助资金"，他在某一时点评论道，"当然，能否全额收回，这很难说。美国纳税人全从他（她）的钱上得到好回报。他不能预测未来。目前为止我都预测错好几次了。"这种极其简单诚实的陈述方式与华尔街"宇宙精英们"传统上特有的自信显然是冲突的。甚至连约翰·思迪瓦尔特也在 9 月 25 日他主持的"每日秀"节目里挑选了这件事。[41]其他人则接下来把伯南克描述为一位温和的"秃顶男人，长着灰色的络腮胡子和惺忪的睡眼，"略带害羞，但绝对脚踏实地，[42]和典型的华尔街银行家以及传统的官场权力掮客根本不同。

就像很多传奇英雄的原型一样，伯南克开始的时候以谦虚的姿态出发。华府的某些人甚至怀疑他是否足够自信胜任工作。但是，局势随后变得不寻常起来，他随即站出来，以不寻常的方式应对这些局势。"某些人生来激进，某些人变得激进，而某些人面对不寻常的情况用激进的宝剑迎战。"当伯南克开始"力挽美国金融体系的狂澜于不倒"时，似乎就是这种情况。（Cassidy，2008）甚至当媒体、前美联储银行家和各种学术界的同人攻击他胆大妄为的时候，他仍然做到稳稳地掌舵，让船航行在既定的航道上。美国民主的某些奠基人是他果断的源泉："伯南克在寻找鼓舞和指导的时候一直在想两个总统，富兰克林·罗斯福和亚伯拉罕·林肯。"从前一位他学到政策制定者在危机中必须灵活、果断。对于后者，

一天早晨，一位管理美联储地下停车场的人给他一份林肯1862年所做的一个演讲的复印件，这个演讲是林肯被国会批评在内战期间犯下军事错误做的："如果我尽量读所有对我的批评，更不用说回复批评，这个店铺也可能关闭，腾出来给任何其他的生意。我尽最大努力按照我所知道的方式去做——尽量做到最好；我的意思是一直这样做下去，一直做到最后。如果最终结果证明我是对的，所有对我不利的话一文不值。如果结果证明我是错误的，即便十个天使发誓说我是对的也不顶用。"（Cassidy，2008）

为了对付对他的指控，即他已经变成"国王，政府第四个部门的不经选举产生的沙皇，"或者更糟糕的"华尔街贪婪大亨们的保护神，"伯南克在公众面前把自己定位于美国实体经济价值的真正代表者。伯南克在一次访谈中说，"我理解为什么人们失意，我也是失意的。""我不是那些把这些当成录像游戏来看的人。我来自实体产业，来自一个小镇，一个真正令人沮丧的小镇。这些对我来说都是真实的。"同情的记者强调他不是"一位典型的权力掮客。他很内向。他不搞哥伦比亚特区巡回晚宴；他仍然喜欢在家里陪伴家人，亲自做饭，亲自倒垃圾，和家人一起做填字游戏或者阅读。"（Grundwald，2009）他告诉记者，他得知被

哈佛录取的当天，他的母亲不想让他接受哈佛的录取通知书："你的着装不合体，不适合哈佛的标准。"[43]记者称伯南克被哈佛录取为"是只能在美国发生的故事之一"。因为他聪明，也幸亏有国家长老会教会提供的机会，凯恩·曼宁作为"一位来自南卡莱罗纳州狄龙市的黑人"得以在身处劣势的背景下被哈佛录取，然后到 MIT 讲授历史。他知道并赞赏伯南克的家庭。伯南克家开的药店给黑人提供赊销，并不是镇上所有的商家都这么做。他找到伯南克，对他说，"你这么优秀，去北卡大学屈才了。你应该去哈佛。"（Wessel，2009）当伯南克到哈佛读书时，他靠打工赚取读书费用。他在南部边境线地区从事建筑工人或者饭店侍者工作。从那时起他领悟到工作的价值。"工作很艰苦，"伯南克说，"为了养家糊口，也为了给孩子们创造机会，这可不是件容易的事。"（Pelley，2009）

伯南克可能在美国货币事务中执行美国民主认同上比其任何一位前任都做得多。但是，他在这方面的行为所实施的背景仍然很快就发生转变，最终破坏了他的努力。

一旦美联储认识到威胁的严重性，它展现出自己有能力快速应对危机。毕竟，它采取的措施不需要国会批准。但是，这反而使之陷入矛盾，因为这既构成它的强项也构成它的弱点——批评者们开始指责其2008 年末至 2009 年初实施的紧急救助计划的不透明性，并指控其越权。正如凯尼斯·罗格夫在某个场合所指出的，"确实是这样，美联储一开始实施财政政策和保护银行部门，就把自己置于容易受到攻击的境地。"（O'Brien，2011）

展开反制的美联储第一批信号从 2009 年开始发出，彼时，议会提出了 2009 年《联邦储备透明法案》。法案承诺把美联储置于美国总审计署的更广泛的审计之下。法案发起人是罗恩·保罗（Ron Paul），到2009 年 6 月，法案已经获得 245 位共同发起人。1983 年，保罗提交一份类似的法案，但是只得到 18 位共同发起人支持，这说明对美国货币当局的态度正发生改变。（Berger，2009）该法案未能变成法律，但是在

11 月，众议院金融服务委员会批准了保罗·格雷森（Paul – Grayson）对金融稳定改善法案的修正案。修正案吸收了《美联储透明法案》里的很多条款，包括其中一条要求对美联储进行更全面的审计。法案以 46—26 票获得两党通过。众议院议员阿兰·格雷森（Alan Grayson）总结道："今天是美联储隐秘的滑铁卢。"（Grim，2009a）

2010 年春季，美联储宣布将把低利率政策维持更长一段时间，但是中断了其 1.25 万亿美元的购买抵押证券的项目。2010 年 7 月，国会通过一项改革美国金融监管体制的新法案。尽管有很多批评，美联储的权力结果得到了加强。其权力加强的效果之一是，美联储也有权监管大型非银行金融机构；继续保持监管小银行的权力，尽管有提议反对此权力；还将控制新成立的消费者保护局。

鉴于经济前景黯淡，2010 年 9 月，美联储发出信号将购买政府债进一步提振经济。11 月，中期选举刚刚结束时，它又购买了 6 000 亿美元的国库券。这种量化宽松（QE2）行为激起很多批评，尤其是来自共和党阵营的批评。23 位经济学家、分析者、智囊团官员和华尔街高管联合签署一封信发给伯南克，信里呼吁美联储重新考虑并中断大规模收购资产。众议院金融服务委员会主席伯尔尼·弗兰卡（Ben Bernanke）回应了这封信，认为"批评者不应该责备美联储和伯南克过量发行货币干预市场。应该受到责备的是中国。"（MacDonald，2010）他继续评论说，这封信偏向那些国外的寻求限制美国"把自己当前的经济增长放在第一位考虑的权力"的银行。（MacDonald，2010）换句话说，他竭力给这封信的签署人扣上不爱国的帽子。

2011 年 8 月，为了避免二次衰退，美联储宣布把短期利率接近零的政策保持到 2013 年中期，但是排除了降低长期利率的举措。然后，9 月 21 日，它承诺用出售短期国债的收益购买 4 000 亿美元的长期国债，这将把长期利率降下来，把投资者引导到风险更高的投资项目上。另外，它承诺用投资抵押担保证券获得的收益再投资，购买新的抵押担保证券。[44]

　　第二次量化宽松引起共和党阵营里某些人的激烈反应。某些人甚至指控美联储往货币体系内"注入高纯度的货币海洛因"，追求"挫伤中产阶级元气"的货币政策，潜在地创造一个"不死的杀人的僵尸市场"。尽管有人指控通胀将高涨，美元将崩溃，股票和商品价格将高升，但是这些指控的事情一样也没有发生。（Surowiecki，2010）但是，从那时起，对美联储的反制措施增加了。中期选举过后，美联储的长期反对者罗恩·保罗成为众议院负责监管美联储的下属委员会的主席。换句话说，狐狸被放在看管鸡舍的位置。⑮2010 年 12 月，彭博社汇报的一份民意测验认为多数美国人希望收紧对美联储的政治控制，或者取消它。只有 37% 的人支持维持现状。⑯

　　到 2011 年夏天，"乌戈·查韦斯（Hugo Chavez）在共和党活动中将会比伯南克得到更热烈的欢迎。"而且在共和党人中间"重击伯南克"成为"一项运动选择"。（Samuelson，2011）众议院发言人纽特·金李彻（Newt Gingrich）宣布伯南克"已经成为美联储历史上最具通胀倾向、最危险且最以权力为中心的美联储主席"。他接着说，伯南克的遮遮掩掩、不负责任以及缺乏可信度和透明性构成了对自由的明显威胁。"他的政策深化了危机，延长了问题，增加了汽油成本，已经成为一场灾难。"（Samuelson，2011）前麻州州长米特·罗姆尼（Mitt Rmney）指控伯南克"超发了货币"。得克萨斯州长里克·佩里（Rick Perry）认为伯南克的货币政策"几乎靠不住，或者背信，"他暗示如果伯南克出现在得克萨斯州，他会被接待得"相当丑陋"。⑰米歇丽·巴赫曼（Michele Bachman）声称反对美联储"印钱"（Stewart，2011）并号召进一步严格控制美联储："他们不得不回缩到这样一个绷紧的状态，以至于勉强应付。"（McGregor，2011）甚至奥巴马总统也保护伯南克免受佩里的攻击。他对 CNN 说，佩里应该对自己曾经说过的话"稍微更仔细些"。（Dorning，2011）

　　就在 2011 年 8 月 21 日新一轮量化宽松的前夜，对美联储和伯南克与日俱增的攻击达到顶峰。发言人约翰·博纳（John Boehner）、众议院多数党领袖埃里克·坎拓尔（Eric Cantor）以及参议院共和党大佬级议员米奇·马康奈尔（Mitch Mc Connell）和金克尔（Ton Kyl）就在金融公开市场委员会会议进行到中间阶段的时候给伯南克提交了一封公开信，警告美联储不要进一步干预经济。（Muskal，2011）这封信标志着迈出了美国货币事务历史上前所未有的一步。正如艾慈拉·克莱恩（Ezra Klein）所说的，这封信所传递的信息的潜台词很伤脑筋："你接手的是一个好中央银行，如果出了什么事将会很丢脸。"（Klein，2011）罗伯特·莱西（Robert Reich）则抱怨说这封信把美联储置于很困难的境地。不管怎么做，都可以把这件事看成玩政治。如果美联储干预经济，它看上去似乎站在民主党一边；如果不干预，又可能被视为向共和党的压力低头。（Thoma，2011）

达拉斯联邦储备银行行长理查德·费舍尔（Richard Fisher）在一次福克斯商务杂志访谈上回应认为美联储不可能有政治倾向性，所以，这封信不会对他和他的同事们产生任何影响。"你沿着那条路走下去，这是一条炼狱之路，或者更艰难的路。"然后他补充说在美联储他们"集体拒绝被政治影响"。（Barnes，2011）民主党参议员查尔斯·舒默（Charles Schumer）称这封信为"笨拙地企图干预美联储对货币事务的独立管理。"其他人则顺着茬儿批评这封信，认为签署人意图操纵美联储："他们破坏了规则"，"因为这将有助于他们得逞。如果是托尼·索普拉斯你会怎么样？但是即便是这种人也要遵守纪律。"（Cohn，2011）

很有意思的是，众议院少数党党鞭斯坦尼·郝一尔（Steny Hoyer）低调处理对美联储的这种攻击。美联储是独立的，但是美国是自由国家。"共和党人、民主党人和其他人有权向美联储、总统或者国会提建议。"（Sonmez，2011）佩里攻击美联储之后，这位党鞭的反应以及奥巴马总统对伯南克的温和保护表明民主党中间对美联储的态度正在发生改变，以及最终在公众当中对美联储的态度也发生了改变。毕竟，很多左派人士斥责伯南克救助金融机构以及不愿意对美国实体经济进行更大规模的干预。比如，麻州议员伯尔尼·弗兰卡（Barney Frank）就建议剥

夺联邦储备银行行长们在金融公开市场委员会会议上的投票权，让参议院指定投票人取代他们。（Mishkin，2011）

左右之间的这种一致推动弗里德里希·米什金（Frederic Mishkin）得出苦涩的结论：华盛顿的两党制依然有活力。共和党和民主党都"想削弱美联储的独立性"。（Samuelson，2011）

现在，政治经济学者传统上相信只要独立的中央银行工作做得很好，公众就会自动给予公共支持。但是，对美联储的公共支持不断缩水说明不是这么回事。例如，伯南克就被批评执行通胀政策而且其监管下的金融机构不透明。对于第一项批评，斯坦福大学经济学教授兼保守的胡佛研究院高级研究员罗伯特·豪（Robert Hall）评论道："指控他做了他从未做过的事，这一定很令人兴奋。"（Stewart，2011）对第二项批评，纽约大学经济学教授马克·盖特勒（Mark Gertler）注意到伯南克是"美联储历史上最开放和透明的主席"。其他评论者也承认在最近的大萧条中美联储已经尽力把不断增加的权力和持续努力接触公众结合起来。换句话说，美联储的官员们不再"以披上技术官僚的斗篷超脱于两党政治和日常商业生活的姿态"把自己隐藏起来。正如纽约联邦储备银行行长威廉·杜德雷（William Dudley）所言，"在过去的体制下，情况有点像这样：'反正我们就是干自己的活儿。让事实说话，你们只需要相信我们。'我们现在已经学会了许多——对我们来说只管做自己认为是对的事情还不够，我们还必须在社交方面具有前瞻性，不断学习。"（Salas，2011）正因为如此，伯南克已经"像竞选过程中的政治候选人一样走进公共场合，上电视参加访谈，召开新闻发布会并现场回答地方居民的问题。"⑱

如果经济效果不能自动转换成公众支持，其他元素必须跟进完成这项任务。正如我之前所评论的，在危机顶峰时美联储可以在崩溃夸张喜剧框架内更令人信服地扮演美国以及美国可以代表的全部价值的艰苦的保卫者。结果，它成功地把自己置于美国社会的核心位置，并通过令人信服地执行美国民主认同中的积极特质而收获合法性收益，这些积极特质包括理性、活力、行动、勇气、胆识、希望、守法和诚信。但是，这个位置最终变得很脆弱而且缺乏持久性。随着局势的发展，其反对者更容易把美联储刻画成美国民主价值的违背者。这损害了美联储的形象，最终腐蚀了它起初享有的公众支持中的重要组成部分。更具体地，随着美联储前所未有地干预美国经济，它开始控制更大的制度权力。它的资产负债表前所未有地膨胀，美国的金融监管制度改革更赋予它不断增加的监管职能。尽管以上这些都有非常合理的经济逻辑论证其合理性，但是，它的反对者还是从中获得更容易的论据把它刻画成一个权力饥渴的利维坦。然后，美联储与失去信用的美国金融行业之间的制度亲密性及其对某些金融机构的救助顺理成章地进入那些把它刻画成受特殊利益支配的剧本。还有，美联储与财政政策的紧密互动也成为指控很多美联储的未经选举的官员慢慢地腐蚀联邦政府职能的把柄。最后，美联储的批评者们一般都是民主选举产生的官员，他们说话简单直接，远离非选举产生的技术官僚精英的复杂难懂的语言，这个事实使他们更令人信服地代表美国实体经济说话。总之，一个一开始看起来理性、严谨、有活力、守法和诚信的机构逐渐沦为一个危险、以权力为中心、隐秘、不负责任、不透明和不诚信的组织。不论某些指控从证据的角度看上去多么语无伦次，真实与貌似真实并非总是一致的。结果，在公众舆论的评判面前，当事实看上去不"真实"的时候，就不会令人信服。

例如，美联储对公众更开放、透明并响应的努力就是这种情况。一旦美联储逐渐被挤出美国社会象征中心的最核心区域，其对开放、透明和公众回应的追求就会被矛盾地解读成对民主的威胁而不是服从。下面我们看一看这种解读是如何实现的。

2011 年 9 月，美联储的一份内部文件流传出去，激起一场激烈的辩论。文件强调美联储公关小组需要"及时并积极主动地知晓社交媒体上公众对各种主题的回应及其表达的意见，只要他们与美联储及其行动有关。"在此基础上，美联储需要一个新的工具以便"持续监测对话"，"接触"关键的"人物"，"根据事前确定的标准形成文本分析"，并

"确定说话者或者写作者对某一题目或者文献的态度"。（Unruh，2011）在不同的情况下，这本来将会暗示美联储确实专注于和公众走得比以往更近一些。它本来会展示其新承认的事实，即好的技术解决方案不能自动取信于民，所以中央银行应该出动董事会全体持续地付出教学努力走出去并解释其行为。它也可能意味着美联储已经成功地改正自满和制度傲慢，转型到新的倾听模式。总之，在另一种情况下，这份文件本来可以证明美联储承诺的民主化实践的真实性。相反，某些美国公众意见的影响者及其听众却把这些文件解读成美联储对美国民主威胁的证据。例如，泰勒·杜尔顿（Tyler Durden）零对冲（ZeroHedge）博客上发表文章控诉"老大哥伯南克像水门事件一样干坏事，准备偷听任何提到美联储的材料"。"美联储刚刚进入反间谍活动时代，将要监控世界上任何地方任何与之有关的书面材料。"（Durden，2011）帕特里克·伯恩（Patrick Byrne）在福克斯财经上撰文认为美联储憎恨政治监督，所以开始监控公共舆论，可能是为了影响舆论。他继续讨论，认为这样做违反了独立思想。如果美联储监控并干预公共舆论，它怎么能宣称自己是独立的？此外，它不能像参加政治选举那样参与辩论，至少不能花公款。[49]其他人批评美联储的"奥威尔式行为"："我们今天所看到的都是行政机构和银行卡特尔们的赤裸裸的偏执狂。"他们接着论述说，"失去了对公民的信任之后，这些邪恶力量只剩下唯一的可使用的武器，即恐惧。"（de Payns，2011）《洛杉矶时报》货币与公司栏目接下来嘲讽地写道："纽约联邦储备银行希望你对它友好，或者它最起码想要知道为什么你不喜欢它。"（Unruh，2011）

　　有时候，即使美国货币事务的筹划也不经意地反对美联储并帮助其反对者给它泼脏水，把它刻画成对美国社会民主中心的威胁。2011年10月，阿里克斯·琼斯（Alex Jones），一位在YouTube通道上点击量达到14 400万的保守派思想制造者，发起了占领美联储运动。他评论说，那些占领华尔街（OWS）的人群应该关注美联储如何"凭空制造货币"，"给内部人和外国政府发行秘密贷款"，以及系统地"通过其不受限制的权力给美国人创设债务"。(Mohammadi，2011)⑪现在，在一次旨在"占领"美联储圣安东尼奥分部的活动中，分部安全部门的领导要求示威者离开分部前面的场院，因为那是私人财产，他们的行为构成侵犯私产（Mohammadi，2011）。通过强调场地的私有性质，这位美联储官员无意中按照阿里克斯·琼斯设计的剧本对空间进行了解读；琼斯极力实施该剧本试图从美国民主里提取的集体认同并与之产生共振。换句话说，美联储陷入一场不是自己选择的表演，自己在其中扮演反派角色。目前为止，占领美联储运动只获得美国公众方面微不足道的支持。但是，这个案例还是有用的，因为它表明演出布景是文化表演的相关因素。

总之，美国货币事务得以在其中展开的演出场景不断变换给美联储带来差别巨大的影响。一开始，美联储得以和美国社会的象征中心建立联系并把自己定位于美国生活方式的捍卫者。伯南克尤其给人留下在这方面可行的执行者的印象。但是，很快，一旦货币事务开始和民主扯在一起，美联储的批评者们，至少从表演的角度越来越得以占据上风，并成功地说服美国公众中的重要部分，使之认为美国货币当局是民主的威胁，这最终促成对美联储公共支持的腐蚀。如果这时候美联储还是更关心进一步干预实体经济，这种结局就不足为奇了。

本 章 小 结

承认把货币事务转化成集体认同问题是任何稳定文化的基石之后，重要的是聚焦并阐明其中的一个重要方面，只要经济遭到重创，中央银行必须放松货币创造的缰绳，这个方面就显现出来。政治经济学者已经表明在这种情况下中央银行的非常规反应一般会被认为是正当的，其信用不会受到伤害。但是，特别情况不是不证自明的。如果分析者花费这么长时间才能认识到美国正陷入前所未有的危机，怎么能要求普通公众更有效地发现危机呢？所以，问题是，如何判断情况是特别的？如果经济数据自己会说话，可以证明宽松货币政策，那么中央银行家、政策制定者以及其他的评论者只要指出经济情况本身的数据就可以了。

但是，美国最近的金融危机表明事情不是这样。使用这种强有力的表述，一般是在夸张戏剧性的、启示录式的以及悲剧性的话语模式的掩护下，表明在塑造特别情况时引进了很多文化工作。正是因为这些才使得公众不再把放松货币纪律看成对社会的威胁，而是看成挽救社会的必要举措，因而扭转了一般情况下适用于稳定文化的逻辑。这种对货币政策制定过程中的特别情况的文化规则构成稳定文化的另一个有趣的维度。

但是，表述只是货币事务的文化表现中的一个维度，这意味着塑造"特别的"情况的文化工作必然创造出一个具有或然性而且不稳定的特别状态。就美联储而言，我已经在一开始论证过美联储设法把自己定位成美国最宝贵的价值的维护者，因而有资格在美国大部分公众的支持下采取合法的非常规措施应对危机。随着时间的推移，事情发生了改变。对越来越多的美国人来说，看上去好像实际上美联储开始破坏这些价值了，这助长了对其公共支持的腐蚀。

这种转变提醒我们，对于中央银行来说为了赢得公众的支持只采取好的决定是不够的。这些决定必须看上去也很好，而且他们在设法重塑构成社会的象征中心的基本原则的时候看上去也很好。有时候，真实与逼真是不同步的。承认这一点，因而把货币事务作为一种文化表现来理解中央银行就可以未雨绸缪，及早应对这些事情的发生并有所作为。

结　论

　　社会理论家们一再抨击现代社会里不可阻挡的去魅过程，这种去魅过程被指控导致技术理性在社会生活中逐渐取代非工具的文化逻辑。根据这种观点，这种过程在市场领域里被推进得最远。但是，经济现实似乎表明不是这么回事。在过去的三十年里，经济社会学里的文化学流派已经表明文化并没有被挤出市场。相反，它积极地参与塑造经济行为，甚至让经济变得可行。换句话说，市场去魅的压力和当前的返魅压力并存。很奇怪，这股社会文化学流派几乎没有注意到市场上广泛流行的神圣主义的抬头。宗教规约、隐喻、仪式和认同渗透进市场经验，这种现象值得社会学的系统关注。似乎只有布迪厄注意到这一现象。例如，他在一次访谈中指责德意志联邦银行前行长汉斯·提迈耶坚持建立在"货币主义宗教"基础上的"理性方法论"。（Rulff，1997）布迪厄说，提迈耶的思想体系只是"一种谵语，杜克海姆也是这样定义宗教的。"[①]

　　从理论的角度，布迪厄提到杜克海姆的确很有诱惑力。尽管传统的社区包括宗教生活的基本形式的主要焦点，杜克海姆明确地设想把他的框架应用到分析现代社会的社会生活里的可能性。20世纪80年代以来，社会学理论里出现了一个新杜克海姆传统，它将最近的杜克海姆在宗教生活的基本形式里的方法论系统地应用研究现代社会里社会生活的不同领域。（Smith and Alexander，2005：14）但是，不久以后，它就意识到吸取杜克海姆在传统和现代社会之间的直接同源性理论"是不够的"。

（Smith and Alexander，2005：26）结果，新杜克海姆学派的学者们追求一种更一般的分析框架，用来把现代社会生活作为文化成就来研究，但没有降低其或然性和不稳定性。今天，新杜克海姆学派社会学提供了一个适当的理论框架，对经济学领域里的返魅现象进行系统的研究。

我在本书中应用了这个理论框架把货币的宏观社会学的研究议程表拓展到当前的疆界之外。在过去的十年里越来越多的文献发现了货币在国家统一并塑造国民以及国民再塑造过程中的作用。这些文献有时候也强调国家货币向国家象征的转变，而且强调在转变过程中货币所承载的高度情感。但是，这些文献没有做的是梳理功能性货币转变成神圣的国家象征可能给货币机构的合法性带来的影响。我已经表明朝着那个方向分析会有助于给中央银行独立的一个源头提供启示，这个源头一再逃过货币学者们的分析抓手以及从业者们的政策控制，它就是：稳定文化。

为了解释稳定文化的性质和运行，我的出发点是承认公共戏剧化在货币政治里起重要作用。每当中央银行和政客们开始在货币政策上发生冲突，政客们开始严重挑战中央银行独立性的时候，各方就会选择把冲突戏剧化以便赢得公众对自己的事业的支持。当然，尽管如此，公众对低通胀的偏好以及对中央银行独立的态度对其决定支持中央银行还是央行的反对者仍然起到重要作用。总之，比之通胀偏好和公众态度，货币事务的戏剧化起到更大作用。但是，这却完全被那些试图研究文化在货币事务中所扮演的角色的学者和从业者所忽视。

为了理解稳定文化，学者必须紧密观察货币事务戏剧化之后所产生的效果。戏剧化发生之后，货币游戏奇怪地转变成关于集体认同的道德戏剧，中央银行独立转变成与社会的基础相关的事情。在这一点上稳定文化展现了其真实的本质。也就是说，稳定文化是使得货币事务在含义上完成转型，并使得中央银行独立变成公众的超凡价值的文化结构和实践成为可能。我论证了稳定文化的系统研究尤其需要解决两个维度。第一，它必须考虑那些潜在地把货币事务和社会的象征中心联系起来，因而使得货币事务转化成集体认同的象征联接网络。第二，它必须解释这些联接的文化表现，正是通过文化表现这些联接才能把货币事务成功地转化成集体认同。

第一个维度的研究包括对两个案例的分析。这两个案例似乎构成一个分析谱系的两极。第一个案例是关于具有现成的象征中心的社会，即德国。我们在这里描述的是历史上最著名的独立中央银行，即德意志联邦银行，及其神圣货币，即马克。另外，第二个案例要面对的是欧洲，这是一个中心不明确甚至有时候难以表达的社会，我们要解决其新近建立的独立中央银行，即欧洲中央银行及其相当世俗的货币，即欧元。

我指出，在德国的案例中，20 世纪 20 年代早期的高通胀经历，货币混乱对魏玛共和国造成的不稳定影响，希特勒随后上台并建立纳粹的独裁统治，第二次世界大战的经历以及随之而来的国家崩溃和屈辱，以及弥漫在纳粹集中营的恐怖构成了归属于马克和联邦银行的一层层新的意义的基础。第二次世界大战后，马克成为国家象征，联邦银行成为马克的监护人。随着马克因为帮助德国人应对最近的过去仍然带来的焦虑而赢得普通德国人中的存在价值，联邦银行变成这种焦虑的制度解决方式。换句话说，联邦银行是作为经济机构成立的，但是在历史进程中它承担了潜在的事关存在的策略的功能。把德国货币事务再造成德国社会核心的国家认同问题触发了它们的潜在的道德化。为了象征性地支持把德国货币事务推到社会的中心并使之牢牢地占据这个位置，公共领域里的参与人利用太多的基督教传统里的叙事框架。介绍完德国的货币事务的文化嵌入如何影响其与德国社会中心之间的联系以及货币事务的象征性功能之后，我提出两个案例说明这种联系的文化表现如何影响其效果。第一个案例是 1997 年联邦银行与财政部长魏格尔之间的冲突。第二个案例是 1990 年联邦银行与科尔总理之间针对两德之间建立货币联盟的冲突。联邦银行在第一个案例中胜出，在第二个案例中妥协。

各种评论者都强调新成立的欧洲中央银行与德国货币事务在过去四十年里得以在其中展开的制度场景之间存在连续性。分析者尤其发现价格稳定和中央银行独立是德国货币机制的两个基石，欧洲把它们全部继承下来了。其他人强调欧盟的结构给予欧洲中央银行更大的独立权，使之享有的隔离政治影响的水平比联邦银行在其发展史上实际享有的还要多。换句话说，新成立的货币联盟不仅复制了德国的货币制度，而且甚至是强化了。批评者承认欧盟的货币体制的确复制了德国货币体制里过去的某些元素。但是，他们仍然警告说两者之间仍然横亘着一道鸿沟：文化与历史的鸿沟。批评者认为德国的稳定文化向欧洲其他部分的出口存在很大问题。这种文化根植在德国人的脑海中，它源于德国人不可转让的历史经验，这种历史经验把通胀转化成对德国社会核心的现实威胁，并把联邦银行转化成对付这种威胁的制度工具。正是因为德国货币与中央银行业务的这种文化转换才使得强硬的货币政策在德国公众面前取得合法性，并最终使得德国货币体制得以实施。一方面，批评者强调欧洲中央银行业务与德国中央银行业务相比其文化基础非常薄弱，如果这种批评是对的，那么我在本书中指出，如果他们仅仅因为德国的稳定文化是建立在与欧洲其他国家不同的单一的不可转让的历史经验的基础上就暗示欧洲货币联盟不能希望有一个和德国一样强健的稳定文化，他们就错了。我还提出，他们论辩认为时间的推移仅仅造成德国稳定文化和初期的欧洲稳定文化之间的差异是错误的。为了阐释原因，我开始分析欧洲的稳定文化是如何出现的，这使我可以论证欧洲货币事务完全可以转变成关于欧洲认同的戏剧，而且会导致德国稳定文化的正式核心可以成功地在欧洲范围内复制，这个预期并非不现实。

为了阐述我的观点，我给欧洲象征中心提出三个相互竞争的定义：种族、公民和文化。我表明可以把不同的新层级的含义归集到欧元和欧洲中央银行业务上，作为象征性地联接到欧洲认同的每一流派的结果。然后，我转向欧洲货币事务所嵌入其中的文化空间的拓扑结构，并显示这种拓扑结构以什么方式影响货币事务在欧洲社会的象征中心中的位置。我解释了在德国公共领域里政治合法性的两个概念给货币事务提供了备选的解释视野。结果，对马克和联邦银行的同一组表述完全可以根据给其解释提供参照的政治合法性的概念呈现出两组截然不同的含义和功能。例如，对中央银行业务的神职表述会被那些对中央银行的政治合法性持公民概念的人视为一种亵渎，而被那些用非公民术语理解合法性和公共利益的人视为神圣化。在前一种情况，这种表述可能是一种让货币事务从德国社会的象征中心脱钩的策略的一部分；而在后一种情况下，其目的将是联系。在德国的情况下合作从来都不是特别的问题，因为最终政治合法性的非公民概念构成德国货币事务的主导性解释视野。但是，我论证得出的结论是欧洲货币联盟不是这样的。所以，欧洲货币事务的象征性嵌入影响联系可能呈现出来的含义和象征功能，就像德国的情况那样，但是影响的方式要比德国复杂得多。

当中央银行受到攻击的时候，为了获得公众的支持，中央银行家及其支持者可以把针对货币政策的冲突戏剧化，并把它描述成一个与社会存在的核心基础相联系的事情。我表明在这一点上货币事务将转化成关于集体认同的道德戏剧。然后，我讨论了德国在马克时期这种情况是如何演绎的，以及对于欧元，这种情况如何产生相同的效果。但是，在很多情况下中央银行需要放松货币纪律。当经济受到特别冲击时，中央银行或许需要放松货币制造的缰绳。政治经济学家们已经表明在这种情况下中央银行的信誉不一定会受到伤害。但是，特别情况并非不证自明。如果分析者花费这么多时间才能发现美国正陷入前所未有的金融危机，那么我们就不应该指望公众有能力自动识别危机。所以，问题就变成哪些因素导致情况变得"特别"。在最近发生的金融危机中，中央银行家、政策制定者以及其他观察者一再援引"战争""对文明的威胁"或"崩溃"这些概念讨论时局。如果特别的经济情况自己就能说话，为了给宽松货币政策提供正当性，他们只要客观描述经济情况就可以了。但是，他们援引有力的社会表述并使用夸张的、戏剧性的、启示录式的和悲剧性的框架。总之，他们不得不"创造"特别的情况。只有那时候公众才有资格不再把放松货币纪律视为对社会的威胁，而是相反，拯救社会的一种动力。这明显逆转了一般情况下适用于稳定文化的逻辑。这种对货币政策制定过程中的特别情况的文化管控构成稳定文化的另一个有趣的维度，这个问题值得单独讨论。本书关于美国稳定文化和金融危机的那一章就讨论这个问题。

美国经济学会前会长凯尼斯·柏丁很早以前就警告说分析经济行为要求对经济里面的象征性交流现象进行系统分析（Boulding，1956）并在讨论到货币和中央银行业务时明确地重申了这一观点。（Boulding，1972）本书朝着这一方向迈出了第一步。[2]

我将以最后的评论结束本书。在货币事务中建立文化作用的理论的可行性为中央银行和社会都创造了一个机会。中央银行第一次可以有机会刻意地塑造所在地的稳定文化的产生与巩固。而且他们可能第一次也有动机对新的社会情感敞开大门，这种社会情感迄今为止尚未在中央银行技术官僚体系内系统地存在过。然而，直接与文化关联将给货币当局添加一项重要责任。中央银行将需要对它们朝着这个方向所采取的所有举措高度透明。构建稳定文化根本不是机构霸权的"无形之手"的任务，所以它不会作为一种隐蔽的运行发生在社会的后面。相反，建立稳定文化是中央银行和它的公民同胞之间公开对决的绝佳机会。今天，中央银行业共同体的制度生命由一份基本的公务文件，即通胀报告决定。明天，我们可能见证另一种公务文件的诞生。这种公务文件叫做稳定文化报告。通过这种报告，中央银行家会系统性地陈述其旨在塑造其所在地的稳定文化的活动，并讨论他们的理论依据。在其自己的社会里（或之外）激发出一场关于他们与文化之间互动的辩论只会保护其付出努力的公民。

注　释

前　言

① "Anedoctes es petites phrases（encadre）. " *Agence France Press*, April28, 1998.

② "No sense in strict 3% deficit as the magic figure for Emu. Letters to the Editor. " *The Financial Times*, June 3, 1997, USA Edition.

③ 'E Hans lancio la scomunica in nome dell' Euro. ' *Il Corriere della Sera*, May 30, 1997.

④ "In memoriam Otmar Emminger. " *Borsen-Zeitung*, August 5, 1986.

⑤ "A Nuclear Winter. " *The Economist*, September 18, 2008.

第一章　经济生活里的文化

① 例如，参见 Marx（［1844］1964），Maine（1875），Tonnies（［1887］1955），Durkheim（［1893］1947），Weber（［1904］1998），Simmel（［1900］1978），Habermas（1984）.

② "O Isis and Osiris, give/the spirit of Wisdom to the new pair. /Guide the steps of the wanderers. / Strengthen them with patience in danger. " 汉斯·提迈耶在一次为新任命的欧洲中央银行行长和副行长举行的就任仪式上就宣读了这首诗。见 Tietmeyer（1997, 11）。

③然后，贝克特就开始无条件地保护他的教会的利益，即使这样做违背了其政治赞助者的期望并最终意味着其殉难的结局。

④本章提取了我在 Tognato 演讲（2012）的内容，并重新调整并加以延伸。

⑤分析者现在可以在不同的合法的中央银行独立标准中进行选择，这些标准根据他们考虑的不同维度，比如人员、财务和经济独立等。例如，爱丽丝娜（Alesina）在三个要素的基础上建立了一种标准，这三个要素是，中央银行是否对其货币政策具有最高权力；政府官员是否在中央银行董事会里任职；是否董事会里超过半数要政府任命（Alesina 1988）。格蕾里（Grilli）、迈西安德罗（Masciandaro）和塔博里尼（Tabellini）则把董事会成员的指定程序、任职期限、追求价格稳定的法定条件以及中央银行可以自动决定货币政策的路线的范围考虑进去。（Grilli，Masciandaro，and Tabellini 1991）艾基芬格（Eijffinger）和沙灵（Schaling）则关注谁对货币政策负最后的责任，政府官员是否在董事会里任职，以及政府指定的董事会成员占多少比例（Eijffinger and Schaling，1992，1993）。最后，库基门（Cuckierman）、库基曼（Cuckiermann）、韦伯（Webb）和尼亚博提（Neyapti）从中央银行法案里提取出十六个元素建立他们的中央银行独立标准。（Cuckierman，1992；Cuckiermann，Webb and Neyapti，1992）这些与中央银行行长的任命、撤职和任职的法定期限，货币政策的最终监管部门在官僚系统中的位置，银行与政府冲突解决的程序，价格稳定与其他目标相比的重要性以及政府向银行借钱能力的限制的严格性普适性等有关。如果中央银行独立的法定条件与其行为中的条件存在差别，那么银行独立的法定标准与实践中的中央银行独立标准肯定有区别。约翰逊（Johnson）和斯克劳斯（Siklos）努力通过专注不同市场基本面下的利率差别来理解行为上的独立。（Johnson and Siklos，1996）他们的研究路径对于建立行为独立标准中存在的内在的信息搜集以及获取地方知识问题提供了简捷的解决方法。但是，这种做法不能获得货币事务中中央银行（行为）独立的具体

实践上的知识。为了进行经验研究，分析者一般集中研究前者提出的标准。这反映出一个普遍的预期，即获取地方知识对于建立法定的央行独立标准的必要性要比建立行为上的中央银行独立标准小一些。这样，信息搜集成本会小一些，而且最终确立的标准更适合在国家之间进行比较。尽管建立中央银行独立的法定标准似乎原则上对地方知识的要求少一些，但不能低估它所要求的解释工作，这一点很重要。例如，麦克斯菲尔德（Maxfield）就强调如果不理解中央银行运行的政治语境，分析者就无法理解多数法定的独立条件的重要性。例如，在荷兰政府如果决定超越中央银行的行为就必须依法向议会汇报。荷兰把这一法律规定视为中央银行独立的一个重要资源。但是，麦克斯菲尔德强调，如果不知道荷兰的政治体制是议会制，议会里没有清晰的多数党，而且把货币事务政治化可能触发不信任投票把政府赶下台的话，分析者就不会直接得出这个结论。（Maxfield，1997：21）

⑥对于货币的神圣维度，戴蒙德（Desmonde）注意到："对于我们中的许多人来说，货币是神秘的，是一种主要由高级金融领域里的大师级人物操控的象征。我们对货币的敬畏一如土著人对部落仪式上提供魔力的圣物所怀有的敬畏。就像身处更高水平的现实里一样，这种象征似乎以一种难以理解的神秘方式运行着，只有懂魔法的经纪人、会计师、律师和财务专家才能看懂并操控……就像被神秘的力量所震慑的野蛮人面对神圣的神明一样，我们怀着惊奇注视着这个神圣的程序，以一种模糊而且有些恐惧的方式感觉我们的生命以及我们的孩子的幸福都任凭我们所不能控制的神秘力量支配……除了高级金融领域里的神秘仪式之外，货币似乎像神奇的法宝一样在日常生活中运行着，给我们几乎每一个欲望都带来满足。不论走到哪里，只要有钱，人们就会积极地接受我们的报价，就好像那些磨损破旧的硬币和脏兮兮的绿色纸币有一种神奇的魔力促使交易成功一样……金钱就像有神奇的魔力一样带来力量，这种力量可以被用来做好事，也可以被用来做坏事。"（Desmonde，1962：3–5）也可参见 Crump。

⑦例如，罗伯特·拜罗（Robert Barro）观察到通胀只是在超过每年20%的时候才有清楚的证据表明其与宏观经济表现之间具有相关性："如果每年通胀率低于20%……增长与通胀之间的联系不具有统计显著性。"见 Barro（1995：1,9）and Barro（1996：159）in Kirshner（2000：429）。

⑧正如罗曼（Lohman）所解释的，通胀偏见的第一个来源是所谓的时间一致性问题。因为名义工资并不是一直变化的，货币扩张政策会降低实际工资，从而增加就业和产量。所以，如果政策制定者希望增加就业和产量就倾向于宽松货币，让工资制定者感到出人意料。但是，工资制定者可以观察到这种诱因并随之在确定名义工资时把通胀差额也包含在内。达到均衡的时候，政策制定者就不会创造出人意料的通胀，实现更高的就业和更高的产量的目标将受到挫折，通胀水平也比政策制定者不屈服于通胀诱惑时要高。为了抵制通胀诱惑，政策制定者可以把维护价格稳定的任务委托给一个代理人，即独立的中央银行。工资制定者会发现中央银行可以独立地在一个稳定的道路上确定货币政策，均衡通胀水平就会变得低一些。经济中通胀偏好的第二个来源与基于选举或党派竞争引起的政治对货币政策的干预有关。让我们厘清选举动机干涉的情况：第一，为了获得更多的选票，现任政府有激励在选举前放松货币，以便给更高水平的公共支出水平或者刺激就业和产出提供融资。一般情况下，这种做法会给经济带来波动，即在选举前经济扩张，选举后紧缩。但是，理性的工资制定者会预测到这种波动并相应地在其工资合同里加上通胀差额条款。理性的投票者也会预见到选举之前的经济扩张，如果没有发生经济扩张，他们就会在选举日惩罚现任政府。这样，在均衡点，选举之前的货币扩张就不会对就业和产出带来影响，政策制定者会被迫根据投票人的预期扩张货币供应，导致通胀会高于现任政府能够恪守信用，在选举前抵制住宽松货币的诱惑时可能达到的水平。为了实现这一目标，可以采用的一种方法是把货币政策委托给一个代理人，即独立的中央银行。中央银行职责时间范围跨越几个选举周期，而且其货

币决策不会被其政治委托人干预。正如前面所提到的，现任政府可能还有干预货币政策方案的党派诱因。比如，如果政府的选民偏好高通胀，政府就有激励扩大货币供应。当存在两个党派，而且各自的选民对通胀有不同的偏好的时候，经济就会倾向于经历一个政党周期，货币政策将会随着时间的推进和控制政府的政党的更迭而波动。如果两党都有一个超越单一任期的时间范围，那么他们就有动机避免货币波动并接受一个中间货币政策方案。这样，独立的中央银行将成为两党针对都能接受的通胀水平达成的政治解决方案的制度保证。（Lohman，2006：532－535）

⑨根据文献研究结果，中央银行独立并没有因为其应该提供的信用红利而降低反通货膨胀的成本。相反，因为它必须不断地向公众证明其决心，所以反通胀的成本可能更高。格雷姆（Grimes）、费舍尔（Fisher）和拜罗（Barro）论证了中央银行独立降低了经济增长（Grimes，1991；Fisher，1993；Barro，1995）。艾冯格（Eijffinger）和德·汉（De Haan）则检验了关于这种联系的研究并得出结论认为二者之间没有关联性。（Eijffinger and De Haan，1996）

⑩顾吉门（Cukierman）认为过去那些负责货币稳定的货币机构，比如布雷顿森林体系或者欧洲货币体系的瓦解可能助长了中央银行独立情形的扩散。还有，德意志联邦银行作为一个反通胀制度工具的表现也可能起了某些示范作用。马斯特里赫特条约要求把中央银行独立作为加入欧洲货币联盟的先决条件，这或许进一步朝着中央银行独立的方向施加了压力。然后，前社会主义国家向市场经济的转型给引入最后一代的中央银行独立模型提供了舞台。最后，拉丁美洲国家的高通胀经历可能推动了政策制定者们试验新型的制度模型，这些模型保证避免后退到通胀状态。（Cukierman，1995）但是，顾吉门的推测对于为什么世界上这么多国家给自己的中央银行授予独立权力的原因没有提供实际的解释。毕竟，一个货币体制的瓦解，前社会主义国家向市场经济的转型，几个典型的中央银行独立的成功案例，或者高通胀的经历，这些都不足以给中央银行业务独立而不是选择其他的制度安排提供充分的理由。类似

地，马斯特里赫特条约要求成员国引入中央银行独立的说法也没有说服力，因为它没有解释为什么欧洲各国都争相引进中央银行独立。相反，一个令人信服的解释应该澄清为什么条约里规定要求中央银行独立，而且为什么欧洲各国第一时间就接受了这一规定。

⑪也可参见 Polillo and Guillen（2005）。关于新制度主要学派的背景参考文献，参见 Meyer and Rowan（1977），DiMaggio and Powell（1983），Meyer and Scott（1991），Scott（1991），Friedland and Alford（1991）。

第二章　稳定文化与中央银行业务

①在特别提到货币的对外价值时，海宁（Henning）发现银行业的偏好各异，具体偏好取决于银行各部门偏好的聚合，这些部门处理外币交易、固定收入咨询服务、国内公司贷款、国际信贷以及银行自身的财务业务（Henning，1994：23-26）。另外，产业部门则偏好维持货币的内在价值，以便缓和工资波动；把利率控制在低位，以便扩大投资。至于货币的对外价值，产业部门可能主要偏好对外具有竞争性的货币，但是这又会对进口成本造成负面影响，尤其是当主要原材料以外币计价时。在此基础上，产业部门对货币的对外价值的偏好将取决于可交易的和不可交易的原材料的总体状况以及其产品在市场上的竞争力。还有，如果国内公司到海外收购国外资产，他们会有兴趣保持货币的对外价值坚挺。

②例如，在社团主义政治体制下，劳工和产业强势不见得会损害中央银行的独立性，因为合作基础上的工资谈判会降低反通胀的实际成本，政客们因而在扭转中央银行独立性以便挽救工作上面临的压力会更小（Hall，1994）。类似地，经济体内贸易部门的相对实力更强，而且工资谈判制度更集中的话，中央银行独立的实际成本会更低（Franzese）。

③同时，学者们强调这些结果对发展中市场经济体不成立。例如，政客任期的时间范围越短，就越不支持保护中央银行的独立性。而且政

府执政党派多数的规模或者党派的数量都不会对其产生重大影响。

④正如瓦里希（Wahlig）所观察到的，联邦银行的独立不是源于德国的基本法，尽管有各种教条主义研究试图把后者作为前者的源头。但是，它的确来源于1957年的联邦银行法案。具体地，该法第3条授权联邦银行保护货币安全，这里既隐含着保护马克的内在价值，即由德国家庭所购买的一篮子商品的价格作为衡量标准的价值，也隐含着保护马克的对外价值，即由其与其他国家货币的汇率表示的价值。第12条接着要求联邦银行支持联邦政府执行基本经济政策，但是也承认这种支持从属于中央银行的维护货币价值的首要责任及其对采取什么样的货币政策与首要责任相匹配所具有的解释权。另外，银行的独立并不排除其在很多政策问题上与政府的系统合作。例如，第13条规定银行应该针对重要的货币政策问题向政府提供咨询建议，并有能力在其视为必要的时候出于自愿这样做。另外，联邦银行还列席公共部门商业周期委员会，该委员会审议防止整体经济均衡遭到破坏的措施；列席金融计划委员会，该委员会对涉及联邦政府、地方政府和地方权力部门之间的金融计划合作过程提供建议。就银行监管而言，1961年信用法案把这一功能授权给联邦信用监管局，这是经济部下设的一个独立机构。即使这样，当银行业务因管理不善可能会影响德国经济的时候，该局会向联邦银行征求意见。而且，该局领导可以参加中央银行委员会会议，只要会议议程所包含的内容与该局的活动有关。（Wahlig，1998：49）

⑤例如，1961年3月中央银行委员会会议批准了马克升值议案之后，联邦经济部部长路德维希·艾尔哈德（Ludwig Erhard）宣称如果委员会不支持他提出的升值议案，他就会动用其否决权否决中央银行降低最低储备的决定。参见 Kennedy（1991：40）。

⑥联邦银行法案第20条规定联邦银行可以自行决定向联邦政府、地方政府以及其他政府机构在法定的上限范围内提供短期贷款，法定上限根据借款者的种类具体规定。

⑦但是，联邦银行必须遵守给公共机构设定的基本会计规则，并接

受联邦审计办公室的审查，后者把审查结果汇报给议会。另外，银行的资产负债表和损益表要接受外部审计师的检查。

⑧第二次世界大战成立了德意志各州银行（BdL）以后，德国中央银行业务经历了一个逐渐集中的过程，结果，联邦政府指定的董事在银行董事会里的相对权重越来越大。第二次世界大战之后，德国的货币事务在四个被占领区里的地方中央银行运营下在去中心化的基础上运行着。不久，货币改革的需要推动占领者接受更高水平的德国货币集中化。1948 年，BdL 成立，执行货币政策并主持汇率控制工作。BdL 是独立于德国政治机构产生的，尽管它不独立于联合银行业务委员会。在美国、英国和法国占领区内的地方中央银行行长们共同组成 BdL 的地方中央银行委员会。这些成员分别由各自的地方政府派出。他们再选举产生委员会的主席并指定董事会成员。（Gleske，1998：14）只有董事会正负董事长是委员会的成员。1950 年，联邦德国成立，政府指定一项法案确立 BdL 是西德临时中央银行并使之独立于联合银行委员会的控制。1951 年 3 月，经济部长路德维希·艾尔哈德起草了另一份法案寻求把联合银行委员会的权力转让给联邦政府。但是，中央银行委员会反对这一举措，因为这样做将损害中央银行对政府的独立。（Kennedy，1991：12 – 13）尽管这样，1957 年 7 月 26 日通过了一项新的中央银行法，朝着那个方向前进了一步。这样，德意志联邦银行就继承了 BdL，地方州中央银行转变成德国联邦银行的地方分支机构。之前只包括州中央银行的 11 位行长的中央银行委员会现在扩展到包括 10 位联邦政府指定的人员组成董事会。随着德国的统一，州的数量增加了，州的代表在联邦银行董事会里的席位进一步被稀释了。1992 年 6 月通过了联邦银行法案的第四次修订，旨在巩固联邦银行的制度结构。州中央银行的数量不再映反应州的数量，小一些的州不得不分享同一家州中央银行。经过这种巩固程序之后，中央银行委员会内部的权力平衡进一步朝着有利于联邦中心的方向倾斜。这时，委员会包括 9 位州中央银行行长，其董事会包括最多 8 位董事。（Lohmann，1998：421）

⑨毕竟，正如罗曼所指出的，州政府指定的候选人可能就属于管理联邦政府的同一个联盟所管理的那个州。但是即便在这种情况下，他们的利益也不会完全一致，因为他们会积极地维护自己所在的州的政府的利益，使其优先于联邦政府的利益。（Lohmann，1998）州中央银行由一个执行董事会管理，董事会包括董事长和副董事长，大一点的州还多加一位董事。副董事长和其他董事由中央银行委员会提名，并由联邦银行行长任命。他们可以取代中央银行委员会的主席，但不能投票。州中央银行也有咨询理事会，成员来自银行业、贸易、工业、农业和工会。他们有严格的咨询资格。他们由州政府提名并由联邦银行行长任命。

⑩中央银行细则还规定邀请联邦经济部长和联邦金融部长参加每一次委员会会议，给他们提供每一次会议的议程和准备材料。（Wahlig，1998：51）

⑪例如，20世纪50年代以及60年代初期，德国银行反对马克升值，担心会给德国工业带来灾难性后果。德意志联邦银行支持这种态度。

⑫德国有17家大型工会，每一家基本对应一个产业部门。这些工会属于一个统一的工会联盟（DGB），工会联盟与代表德国80%雇主的雇主协会谈判。双方对各自的成员都施加有效的控制。法律框架确保每一部门谈判的结果对该部门项下所有的参与人具有法律效力。而且，一个工会，即五金工会，与一个雇主协会，即全能金属雇主联盟，汽车、工程和铜铁工业组成一般会主导谈判，其他的工会和雇主协会一般会和他们保持一致。这种制度安排使得每一参与人有可能算计其谈判对整个实体经济的效应，因而使之有能力更清楚地预测联邦银行的货币政策回应及其产生的后果。从联邦银行自身的角度，它将更容易发出信号：针对谈判各方可能已经达成或者即将达成的结果，它将持什么立场，它将采取什么举措。年度工资水平将给联邦银行提供一个平台，使之可以公开澄清其立场。（Hall and Franzese，1998：513－514）

⑬罗曼显示这发生在1990年8月统一条约签署之后修改联邦银行法

案的背景下。议会批准又花费了两年时间。（Lohmann，1998：419 – 422）莫塞尔（Moser，1999）得出和罗曼相同的结论。在有制衡机制，尤其是两院制的国家里，因为上院和下院之间有否决权，独立的中央银行就有更大的操作空间追求价格稳定的目标。罗曼和莫塞尔的分析比其他学者和从业者更前进一步，更好地领会德国联邦架构对中央银行独立性产生的影响。例如，肯尼迪只是把联邦银行的联邦架构理解成把德国境内的联邦银行合法化的一种有用的机制。（Kennedy，1991：18 – 19）

⑭ 1998 年 10 月，欧洲中央银行董事会把价格稳定定义为"欧元区统一消费价格指数（HICP）逐年增长低于 2%"，并补充说"将在中期保持"价格稳定。2003 年 5 月，董事会澄清说"追求价格稳定旨在维持中期通胀率水平低于但接近 2%。"（Scheller，2006：80）

⑮欧盟条约第 105（2）条和 ESCB 法第 3 条规定，欧元系统内的外汇运行必须与欧盟条约第 111 条一致。根据 111 条第（1）款，欧盟委员会一致行动达成正式协议，确定欧元兑欧盟外部货币的汇率机制。根据 111 条第（2）款，如果没有这种汇率机制，欧盟委员会可以通过符合法定人数的多数投票制定总的汇率政策方向。（Scheller，2006：91）这种合作的一个典型案例是用第二套汇率机制（ERM Ⅱ）取代欧洲货币机制。ERM Ⅱ的目的是把欧元区之外的成员国货币和欧元联系起来。这个联系机制建立在双方同意的、固定但可调节的相对于欧元的中央汇率以及 15% 的标准浮动范围的基础上。如果根据一体化的进程合适的话，可以经双方同意缩小浮动的范围。（Scheller，2006：92）欧盟条约第 4 条确保汇率协议与追求价格稳定的目标一致。（Scheller，2006：125）

⑯ 欧盟条约规定在保持价格稳定不受影响的基础上，欧元系统将支持欧盟的基本经济政策，以便为实现欧盟目标做贡献。（Scheller，2006：45）

⑰ 第 108 条规定，"在实施其权力并执行其任务和职责的时候，欧洲中央银行、NCB 或者其决策机构里的任何成员都不能寻求获得或者执

行欧盟机构、部门、成员国政府或任何其他机构的指示。"

⑱参见 Scheller（2006，124）。但是，立法独立并不排除与其他欧洲机构之间进行广泛的政策对话。例如，一年两次欧洲中央银行会参与一次宏观经济对话，对话包含政治和技术两个层面，目的在于更好地理解 EMU 相关政策要求并改善没有通胀且就业增长的条件。（Scheller，2006：138）而且，欧盟和欧洲中央银行可以在欧洲中央银行的职责和专业范围内就以下问题进行合作：给广泛的经济政策指南（BEPG）提供建议，监督成员国的预算情况，准备一体化报告以及欧盟扩展相关的问题。（Scheller，2006：136）

⑲欧洲中央银行必须向欧洲议会、欧盟理事会、欧洲委员会和欧洲理事会提交一份年度报告，汇报 ESCB 的活动以及往年和当年的货币政策。它还必须公布季报和欧元系统的每周联合财务报表。另外，欧洲中央银行还公布月度公报以及工作论文和其他出版物。但是，和其他中央银行不同的是，欧洲中央银行既不公布董事会会议记录，也不公布董事会成员投票的细节。为了使"公众知晓董事会决议结果"，董事长和副董事长会在每月第一次董事会后立即召开新闻发布会，并在其网站上公布会议的文字记录。（Scheller，2006：133）欧洲中央银行行长会在欧洲议会全体会议期间向后者提交欧洲中央银行的年报，然后，欧洲议会做出决议，对欧洲中央银行的活动和政策实施情况进行全面的评估。欧洲中央银行行长及其执行委员会其他成员可能应欧洲议会的要求或者主动接受议会里相应委员会的听证。此外，欧洲中央银行行长每年出席四次欧洲议会经济与货币事务委员会会议，这是指定与欧洲中央银行沟通的一个组织机构。　（Scheller，2006：132）最后，欧洲议会全体成员（MEPs）可以通过委员会主席以书面形式向欧洲中央银行提出问题。

⑳参见 Scheller（2006：125 – 126）。还有，要求欧洲中央银行防止欧盟下属各中央银行任何通过在二级市场收购公共部门债务工具规避这些禁止的企图。（Scheller，2006：73）最后，根据"不救助"条款，欧盟或者任何成员国都不对任何其他成员国的债务负责，也不承担这种债

务。(Scheller, 2006：32)

㉑欧洲中央银行公布其年终账目作为其年报的一部分。欧洲中央银行以及所有国家的中央银行的年终账目都由独立的外部专家审计，专家由董事会推荐并经过欧盟理事会批准。欧洲中央银行的财务管理也由欧洲审计院检查，它检查欧洲中央银行管理的运行效率并在欧盟官方杂志上公布一份年报。而且，欧洲反欺诈办公室（OLAF）在合理怀疑的情况下可以调查欧洲中央银行的欺诈和其他违规行为。(Scheller, 2006：140 – 141) 最后，欧洲法院在特定情况下可以审查欧洲中央银行的行为和疏忽，比如"缺乏能力、违反某一项根本的程序要求，违反欧盟条约或者与条约实施有关的任何法规，或者滥用权力。"参见条约第 230 条第 2 段。

㉒他们是经过咨询欧洲议会和 ESCB 的董事会，由欧盟理事会推荐经欧元区成员国的国家或者政府首脑同意后任命的。欧洲议会的经济与货币事务委员会尤其要对被提名人召开听证会，同时，欧洲议会全体会议采纳一项建议。(Scheller, 2006：60) 但是，和德国的情况不同，欧元系统的政治中心在影响 ESCB 董事会的能力上不如德国政治中心，后者过去一般有能力做与联邦银行业务有关的一些事务。尽管德国的政治中心依赖所有的构成国家的特质，欧元系统的政治中心仍然处在一个全面的凝聚过程中。

㉓在此情况下，理事会或者执行董事会可以诉诸 ECJ 强制董事会成员退休。各国中央银行的行长可以被国家部门依据相应的法律解除职务。

㉔作者们还强调那些工资协调水平更高的国家，比如德国，一旦实施弱一些的协调体制，势必损失更大。他们继续认为分配效应在国家内部也存在进入欧洲货币联盟后，技术含量低以及职员方面的工作必然牺牲最大。这意味着欧洲货币联盟不仅对工资协调水平高的国家打击很大，而且对某些社会群体打击也很大。

㉕"当被问到衡量联邦银行的权力的时候"，联邦银行行长卡尔·

奥拓·皮埃尔（Otto Pohl）用斯大林式的著名缓慢节奏回答："教皇有多少分部？"换句话说，历史上最独立的中央银行可以依仗保护其独立性的最大的资产是其人民，即其信众组成的群体。参见 Zagorin（1989）。

㉖参见 Bofinger, Hefeker and Pfeger（1998）。

㉗案例的完整描述参见 Kennedy（1991：94 – 97）。

㉘Interview in the Financial Times, April 21, 1992. In Marsh（1992：222）。

㉙1991 年 11 月 27 日在阿姆斯特丹一次外汇大会上的发言。见 Marsh（1992：222）。

㉚罗曼发现对德国货币政策的经验研究中关于选举或者党派政治对联邦银行政策是否有重要影响的研究结果各异。（Lohmann，1998：403）这方面更多的文献目录参见注释 6 in Lohmann（1998：403）。

㉛艾斯迎特别评论认为货币政策决定将取决于以下提问："'社会良知'是不是在一个扩展性政策中提出来的，或者保持货币稳定的决定是否会赢得更高的道德评级？这两种类型的行为之间是否也存在一个'道德'取舍？"（Issing，1998：120）如果真是这样，那么联邦银行的做法应该显示某种提升其在公众面前的道德信用的兴趣。我认为艾斯迎创作的关于货币伦理和中央银行政策的道德维度的作品反映了这样一种持续存在的担忧，尤其是当他展示了为什么一位有效率的中央银行家必须是一位道德家。与亚里士多德把称职的人和道德人进行区分的做法不同，艾斯迎开始解释为什么在中央银行业务情况下技术能力和道德品质必须形成合力，以及为什么必须用中央银行业务道德指导中央银行家。（Issing，1998：122 – 123）艾斯迎认为，货币政策提供的只是一个临时性的知识框架，指导中央银行家的工作。因为中央银行家必定要在对事物没有全面理解的情况下进行决策，所以道德思考就有存在的空间："在一个知识不确定的世界，技术要求和道德标准开始融合在一起，即便能理出头绪，也很费力气。"（Issing，1998：124 – 125）艾斯迎说货币主

义者试图通过用货币规则取代中央银行家来回避中央银行业务里的伦理问题。货币主义者认为这样做将使得社会可以在没有自利并且可能政治化的官僚调解的情况下实现货币平衡。但是，货币主义者既没有做到避开道德问题，也没有能够提供一个有效的货币规则。对于第一个理由，西蒙（Simons）警告说，货币规则必须在道德上有说服力，以便政客们能坚守规则。（Simons，1948：169）他们必须"并非出于理性，忠于规则。当然，如果你愿意，也可以说成出于宗教信仰。"（Issing，1998：128 - 129）对于第二个理由，金融领域里的不确定性和创新性导致货币规则很不够用，给中央银行家的存在提供了合理的理由。中央银行设计者因此试图回避中央银行业务中的道德问题，他们制定政府与中央银行之间的最优契约，把中央银行置于最优的货币路线上，并对中央银行家偏离合同规定的路线实施惩罚。但是，这种契约是高度不完备的，如何管理惩罚就是个很大的问题，所以就需要一个道德中央银行家。认识到这一点，中央银行设计者提出应该任命一位保守的中央银行家，他必须比公众中其他人更厌恶通胀。这将解决货币政策中的时间一致性问题，使得货币政策得以更好地控制通胀。艾斯迎评论说即使这样也没有办法确保保守的中央银行家会忠于他事前宣称的通胀偏好，除非他是一位有道德的人。艾斯迎说，这不仅仅是通胀偏好问题，而是与中央银行家的整个人格结构有关。结果，一个有效的中央银行必须在选择员工时把道德作为一个选拔标准。（Issing，1998：131）

㉜1945 年 5 月以来，随着所谓的传统断裂，宪法法院规定德国公共官员不再作为一个活着的永久实体为国家服务，而是服从宪法命令。（Smith，1979：68 - 69；in Kennedy，1991：12）但是，联邦银行和宪法法院仍然继续维护旧的传统，提供德国公民服务。（Kennedy，1991：28）

㉝从 2003 年 11 月开始，危地马拉中央银行发起了一场为期六个星期的宣传活动，以便在危地马拉公众中间推销宏观经济稳定的价值。这一举措是模仿这一地区其他中央银行的做法，包括萨尔瓦多、墨西哥、

委内瑞拉和多米尼加共和国的中央银行等。这一举措的实施来源于这样一种认识，即公众尚未了解中央银行的工作，如果一个新政府带来一项新的经济政策取向并打算剥夺中央银行独立的特权，那么让公众理解就很关键。很明显，危地马拉中央银行打算建立"一座桥梁，把我们（即中央银行）所知道的和他们（即公民）所感觉的连接起来。"根据这些原因，其宣传活动并没有尝试向公众解释货币政策从复杂性。相反，它只是把他们投射到日常生活的屏幕上，诱导观众感性上而不是理性上对宏观经济稳定的认同。危地马拉中央银行在电视上做的节目在构成宏观经济稳定基础的信任、安全和增长理念与爱、成就、希望、家庭、工作、决定、努力和热情这些理念之间唤起一个象征联系，后者当中某些理念构成传统社会的典型支柱。宣称包括一系列的三个 30 秒场景。在第一个 30 秒场景里，一对年轻的草根夫妇开了一家面包店。显然，他们创业所面临的环境很艰苦。他们肯定要做出牺牲，努力工作，以便生存下来并谋求发展。但是，宏观经济稳定将提供一个环境，使得接受挑战创造更好的未来成为可能。在第二个场景，两人正经历一段困境。事情没有他们预期的那么顺利，需要付出更多的工作和牺牲。但是，年轻的丈夫仍然望着窗外信心满满。宏观经济稳定提供的确定性视野令他有理由对更美好的未来满怀希望。在第三个场景，他们收获了他们工作的果实。他们不再独自在面包店工作了。新的雇员加入进来。外面，一辆小拖拉机取代了老旧的摩托，女主人即将生育。宏观经济稳定提供了一个视野，新的生命可以在其中发芽并成长。

宣传活动依靠具体的象征和表演能力，以便把宏观经济稳定的问题投射到危地马拉社会的象征中心上来。我将先分析第一个问题。

家庭和新生命的诞生构成社会生活，尤其是传统社会的两个神圣维度。这样，把宏观经济稳定的概念锚定到这些神圣的支柱上有助于把后者的光环投射到前者。在计划宣传活动的时候，危地马拉中央银行有意用面包这种象征作为其交流活动的中轴。毕竟，它是"能获得所有人接受的概念，在某些情况下它具有神圣的含义。而且，在它作为很普通活动的顶端，它需要大量的努力和工作。"换句话说，面包是一种交流的象征。它是黏合人与人之间的水泥。当把它与像怀孕的妇女这样的生命象征联系起来时，尤其是在那种弥漫着基督教传统的社会里，象征的神圣维度愈加被拔高了。这样，中央银行就利用了一种象征，这是冰冷的理性经济计算所不能比拟的。

活动准备工作遵循一个三部曲故事模板，这和标准的政治宣传活动差异很大。换句话说，为了不至于丢失受众，或者不经意向他们传递模糊的信息，选择合适的类型被认为很关键。危地马拉银行使用的是一个浪漫的叙事故事。两位主角是两位影响，他们面临艰难困苦，做出艰难的选择，经受试炼与牺牲，最终取得胜利。但是，他们的胜利并非享乐主义的。相反，他们取得胜利的条件应该得到分享，包括他们的新雇员或者他们承载的新生活。这种胜利再一次暗示福音教派的原则，即把正面传播的潜质归因于良善。即使宣传活动采用的诗意策略充分地得以在宏观经济稳定和危地马拉社会的象征中心之间建立起象征性联系，危地马拉中央银行不得不利用额外的表演能力以便使得这种联系在公众面前显得有说服力。继亚历山大之后。（Alexander，2006a：29）文化表演是一种社会互动的过程。在此过程中，直接参与人和观察者寻求对交流的象征内容的描述和规定正确性分享相互的信任，并尝试彼此之间的意图的真实性。当参与人得以分享对互动的意图、内容和内在效度的理解时，文化表演转变成一种仪式，既有主观效果，也有客观效果。毕竟，如果宣传活动被认为是恶意的，它将被视为是失败的。此时，非法使用的神圣象征，比如孕妇产下的新生婴儿或者面包将会对不当使用它们的那些人立刻带来负面的效果。它将被视为亵渎神灵和悖理逆天的行为。

亚历山大的文化语用学解释说一个成功的表演应该把其构成要素融合起来，即把剧本、隐藏在表演背后的集体表现、演员、观众、干预演出的社会力量、象征表演的方式以及最后的舞台背景和道具融合在一起。危地马拉银行的公共关系部和创造宣传活动的私营企业仔细地实施这种融合活动。他们选择合适的剧本。他们选择合适的演员。尤其是他们的社会出身以及主角之一的可能的内在的种族背景使得普通危地马拉人更容易识别他们。他们调动起一套集体表达以便强化剧本里传递的信息。获得所使用的象征也有助于调动起那些传统上远离货币舞台但是影响公众对活动的接受的机构。比如，可以把教堂调动起来支持宏观经济稳定，回应稳定理念与活动建立起来的新生命和希望理念之间的关系。银行可以获得的用来支持获得的资源也是决定其表演成功的主要因素。最后，舞台背景和道具确保演员们的肢体和语言表达、风景、以及相机聚焦的东西从未背叛理想以及表演要传达的思想。本注释所展开的分析建立在活动的背景信息基础上，由危地马拉中央银行的制度交流部的主任埃里克·安玛莉奥（Erique Amurrio）在第八次中央银行交流会议（拉丁美洲中央银行制度交流部主任年会）上提出来的。该会议于 2003年 11 月在喀塔赫纳举办。

第三章　德国稳定文化

①关于这两种认同的更广泛的描述，参见 Giesen（1998）and in particular Giesen（1998：145 – 163）。

②大屠杀认同并不预设从属于历史共同体、语言和文化共同体或者一个根据其社会经济表现区分自己的共同体。

③当然，并非所有的分析者都对这些事件感到惊奇。比如，舒尔茨就评论说哈贝马斯和他的宪政捍卫者同人们从未成功地实现用膜拜宪政取代国家传统。因为宪政"是一种不流血的、相当技术性的机制，在民众中间没有身后的基础。"（Schulze，1992：7 – 8）

④ "Allemagne：des coups de canon contre l'Europe." Le Figaro，October 2，1995.

⑤ " Der Anfang von Wirtschaftswunder. " Stern 1998，Nr.2，pp. 26 – 27.

⑥在一次关于德国经济和货币联盟的机遇和危险对汉斯·提迈耶和鲁道夫·塞得（Rudolf Scheid）的访谈中，访谈者通过提问揭示出在这

方面具有广泛的共识。指出战后联邦共和国的主权不断被蚕食的事实后，提问者加上一句"提迈耶先生……联邦银行的货币政策……是一个外部攻击从未得逞的领域。"（Wehnelt，1990：1－2）在庆祝马克诞生30周年的仪式上，奥特玛尔·艾明阁骄傲地强调联邦银行顶住了所有对马克的内外部压力。参见"Wirtschaftswunder begann mit Sprung ins kalte Wasser."General-Anzeiger，June 20，1978。

⑦正如威利·布兰德（Willy Brandt）曾经在布鲁塞尔大会上所说的，德国人不会"总是做好人。"参见"Kampf gegen die Dollar-Invation."Der Spiegel，May 10，1971。

⑧"In the Bundesbunker."Fiancial Times，July 17，1992，p. 18.

⑨提迈耶曾经认为"通胀就像一个没人讲真话的国家。每一个签约人都完全知道从不变价值的角度分析合同不会得到信守。这一状况很难通过简单的诚实得到调和。"（Tietmeyer，1992：20－21）

⑩"Italien vor dem Ende einer langen Durststrecke."Neue Zurcher Zeitung，August 5，1997.

⑪"图腾崇拜不是某一种动物、人类或者某种形象的宗教；它是一种无名的而且非人格化的力量的宗教，它仍被群体中的每一个存在认同，但是每一个存在的认同又彼此不同。它是一种有形的存在，但是又代表一种无形的靠想象表现的物质。"（Durkheim［1912］1995：191）

⑫参见 Durkheim（［1912］1995：124）."通过联结，宗族里的人和物按等级划分的事物组成一个统一的系统，各部分联合起来，产生共振。这个组织可能乍一看给人的感觉是纯粹逻辑性的，同时也是道德性的。同样的原则既赋予其生机又使之凝聚起来：这一原则就是图腾。"（Durkheim（［1912］1995：150））

⑬依亚特（Hiatt）同意杜克海姆的观点，即"群体象征……因为情感而具有生命力。"他们成为"共同的亲情意识、过去与未来的连续性以及对土地共有的亲和力所激发出来的情感的有形的焦点。"（Hiatt，1969：91）

⑭"欧元区"这个词汇或许就沿着这个方向出现并在语言学上得到应用。

⑮货币领域和宗教领域的同源在德国文化里并非唯一的特征，尽管它确实是在第二次世界大战后马克图腾化的特别过程中建立起来的。但是，它也因为马克的稳定性而具有结构上的可能性。这种稳定性一般被归因于经济，同时也具体归因于货币事务中的某些维度，比如货币规则或者货币稳定性。稳定性也是宇宙秩序的结构特性，这种联系把稳定性转化成一个渠道，宇宙秩序的神圣性通过这个渠道流入经济体。金融时报里的一篇文章借鉴流行文化建立起这种联系，他把星球大战里绝地高级委员会确保"银河系千秋万世的和平与公正"与英格兰银行货币政策委员会之间联系起来。后者也这样做了，尽管时间短一些。文章论证道，两个委员会都曾经面临"幻影威胁"，但是后者面临的危机更严重，因为后者"配备的武器只是不可靠的信息"，却又不得不冲破两个难关："罪恶的通胀"和"同样险恶的衰退"。参见"Steering between Two Evils: Unreliable Charts Are Making the Bank's Job Tricky amid the Reefs of Inflation and Recession." The Financial Times, August 7. 1999, p. 3. 货币事务在这里被发射进入一个神秘的时空，超越了当前的历史视野。中央银行家被比作史前的绝地武士的秩序，并参与一项他们帮助建设的永恒的秩序。卡普托（Caputo）在他的一篇文章《星球大战里的宗教》里很有趣地解释卢卡斯电影里的英雄故事的宗教结构。（Caputo，2001：78-90）关于稳定性与神圣的宇宙秩序之间的关系，斯宾丽（Spinelli）的一篇文章尤其具有说服力。在那篇文章里，她提到希腊经典思想里"自由王国与必要性之间"以及"致命事故与必要性或者自然之间"的紧张关系。她补充道，在马斯特里赫特条约上的全部斗争中也表现出类似的紧张关系，这次是"政治自由与经济必须"之间的紧张关系。（Spinelli，1997）对货币事务来说，只要表现出稳定性的性质就可能以一种暗示其神圣性质的方式被貌似合理地表现。例如，货币规则就被指涉为"宗教科学"。（Zeise，1998）货币稳定是根据"货币宗教"进行解释的

（Zeise，1998）。据报道，价格稳定需要那些追求它的人忠诚行事。
（Warner，1997）

⑯ "La Bundesbank veille sur le dieu Mark." L'Evenement du Jeudi,
January 14 – 20 1993, pp. 24 – 25.

⑰《法兰克福汇报》电脑与休闲版面刊登了一篇文章《联邦银行和
教堂在线》，宣布当天两家教堂开通了网站，同时以漠不关心的语气补
充道："德意志联邦银行现在也开通了网站，网址是：http：//
www. bundesbank. de"。这种看上去无伤大雅的联系暗示在大众认同水平
上运行着一个超级结构，它似乎把教堂与联邦银行并列放在两端。这种
做法给德国公众传递的信号是"联邦银行是德国第三家教堂"。参见
"Bundesbank und Kirchem im Netz." Frankfurter Allgemeine Sontagzeitung,
December 8, 1996, p. 15.

⑱ "E Hans lancio la scomunica in nome dell' Euro." Corriere della Se-
ra, May 30, 1997.

⑲更准确地说，联邦银行行长等同于信仰教义的红衣主教，"所有
纯洁的信仰和神圣的坚守"，（Glotz，1998）或者等同于主要州务卿，几
乎坚持教条主义的信仰，但是成长在实用主义的政治背景下。（Grunen-
berg，1997）

⑳更准确地说，他被认为是法兰克福的红衣主教。参见 Fleischhauer
（1997）.

㉑Balk（1997）；"Frankfort." Frankfurter Allgemeine Zeitung, August
27，1988.

㉒《明镜周刊》上报道的迪特·维尔德和罗迈恩·雷克在他们与布
迪厄对话时所做的评论。参见 Bourdieu（1996）。这一形象也用在 Herk
（1992）。

㉓例如，在接下来的一段，一家英国流行报纸在战争与外汇市场上
汇率的起起伏伏之间进行对比，援引临近和倒转，间接地把对货币的攻
击翻译成飞机进行的地毯式轰炸，把受到攻击的货币翻译成硝烟中的城

市。它报道说，伊丽莎白女王二世参观了位于柏林的勃兰登堡大门和德累斯顿城。后者在第二次世界大战中曾经遭到灭顶之灾。接下来，它敏锐的补充道，"昨天，英镑下跌 3.5%，报收 2.42 点。"（Josson，1992）

㉔ "RTRS-Finanzstaatekretar Noe kritisiert Tietmeyer." Reuters AG, Germany, October 29, 1998; "Noe greift den Bundesbankprasindenten an." Frankfurter Allgemeine Zeitung, October 29, 1998; Normann（1998）.

㉕ "The Bundesbank: A Power Which Is a Law unto Itself." The Guardian, October 4, 1989.

㉖ Quotation from "Otmar Emminger-Kernsatze Zur Wahrungspolitik." Die Bundesbank Nr. 93, 1986, p. 8.

㉗ "我们，作为和你一样优秀的人，向你，并非比我们好多人，宣誓，接受你作为我们的国王和神圣君主，前提是你必须遵守我们的自由和法律。但是如果你不遵守，我们将不会接受。" Jochimsen（1999：3）引自 Nooteboom（1992：307）.

㉘ 例如，在位于法兰克福—金海姆给新建的联邦银行总部大楼放置奠基石的时候，联邦银行董事会给奠基石刻上这些字："愿大厦圆满竣工，愿在上帝的帮助下大厦成为我们在和平、自由和社会正义中富有成效地工作的地方！愿祖国统一，统一的货币和中央银行服务于全体德国人民的那一天到来！" 参见 Blessing（1967）。就在几十年后，联邦银行行长提迈耶在演讲时提到德国统一："历史神奇地把德国统一的礼物送给我们。我们马上接受了，但我们尚未完全支付对价。我们已经拿起信用，包括有形的和无形的信用。愿我们在历史面前证明自己是讲信用的债务人，我们用实业支付余额，而且毫不拖延。"（Tietmeyer，1995：14）

㉙ "在联邦银行，我们只有一个困扰：这种蠢事绝不应该再发生了。" 这是联邦银行行长指着他办公室里挂着的 1923 年面值 5 000 亿马克的银行票据对一位法国记者说的。"La Bundesbank veille sur le dieu Mark." L'Evenement du Jeudi, January 14－20, 1993, p. 26.

㉚例如，他们在讣告里这样记录："他把毕生奉献给马克"（Herlt，1986），或者，"货币政策就是他的生命"，（Seuss，1986）或者，"他一生致力于货币政策，以身殉职"。（"In memoriam Otmar Emminger." Borsen-Zeitung，August 5，1986）

㉛例如，一位西班牙记者曾经评论道，"如果瓦格纳曾经知道这个地方（联邦银行），他将会利用这个地方作为场地，建造他的瓦尔哈拉殿堂。"提迈耶将成为欧洲经济的欧丁神，就像条顿骑士一样，德国中央银行家们将发动一场"迎战通胀魔鬼的瓦格纳战役"参见 Rexach（1993）。

㉜"Den Inflationsbazillus ausmerzen." Wirtschaft Dienst – Weltarchiv，Hamburg，January 1，1970.

㉝"Bundesbank Steels Its Nerves." Financial Times，October 26，1992.

㉞"Karl Otto Pohl：Le Roi Mark." Haute Finance，Fall 1989，Nr. 4.

㉟我强调真实表演的可能性并非偶然。正如我之前所解释的，一般情况下观察者看不见象征联系实际表演并不意味着这种联系不重要。恰恰相反，正是因为它重要，所以它才不表演。用博弈论者的说法，表演象征联系构成一个非均衡策略，而不表演构成均衡策略。

㊱考虑到这个公式不是根据马斯特里赫特条约的规定设计的，而且它和 EMI 发布的关于一体化标准的解释规则不一致，所以它本质上是为了应对选民的压力而设计的。

㊲这一运营产生的利润实际上归属到财政部。

㊳商业杂志甚至想知道魏格尔的举措是否意味着德国稳定文化的衰落。

㊴即便科尔总理在 5 月 25 日欧洲理事会会议之后的一次新闻大会上对计划所做的辩护发言也难以扭转局势。5 月 23 日，经济咨询理事会给科尔写了一封信，批评魏格尔的建议可能对 EMU 进程带来负面影响。理事会主席赫伯特·海克斯（Herbert Hax）解释说这一步将引导参与人

进入程序，纵容创造性的会计实践。但是，这封信在魏格尔和联邦银行之间达成妥协之后才出现。

㊵在谈到德国模式的时候，威利·萨姆勒（Willi Semmler）识别出这一体制的几个特点：普遍达成的反通胀一致使得严格的措施合法化；当前精致的社会网络系统缓冲严格的措施；劳动和资本之间合作，在双方同意的基础上再分配这种模式产生的好处，给劳动者和平相处提供担保。

㊶提迈耶说选择让 19 世纪德国诗人艾妮特·冯·德略思特—许尔霍夫作为头像代表面值 20 马克的银行票据并非武断。他补充说，她和中央银行之间有一种密切关系。某种意义上说，德略思特—许尔霍夫就是对联邦银行独立执着地追求自己道路的自我理解的化身。和联邦银行一样，这位德国诗人对金钱很小气，（Tietmeyer，1992：4）而且她的时间参照范围也很长。换句话说，她意识到只有未来几代人是审判她的法官。她过去常常自勉："耐心！耐心！……我不会也不想现在就成名，但是，我希望一百年后人们会读我的作品。或许我会成功，因为原则上这很简单……我只需要牺牲现在就可以。"（Tietmeyer，1992：1）

㊷ "Goldfingering." The Economist, May 22, 1997.

㊸ "Analyse – Krisen – Rezepte – Griff nach Bundesbank – Gold." Stern. de, November 7, 2011.

㊹ "The Defiant Alchemist – Man in the News – Theo Waigel." The Financial Times, May 31, 1997.

㊺联邦银行董事会里有些经济学者相信中央银行应该更富建设性地和财政部将要开展的国际政策合作机制进行合作，而不是以让这种合作机制破产为成本，一根筋地致力于解决国内货币稳定，科勒尔（Kohler）是其中一位。

㊻我曾经说过，"盲目冒进"这种思想可能既有消极语义，也有积极语义。社会诉诸的政治合法化路线将从根本上影响"盲目冒进"框架将行进的轨道。例如，亚历山大和史密斯已经表明在西方民主社会，尤

其是在美国，特定的文化和道德分类系统确定参与人、社会关系和政治机构为了合法而必须展示的特质。（Alexander and Smith，1993）更严格地讲，在民主体制下，行为人需要积极、自主、理智、理性、平和、自控、现实而且头脑清醒；但是在不民主的体制下，行为人将是消极、不独立、不理智、情绪狂躁不易控制、易激动、冲动、不现实而且疯狂的。类似地，在民主社会里，社会关系是开放的、信任的、批评的、真实的和直接的；在不民主社会里，社会关系是秘密的、怀疑的、顺从的、欺骗的和算计的。最后，在民主体制下，机构由规则规制，他们建立在法律、平等、包容、非人格化、契约和办公室的基础上；但是在不民主的情况下，机构是随意和权力导向的，他们的特性是官僚层级、排斥、人格化、归属、宗派和人格主义。这些密码构成亚历山大和史密斯所指涉的公民社会话语。现在，如果这是一个社会所依靠的政治合理性话语，那么"盲目冒进"框架必将向负面折弯。毕竟，盲目冒进会被解释为粗俗、不理性、武断甚至可能是疯狂的，进而被视为暗示非民主的背景。现在，德国的案例说明存在一种情况，即盲目冒进可能呈现出积极的含义。

㊼提迈耶汇报说"在［和德莱格尔（Dregger）博士以及莱姆斯多尔夫（Lambsdorf）伯爵的］交谈中我已经清楚地知道多数在联合小组及其反对阵营里的西德政客们都想当然地认为会有1:1汇率的大规模兑换，他们几乎不能想象有任何其他的解决办法。这一点我已经通过很多次谈话证实了。即使在那个阶段，我被迫接受这个事实，即几乎没有机会按照2:1的比率实施工资与经常性开支之间的兑换。中央银行委员会认为这个兑换率是必要的，在我看来，中央银行委员会这样判断是基于令人信服的经济原因。"（Tietmeyer，1998：79）

㊽艾伦·肯尼迪（Ellen Kennedy）曾经评论认为到1986年末，联邦银行政策制定者们感觉越来越深陷国际约束，尤其是EMS里面。1986年，银行甚至没有能够在货币供给上保持3%—5%的货币供给量。特别在1985—1987年，克劳斯·科勒尔（Claus Kohler）的"多面手"战略

在联邦银行委员会里占据主导地位，该展览对货币政策承诺回应得更多。1986—1987 年，来自美国和 EMS 成员的一体化压力施加在联邦银行身上，以便获得更包容的态度。但是，经过 1986—1987 年对其目标打击太过火以后，施莱辛格的传统范式最终在联邦银行的委员会得以重建。国内问题又放在了汇率问题的前面，在联邦银行内部，在巴塞尔签署的君子协定被联邦银行认为企图把银行从传统道义里逐出来。1987 年，法德之间宣布成立法德经济委员会，旨在增加两国之间的宏观经济合作。联邦银行认为这将进一步损害其独立性，因而极力反对。在批准条约的过程中，文本得到充分的补充，以便满足联邦银行的要求，（Kennedy，1991：72 - 73）

㊽ "Banker Sees German Monetary Union in 3 - 4yars." Reuters News, February 20，1990.

第四章　欧洲的稳定文化

①早在 1992 年，联邦银行行长海尔穆特·施莱辛格（Helmut Schlesinger）宣布"纸面上，稳定的欧洲货币的前提条件已经有了。但是，他们还要证明有实际效果……德国有稳定文化；这也是我们欧洲所需要的。"（Marsh，1992：220）

②这些包括罗马法、希腊哲学和科学、政治民主、议会制度、犹太基督教伦理、文艺复兴人文主义、理性主义和经验主义、浪漫主义和古典主义以及社会民主。例如，在 1987 年的一篇题目为《重新推动欧共体文化》的报告上，欧洲共同体承认存在集体意识和欧洲文化的特定性："欧洲的文化认同完全是建立在民主、正义和自由基础上的共享的多元人道主义"（p. 5）。接着，在《欧洲的人性一面》这篇文章里，作者们强调欧洲致力于发展人权和社会正义以及言论和信仰自由（pp. 5，12）。参见 Smith（1999：49）。

3. See a 1993 commission published titled" A Portriot of Our Europe. "

4. See also the document on European Identity（1973：49）.

5. See Mitterand in Banchoff in Smith（1999：192）．

6. See in a section titled "In Quest of Europe's Soul" of the EC document titled "A Human Face for Europe"（1990）．

⑦这些包括《大宪章》《权利请愿书》《人身保护法案》《权利法案》《法国权利宣言》《公民权利和基本自由保护公约》。

⑧ See the EC document titled "A Human Face for Europe"（1990：5）．

⑨ See in Padgen（2002：27）．

⑩为了讲清楚文化认同这个概念，我在这里以欧盟扩张是否包括土耳其这个公开辩论作为案例进行讨论。欧洲某些批评者反对纳入土耳其，理由是土耳其公共领域尚未妥善处理好亚美尼亚人大屠杀事件。土耳其境内的某些反对者竭力最小化这个事件，认为遇难者人数没有欧洲批评者说的那么多。现在，确定遇难者的准确数字需要理性和严格的调查，这是历史学者的事。但是，接纳土耳其加入欧盟却不仅仅是对亚美尼亚屠杀实际规模的历史事实的判断问题。相反，它发出一个信号，即土耳其公共领域的参与人与欧盟公民分享同一个文化实践，这是欧洲人建立起来的，它禁止以数量为标准对待屠杀的遇难者。它意味着欧洲公民承担着文化责任，即不论遇难者人数多少，都要对屠杀负责；它意味着用悲剧性叙事建构悲剧性事件的集体回忆；它意味着通晓一些象征和行动的规则，这些规则规范着任何屠杀与逐渐被定性为最高级别的屠杀，即大屠杀之间的文化上的合理联系。这种文化要求构成欧洲道德组织的某些纤维。达不到这些要求在文化上被视为违反了道德秩序，即终极目的，欧洲公民就是根据这种对道德的自我理解，在这一秩序之上建立起来的，这一秩序也最终规范纳入欧盟的条件。出于公平的考虑，人们会问，这些批评者会不会把对土耳其施加的道德要求同样施加给其他的欧盟加入者。但是，提出本案例的目的不是为了在这场争论中表明立场。本案例只是提供了一个分析场景，尽管很简单，根据这个场景分析欧洲文化认同的文化基础。

⑪"知与行、伦理与政治、正义与怜悯、个人命运与集体责任、惩

罚与复仇、效率与真实之间的冲突意识。我们从莎士比亚、歌德、托马斯·曼、米凯维奇以及古希腊的智慧文化里继承的困难意识。因为那些'无谓的复杂化'思考世事和人心才使得我们成为欧洲人，但是欧洲（而且不仅仅欧洲）的大杂烩文化不遗余力地让我们忘掉这些'复杂的事务'。"（Chwin，2004：77）

⑫ "Euro – images Which Deny Our Identity. " The Guardian, December 2，1996. p. 14。

⑬ "Adieu mark，franc，lire，peseta. " Le Temps, December 31，2001.

⑭ "Etre credible. " Le Temps, September 28，2000.

⑮ "Le livre；L'implosion de l'euro?" Le Monde, June 10，2009，p. 2.

⑯ "Anedoctes et petites phrases（encadre）. " Agence France Presse，April 28，1998.

⑰ "L'identite europeenne franchit une etape face aux tenants du souver-anisme. " La Tribune, December 13，2001，p. 2.

⑱它必须向欧洲议会、欧盟理事会、欧洲委员会、欧洲理事会提交年度报告，汇报有关 ESCB 的活动以及以前和当年的货币政策。欧洲中央银行行长和董事会的其他成员，经欧洲议会要求，应该接受议会主管委员会的听证。欧洲议会全体成员可以通过经济货币委员会主席向 ECB 提交书面问题。ESCB 理事会政府主席必须每月在第一次会议之后立即召开新闻发布会，并在欧洲中央银行网站上发布会议简报。（Scheller，2006：133）

⑲帕多·什欧帕（Padoa Schioppa）"兴趣和活动范围广泛，渴望把自己的思想传递给公众。这些反映在他给一家意大利报纸撰写的专栏文章里。这些文章的标题充分反映了他视野的广阔。显然，这些文章的主题与中央银行业务的技术化世界之间的联系还是有些不紧密。"参见 Closing Remarks by Lucas D. Papademos in ECB。（2005：101 – 102）帕多·什欧帕分别以意大利银行和欧洲委员会工作人员的身份，经过几十年直接参与欧洲货币一体化进程工作之后，担任欧洲中央银行第一任董

事会董事。

⑳Closing Remarks by Lucas D. Papademos in ECB（2005：101 - 102）.

㉑值得提醒的是，离开欧洲中央银行董事会并在法兰克福大学金融研究中心担任主任之后，艾斯迎还负责邀请特雷西特给金融研究中心做一次总裁讲座，讲述欧洲认同问题。

㉒海曼斯（Hymans）认为，"货币图像性质的传统假设"说明"教育思维的国家会利用发行货币强制推行他们所珍视的，尤其是国家价值观，用来俘获公众"。（Hymans 2004，7）但是，海曼斯认为国家精英一直在寻求的合法化效应不得不与发出他们与时代精神同步的信号捆绑起来："欧洲货币图像历史性地反映欧洲范围内的文化时代精神"。（Hymans，2004：19）尤其是欧洲货币的图像随着时间的推移表现出从代表国家，到代表社会、阶层再到代表个人的转变，这一转变也反映了从传统到唯物主义并最后向后唯物主义/后现代风格的转变。（Hymans，2004：10）

㉓这导致在是否会出现欧洲共同体的问题上，海曼斯比席德曼（Cederman）的悲观情绪弱一点。（Cederman，2001）席德曼认为，政府要创造政治认同，需要持续地进行教化后才行。这种活动尚未在欧洲层面出现，所以，他得出结论认为欧洲共同体不会在最近很快出现。海曼斯指出，欧洲货币图像表明随着时间的推移会发生改变，但是，在空间范围内会出现相对的统一性。"因为欧洲民族国家一直以来都拥抱大体上类似的价值观，在超国家水平上建立共同的认同内容的难度极大地最小化了。"（Hymans，2004：24）"所以，与席德曼所总结的主流的悲观主义相反，欧洲或许真有充分的文化共同性，用来支持创建欧洲'共同体'。"（Hymans，2004：205）

㉔本节的讨论补充了过去十年里出现的关于欧元和欧洲认同的文献，这些文献讨论了引入欧元在多大程度上会帮助加强欧洲认同，在多大程度上国家认同可能促成或者阻碍欧元转化成认同的象征，以及在多大程度上完整的欧洲认同可能是欧元成功的前提。参见如 Helleiner

（2006），Kaelberer（2005），Risse（2003），Hymans（2004）。

㉕毕竟，那些从文化上让自己保持距离的人会被视为发出一个信号，即对宏观经济现实的承诺不坚定。

㉖英国没有参加欧洲货币联盟，而是倾向于把参加的事向后拖一拖。对中央银行业务的制度合法性的两种相互冲突的文化，即公民文化与非公民文化，理解之间的紧张关系，构成英格兰银行货币政策委员会成员威廉·布衣特（Willem Buiter）与艾斯迎之间在解释中央银行透明性观点上的争论的基础。这种观点交锋出现在1999年的《共同市场研究杂志》上。参见 Buiter（1999）and Issing（1999b）。

㉗ "Sailing in Choppy Waters. " The Economist, June 26, 1999.

㉘ "Wim Duisenburg, in the Rough. " The Economicst, May 9, 1998, US Edition, p. 54.

㉙构成这种同构压力的基础的政治合法化论述要求：代理人在认同、道德和政治上自主；社会关系必须开放、批评和直接；机构行为必须基于平等、包容、非人格化和契约。

㉚ "Jurgen Stark, un faucon de la Bundesbank. " Les Echos, May 31, 2006, p. 16.

㉛在国际会议上，前财政部长魏格尔说"他可以自我介绍，说自己'强壮如马克'。"戴维·马什（David Marsh）不无嘲讽地回应此观点说他发现欧洲国家加入欧元区时作出牺牲，希望以后可以放松对自己的要求，但是"你以为你是在天堂，然后就遇到了马克！"参见 Atkins（2009）.

㉜ "Everyone Is a Sinner. " Der Spiegel Online, February 12, 2010. Accessed March 1, 2012. http：//www. spiegel. de/international/europe/0, 1518, 677544, 00. html.

㉝ "Jurgen Stark, un faucon de la Bundesbank. " Les Echos, May 31, 2006, p. 16.

㉞在另外一个场合，一位欧洲经济学者在一次 ECB 观察者会议上进

一步分析了史塔克的严肃一面："当时的气氛很不友好，但是我认为他感受到了潮流正在转变。他甚至开了三个玩笑——之前我从未听到过。"（Atkins，2009）

　　㉟ "ECB's Papademos：Building Bridges. " Euromoney，January 2006.

　　㊱另外，不能过分强调 ECB 和特里谢朝着开放方向所做的转变。例如，欧洲中央银行一再克制承认感情是银行获得公众支持的一个重要维度，并一直坚持认为最终铁的事实和理性分析是对建立制度信用这一目标唯一起作用的因素。正如特里谢曾经说的，"中央银行政策不是'娱乐'，但是必须不断地重复传递同样的信息，比如价格稳定目标。"（Kuhn，2005：23 – 24）

　　㊲ "Der Offene. " Borsen – Zeitung，October 4，2008，Nr. 192. p. 6.

　　㊳ "Jurgen Stark，un faucon de la Bundesbank. " Les Echos，May 31，2006，p. 16.

　　㊴ "Der Offene. " Borsen – Zeitung，October 4，2008，Nr. 192. p. 6.

　　㊵ 2011 年 4 月，联邦银行行长阿克塞尔·韦伯（Axek Weber）辞去职务，9 月，史塔克步其后尘。分析者把他们的离任解读为对欧洲中央银行购买希腊和意大利以及西班牙国债行为表示不满的信号。这说明欧债危机不可能自动转化成这样的局势，即在欧洲货币事务中联邦银行文化得以更大地凸显，构成其基础的政治合法性的非公民观念随之也得以突出来。

　　㊶欧洲中央银行执行董事，尤基尼奥·索兰斯（Eugenio Solans）曾经评论认为央行的实力建立在权力和道德基础之上。前者根植于法律规定，是强制性的权力，而后者根植于建立在威信和尊严基础上的道德影响（Solans，2001）。索兰斯把道德归结为社会心理学。但是，通过这样处理，他忽视了其文化本质。

　　㊷在他们广为人知的著作《麦迪其时代》里，帕吉特和安塞尔（Padgett and Ansell）展示麦迪其成为佛罗伦萨文艺复兴的政治核心，得以通过结构和文化因素对其同胞施加压倒一切的影响。（Padgett and

Ansell，1993）他在佛罗伦萨社会里的结构性位置使其有能力同君主、商人以及平民单独接触，却又不必和其中的任何人建立太紧密的关系，而且每一方都没有办法审查他和其他各方的交往情况。他用斯芬克斯一样的姿态与人交往，这使得他能够获得人们的支持，而又不至于给人以他只忠实于某一利益群体的印象。更重要的是，他神秘莫测的行为举止使得他得以把两个似乎水火不容的文化框架结合起来，既扮演为了个人利益而控制别人的老板，也扮演公平地监督所有规则运行的法官。

㊸更多的关于文化矛盾的含义，参见 Tognato（2011）。

㊹“ Diener des Euro. ” Frankfurter Rundschau，October 15，2003.

㊺欧洲中央银行当前面临的文化环境的特别复杂之处给中央银行独立的政治经济学领域里被普遍接受的智识里加入了一个奇怪的螺旋。自从罗高夫（Rogoff，1985）发表轰动一时的论文之后，经济学者们接受了一个观点，即独立的中央银行家们必须比社会上其他人更专一地忠实于低通胀。至少在欧洲货币事务中，他们也似乎需要矛盾地致力于两个不同的制度合法性文化视野。现在，通过阐明给当前应用到欧洲货币事务的制度合法性的两个文化标准，我们可以给分析者提供额外的解释标准，以便理解，比如欧洲中央银行最高层官员的选举中的利害攸关的事情。我们以当前针对选举特里谢的继承人为案例进行分析。一方面，某些人认为这一斗争以中央银行和北部欧洲国家为一方；另一方为拉丁美洲国家进行的。换句话说，是在通胀的鹰派和鸽派之间进行的。沿着这一解释，联邦银行前任行长阿克塞尔·韦伯（Axel Weber）是支持前一观点的；意大利银行现任行长马瑞奥·德莱基（Mario Draghi）支持后一种观点。其他人则指责区分标准模糊。例如，在德国，鲁斯·贝尔申思在德国商报上发表文章支持德拉奇被任命，并提醒道：“意大利人可以成为最好的德国人。”他指出，当欧元区不得不做出重大牺牲时，不让一位德国的欧洲中央银行行长为了避免德国的反对者让德国做替罪羊而实施这些牺牲在政治上更明智。而且，他接着说，拉丁美洲人不能保护稳定这种说法是不真实的。特里谢特做到了，德拉吉（Draghi）也能做

到。（Lepri，2010）但是，针对特雷西特的继承人的斗争，有一层重要的含义似乎逃过了很多评论者的视线。这一斗争不仅仅关系到经济，因而属于鹰派和鸽派之间的斗争。它也是一场德国模式的中央银行业务与盎格鲁—撒克逊模式之间的文化斗争，因而最终也是关于制度合法性的两种文化标准之间的斗争。因此，定位于拉丁美洲与中北欧之间的斗争在这方面没有什么意义。例如，麻省理工大学培育出来的欧洲中央银行副行长兼波士顿联邦储备银行前高级经济学家马里奥·德拉吉和卢卡斯·帕帕戴莫斯以及塞浦路斯银行行长兼美联储前高级经济学家阿塔拿西奥·欧芬耐得（Atanasios Orphanides）很可能在职业价值观和制度合法性观念上，在他们中间以及与其在联储和英格兰银行的同事们，以及与普林斯顿大学的经济学教授们分享的比他们与南欧其他中央银行家们分享得更多，后者在其所在的当地大学接受的教育更传统。总之，用一个类比，构成任命中央银行行长的基础的文化地理政治学似乎很奇怪地回应英国在19世纪大部分时间里针对整个中欧帝国发起的战争。这些帝国主要信奉天主教。我们完全可以预料，只要英格兰银行移位到欧洲中央银行系统内，这一层含义完全可以获得更多的突出表现机会。

㊻ "The Eurozone Crisis Explained. " BBC News, September 20, 2011.

㊼例如，一位希腊评论者认为希腊政治精英在巴黎大学和哈佛大学接受教育。他们的成员精通英语和法语。他们还习惯于特权。毕竟，他们的父母过去把他们送到国外学习商业。即使这样，他们很少应用学到的知识，而是屈服于民粹。"希腊的独立和未来受到某些希腊政客的威胁要远大于受到游行者或者贸易商会的威胁。"参见 Yhumann（2011）。

㊽ "We Don't Want No Transfer Union: Tight – Fisted Germans Resent Paying for Profligate Greeks, Irish and Others. " The Economist, December 2, 2010.

㊾ "Euro ' Will Be Dead in Five Years. ' " The Telegraph, September 5, 2011.

㊿ "Crisi: Per un terzo tedeschi fine euro il 2021. " ANSA, August 13,

2011.

○51 "We Don't Want No Transfer Union: Tight – Fisted Germans Resent Paying for Profligate Greeks, Irish and Others." The Economist, December 2, 2010.

○52 "我们站在公民一边。我们知道通胀对社会弱势群体打击最大，所以，我们尽最大努力防止通胀。欧元是欧洲对经济一体化和全球化的反应。它是公民可以信赖的货币。"（Trichet, 2011a）

○53 "Advertising Campaign in Defence of the Euro Makes Europe." http://www.economicworlds.com/680 – advertising – campaign – in – defense – of – the – euro – makes – europe.html/.

○54 "Lehman Catastrophic Moment Invoked as EU Seeks Crisis Solution." Bloomberg Businessweek, October 13.

○55 "Der Euro – Raum ist eine Schicksalsgemeinschaft." Rp – online, May 29.

○56 Padoa Schioppa, Tommaso. 2010. "Euro Remains on the Right Side of History." The Financial Times, May 14. In Della Sala（2010: 10 – 11）.

○57 "在过去十年里欧元对美元的对外价值升值了37%……在IMF特别提款权里，欧元在2001年占权重31%，同时期美元比重44%，日元14%。今天，欧元变成37.4%，美元41.9%，日元9.4%。本周早些时候瑞士宣布瑞士法郎盯住欧元。简单的事实是，对我们全体欧洲人来说，更紧密、更一体化是欧洲在全球化世界里成为一个参与人的唯一机会。"（Reding, 2011）

○58毕竟，《意大利晚邮报》嘲讽地发出疑问：如果希腊人债务违约，将会产生什么后果。"帕特农神殿会被卖掉吗，还是被运送到赫尔辛基？"（Letizia, 2011）

第五章 处理美国的金融危机

①正如詹姆斯·思迪瓦尔特（Hames Stewart）所指出的，参议员金

伯宁（Jim Bunning），这位肯塔基共和党人要求鲍尔森和伯南克辞职，并指责救助行动是自由市场的灾难。"说白了，这就是社会主义。"然后，他对彭博社记者说，"鲍尔森"的行为让人感觉他像是中国财政部长。"参见 Stewart（2009）。

②诺伊尔·鲁宾尼（Nouried Roubini）是为数不多的在房地产泡沫破裂之前就发出警告的经济学家之一。对于救助，他讽刺说"社会主义的确还活着，而且就在美国。"只是，"这种社会主义是为富人、有关系的人以及华尔街服务的。"（Stewart，2009：60）

③参见"A Nuclear Winter."The Economist, September 18, 2008. 更早之前，巴菲特在 2002 年给股东的信里警告"衍生品是大规模杀伤性金融武器，他们携带风险，这些风险现在潜伏着，但具有潜在致命性。"参见 Chairman's Letter to the Shareholders of Berkshire Hathaway Inc., p. 15, http://www. berkshirehathaway. com/letters/2002pdf. pdf.

④正如史密斯所说，"当激进的魔鬼行走在世间，世界就不会有妥协、合意的解决方案和审慎的努力来实施制裁或者维持权力的平衡。邪恶是如此的绝对，以至于不可能有信任或者像浪漫的故事那样通过理性或者偶然事件把坏事变成好事；所以，必须消灭邪恶。"（Smith，2005：27）另外，浪漫允许英雄战胜灾厄。这是一种乐观主义，"它坚信行动能带来改变，事情正在向好的方向发展。在浪漫的故事里，英雄受到崇高的理性激励，克服重重困难、挑战，打败拥有邪恶力量的敌人。"（Smith，2005：26）

⑤它们是自由、个人主义、大众主权、法治、机会平等和精英管理（Citrin et al.，1994：6）。

⑥The Bradley Project on America's National Identity（2008，8）. 但是，仍然有人提出反对意见，认为美国的移民和归化法律并不总是反映亨廷顿所指涉的民族的公民概念。相反，其他的因素反而起作用，比如"出生地、种族、性别、特殊技能以及愿意服从政治观点比那些诸如'美国信仰'的说法"更严格。（Smith，1988：226）其他人强调美国当

前达成的自由共识可能在未来受到替代性的美国社会多文化基础的宣传的越来越多的挑战。毕竟，多文化主义与社会生活的自由基础差别巨大。2001 年，亚力山卓·波尔茨（Alejandro Portes）和鲁本·朗博（Ruben Rumbaut）对 5 000 名父母来自世界各地的移民学生进行了一项纵向研究。研究表明，这些学生经过四年的美国中学学习之后不是更愿意视自己为美国人，而是更不愿意了。（The Bradley Project on America's National Identity，2008：35）

⑦他们说美联储前副主席阿兰·布林德（Alan Blinder）就是这种精神气质的出名的受害者。他"在行为上犯了个错误，即他按照似乎美联储是一个可以就竞争性的思想和预设前提进行辩论的地方。'从社会学上讲，正在发生的事情是美联储的员工真正害怕他'。"（Grim，2009b）

⑧"中央银行业务在传统上笼罩着一种特殊的神秘气氛……人们很自然地认为拥有特定的智慧、理念和相应的知识才能胜任央行管理……似乎在任命的那一刻就自动获得了相关的知识，而且这种知识只能向掌握适当职位的人展示。央行业务被视为一种神妙莫测的艺术，这种印象广为流传，成为滋生神秘感的温床。只有创始的精英才有能力通晓中央银行艺术并适当地执行此艺术。无法用明白清晰的阐明其含义，这又反映了这种艺术的神秘性质。"（Blinder，2004：23）

⑨"Hitting His Stride；The Federal Reserve's Chairman."The Economist，Feburary 3，2007，US Edition.

⑩"Beware Deifying Banker Greenspan."The Totonto Star，September 18，2000.

⑪The European，JULY 27，1998 IN Sicilia（1999：ix）.

⑫奥尔巴赫（Auerbach）抱怨说格林斯潘作为美联储主席总是保留不回答问题以及第一个困惑的权利（Auerbach，2008：54）。类似地，坎特伯雷评论说"即使在讲述透明性时，他也是模糊大师，因而加剧了对央行的神秘膜拜"。（Canterbery，2006：28）

⑬"A Profile of Alan Greenspan."Transcripts，CNN Insight，March

20，2001. Accessed March 1，2012. http：//transcripts. cnn. com/TRAN-SCRIPTS/0103/20/I_ ins. 00. html.

⑭例如，范·奥弗特韦德（Van Overtveldt）在他最近出版的一本书《伯南克、格林斯潘与中央银行家戏剧》里指出"作为世界上最重要的中央银行美联储的主席，伯南克在这次展开的系统危机戏剧中扮演了关键的角色。"但是，他用"戏剧"这个词并没有走得太远。他从未进一步深挖，以便挖掘出作为危机展开的基础的文化交流过程的实际的戏剧性组织。但是，通过直接阐述货币事务中的文化维度，我们必定会给予戏剧应有的含义并更好地理解特殊货币回应在不牺牲中央银行信誉的情况下成为可能。（Overtveldt，2009：233）。

⑮它们是商业票据融资工具、货币市场投资者融资工具和限期资产支持证券贷款工具。

⑯ Federal Reserve Bank of St. Louis. 2009. "The Financial Crisis：A Timeline of Events and Policy Actions. "http：//timeline. stlouisfed. org/.

⑰他们强调说华尔街银行家们真正建造"纸牌屋"。"美国最优秀、最有眼光的某些人正在致力于游说设计标准和规则，确保银行系统的效率和安全。"其结果是，实体经济受到损害。（Stiglitz，2008）

⑱ "No End to the Melodrama. "The Guardian, January 22，2009.

⑲ "我们美国经济的动脉，即我们的金融系统，阻塞了。如果我们不采取行动，病人肯定会得心脏病。也许下周，也许六个月，但是迟早会发生。"See in "The Doctor's Bill. The Chairman of the Federal Reserve and the Treasury Secretary Give Congress a Gloomy Prognosis for the Economy, and Propose a Drastic Remedy. "The Economist, September 25，2008，http：//www. economist. com/node/12305746? story_ id = 12305746.

⑳ "Engulfed in the Path of a Financial Tsunami Apocalypse Averted at Massive Cost but It Was a Close Call. "The Herald, September 14，2009.

㉑ "Democratic Control Must Be Reaffirmed. "Western Morning News，October 10，2008.

㉒2008 年 9 月 29 日，参议员南希·佩罗尼（Nancy Pelosi）在关于紧急情况稳定法案的演讲中唤起听众对美国站在"悬崖"上以及未来可能陷入"混乱"的关注。（Pelosi, 2008）众议院多数党领袖斯特尼·霍伊尔（Steny Hoyer）则在其 2008 年 9 月 29 日的演讲中提到灾难性前景。（Hoyer, 2008）参议员约翰·博纳（John Boehner）则于 2008 年 9 月 29 日唤起人们在不断加剧的危机中的恐惧："美国人愤怒了，他们因为危机的发生而愤怒，因为他们的未来而愤怒。他们害怕了。在座的各位都没有他们更愤怒。在座的各位都没有像我们一样恐惧。"然后他补充说，"想一想如果我们不通过此法案会发生什么。想想你的亲朋好友们、邻居们、选区的选民们会发生什么。想想那些退休者，他们的退休金将缩水到一无所有。想想可能会丢失的工作岗位。如果我不认为我们正处在经济灾难的边缘，对我来说世界上最简单的事情是对所有这些问题说不，但我确信不行动的风险比行动的风险大得多。"（Boehner, 2008）

㉓ 2008 年 9 月 19 日，布什总统在白宫电视讲话里用传染的理念向听众呼吁金融危机。由次贷市场引发的问题现在蔓延到整个经济（Bush, 2008）。

㉔ 10 月 13 日，《时代》杂志的封面显示的是"大萧条"时期人们排着很长的队伍领取免费汤。在此之前，参议员科尔通过间接唤起对"大萧条"幽灵的回忆为他给救助计划投赞成票提供理由："我得出的结论是如果不采取果断措施，可能会导致证券市场崩盘，信用冻结和经济灾难。我不愿意拿投票选举我的那些选民的工作岗位、生命救济、退休账户以及家庭和营业做赌注。我也不想拿全球、政治和社会动乱做赌注，当然，如果美国有严重、长期的衰退或者萧条，这些肯定会发生的。"（Cole, 2008）

㉕ "The Financial Rescue Package. Buffett Should Play on a Bigger Stage." Editorial, The Global and Mail, October 3, 2008, A16.

㉖ "America's Bail - Out Plan: I Want Your Money." The Economist, September 25, 2008.

㉗例如，2008 年 9 月 19 日，在其所作的关于金融危机的演讲中，

布什总统说道，"在我们国家的历史上，有很多时刻需要我们跨越党派界限走到一起应对重大挑战。当前就是这种时刻……他、我们团结在一起，将再一次向世界展示美国是什么样的国家：这是一个迎头解决问题的国家，领袖们团结在一起迎接巨大的考验，不同背景的人们努力工作，发挥其聪明才智，并实现其梦想。"（Bush，2008）奥巴马在2008年10月1日针对紧急经济稳定法发表的演讲上进一步阐述应对危机时美国的团结问题："此次危机教会我们，在末日，实体经济与华尔街之间不存在真正的区别。有的只是我们作为美国人正在穿行的道路，我们将作为一个国家在这条道路上崛起或跌倒，作为一个民族。"（Obama，2008）

㉘例如，参议员博纳在2008年9月29日的议会陈述里沿着以下的思路表达其见解："我来这儿不是干这件事的。我来这儿不是像这样给法案投票的。但是容我告诉你们，我相信议会不得不行动，这意味着我们每个人、所有人都必须行动起来。这些投票将把男孩儿与男人、女孩儿与女人区分开来。这些是投票。"（Boehner，2008）

㉙正如参议员伊利亚·卡明斯（Elijah Cummings）所说的，"现在是我们加快完成工作并带头的时候。这是我们守卫的事，我们必须现在就行动起来，马上行动起来。"（Cummings，2008）

㉚ See in Overdose：A Film about the Next Financial Crisis，2010.

㉛否认这种大规模支持"将导致掉期市场'系统崩溃'，从而毁掉那些参与此市场的公司。谁知道接下来会发生什么样的金融灾难?"（Continetti，2009）。

㉜ "Paul Krugman：Current Economic Crisis Can Be Defined as 'Apocalypse Not Now.'" Maeil Business Newspaper，October 14，2009.

㉝ See also "What's Financial Armagedon?" CNBC Editors Weigh In，CNBC. com April 6，2011. Accessed March 1，2012，http：//www. cnbc. com/id/42421489/What_ s_ Financial_ Armageddon_ CNBC_ Editors_ Weigh_ In.

㉞例如，2009年11月，高盛的CEO劳埃德·布兰克芬（Lloyd

Blankfein）宣称银行家做"上帝的工作"。(McDowell，2011：199)

㉟正如史密斯所指出的，悲剧"的特点是具有强烈的角色活动和情结发展感觉，这种感觉可以用血统的主题来描述……悲剧的本质在于人们努力得无意义、失宠、失去机会、人类遭受痛苦的恐惧、社会崩溃以及从社会一体化到社会原子化和隔离话的运动。结果，出现可怕的错误。"(Smith，2005：25)

㊱克鲁格曼对此很尖刻："美联储跑去救贝尔斯登。没有人期望投行做慈善，但是，贝尔斯登的声誉尤其肮脏。"(Krugman，2008)

㊲参见 Representative Elijah Cummings in Whoriskey (2008)。

㊳麦克维尔（MaDowell）最近主张很多对全球金融危机的公共表述采取五幕悲剧的形式，很像古希腊和莎士比亚的戏剧（MaDowell，2011：197）。在第一幕，理性的市场、复杂和数学计算占据经济场景。然后，情节上升，市场进入"无尽的利润、非理性的繁荣和不受限制的贪婪"阶段。之后，经济到达转折点。数学的公式不再有能力控制风险，金融市场突然发现自己不过是一个纸牌屋。此时，情节下落。那些本该保护体制的人没有做，他们仅仅虚度时光，任凭市场遭到毁灭性灾难。

㊴参见 "2008 Wird if the Year is Bailout." The American Dialect Society，January 9，2009，http：www. americandialect. org/index. php/amerdial/ american_ dialect_ society_ 2008_ word_ of_ the_ year_ is_ bailout/. 格兰特·巴里特，作为美国方言协会新词委员会主席，以及全国普及的公开无线演出的联合主办方，对选举的设计："如果你为了救助而投票，我猜测你实际上为了'希望'和'改变'而投票。"

㊵参见 John Stewart Daily Show，September 25，2008，http：// www. thedaily show. com/watch/thu_ september_ 25_ 2008/awkward_ loan _ interview.

㊶约翰·斯图尔特（John Stewart）在参议会救助计划听证会上用鲍尔森和伯南克陈述的几个片段作为其"尴尬的贷款访谈"。在其道具里，

斯图尔特扮演一家银行贷款高管，它也代表美国纳税人，还采访了伯南克和鲍尔森，他们站出来要求 7 000 亿美元的贷款。在采访阶段，当斯图尔特尽力推测美国人是否会看到他们的钱回本时，他突然转向伯南克，说道："伯南克先生，你一直很沉稳。"然后，他问伯南克借出去的钱能否回到纳税人的口袋。彼时，伯南克用消除疑虑的诚实回答了提问，因而把自己与华尔街传统的以操纵为生的银行家区分开来。参见 ht-tp：//www. thedailyshow. com/watch/thu_ september_ 25_ 2008/awkward_ loan_ interview. 第二年，在一次罕见的 60 分钟访谈里，伯南克再一次表现出自己对实体经济的亲切，与华尔街保持距离。当采访者告诉伯南克美联储向 AIG 注入 1 600 亿美元资金，分四个步骤提供融资，并询问为什么有必要这样做？伯南克用真实的悲痛的声音予以回答："首先，让我说在所有的事件中，在过去的十八个月里我们所做的事情中，让我最气愤的一件事是对 AIG 公司的干预。"伯南克补充说，这个公司进行了一系列的赌博，结果最终美联储还要救它，以便维护系统稳定。访谈中插话问他当他说某事令他愤怒时，他究竟是什么意思？伯南克回答："你知道，这令我愤怒。讨论 AIG 时我不止一次地把手机摔在地上。我理解，这绝对是美国人生气的原因。这绝对不公平，纳税人的钱资助了某一公司，而该公司就做这些可怕的豪赌。我们别无选择，只能稳定，否则不只对金融系统而是整个金融经济有巨大风险。"

㊷当他被任命领导经济咨询理事会时，一次他和哈伯德坐在椭圆形办公室里，布什总统发现伯南克穿着黑色外套和浅色袜子。布什问："哪买的袜子？不搭配啊。"伯南克回答："我在 Gap 买的，我买了三双，花费七美元。"（Cassidy，2008）

㊸"首先，她说，你知道，'你没有衣服。你不能衣着得体地去哈佛。从这儿到哈佛很远。你打算假期里怎样回到家呢？等等。'所以，我的父母节衣缩食省下钱供我上大学，我对此一直很感激。"（Grunwald，2009）

㊹"Federal Reserve (The Fed)" Times Topics, The New York Times,

October 17, 2011. Accessed March 1, 2012, http：//topics. nytimes. com/top/
reference/timestoopics/organizations/f/federal_ reserve_ system/index. html.

㊺ "Americans Still Strongly Favor Audit of the Fed. " Rasmussen Re-
ports, December 10, 2010. Accessed March 1, 2012, http：//www. rasmus-
senreports. com/public _ content/business/general _ business /december_
2010/americans_ still_ strongly_ favor_ audit_ of_ the_ fed.

㊻See Zumbrun（2010）. References to the Fed even surfaced in the
new genre of protest music that came along with the Tea Party. Jordan Page,
for example, included in his lyrics a refrence to the children "slaves to the
banks that cause hyperinflation" and "bad legislation"（Davenport, 2011）.

㊼ See Chapman（2011）and Stewart（2011）. Ben Bernanke has not
been the only US central banker nominated for lynching. Before him, Paul
Volcker was included in 1981 in the "hit parade for lynching" by a Republi-
can Senator. See "Take That, Congress. " The Economist, September
24, 2011.

㊽ "Ben Bernanke. " The NewYork Times, Times Topics, October 17,
2011. Accessed March 1, 2012, http：//topics. nytimes. com/top/refrence/
timestopics/people/b/ben_ s_ bernanke/index. html.

㊾ "Central Banks under Attack. " Freedom Watch, Fox Business, Sep-
tember 29, 2011. Accessed March 1, 2012. http：//video. foxbusiness.
com/v/1188099316001/central_ banks_ under_ attack/.

㊿ "Alex Jones launches ' Occupy the Federal Reserve Movement. ' "
Infowars Press Release, October 4, 2011. Accessed March 1, 2012, http：//
thedailyattack. com/2011/10/04/alex_ jones_ launches_ occupy_ the_ fed-
eral_ reserve_ movement/.

结　论

① "Tietmeyer beim Teutates. " Suddeutsche Zeitung, October 30,1996.

②通过这样做，它开启了新的研究道路。当今世界，稳定文化的研究实际上仍然无人问津，需要系统筹划。这将面临新的研究情况及过多的问题。具体地，它将迫使学者和从业者研究西方和非西方的稳定文化、工业化和发展中国家的稳定文化、民主成熟社会与脆弱社会的稳定文化、国家形成过程中的稳定文化、国内战争中和国家战争中稳定文化、独裁体制下的稳定文化、被国外军事战略情况下的稳定文化。稳定文化的预期研究还将对国家、社会群体，尤其是种族，宗教、伦理以及不同的社会经济阶层的差别现象提供精细的分析。为了发展稳定文化研究项目，分析者还应该系统地梳理中央银行在世界范围内的活动，这些活动是通过其公关部门、文化事务部门或者文化基础部门实施的。

参 考 文 献

Abolafia, Mitchel. 1996. *Making Markets: Opportunism and Restraint on Wall Street*. Cambridge: Cambridge University Press.

Agnew, Jean-Christophe. 1986. *Worlds Apart: The Market and the Theater in Anglo-American Thought, 1550–1750*. Cambridge: Cambridge University Press.

Akin, David, and Joel Robbins. 1999. *Money and Modernity: State and Local Currencies in Melanesia*. Pittsburgh: University of Pittsburgh Press.

Alesina, Alberto. 1988. "Macroeconomics and Politics." In *NBER Macroeconomics Annual*, edited by Stanley Fischer, 17–52. Cambridge: MIT Press.

Alexander, Jeffrey. 1988. "Culture and Political Crisis: 'Watergate' and Durkheimian Sociology." In *Durkheimian Sociology: Cultural Studies*, edited by Jeffrey Alexander, 174–216. Cambridge: Cambridge University Press.

———. 2006a. "Cultural pragmatics: social performance between ritual and strategy." In *Social performance*, edited by Jeffrey Alexander, Bernhard Giesen, and Jason Mast, 29–90. Cambridge: Cambridge University Press.

———. 2006b. *The Civil Sphere*. Oxford: Oxford University Press.

———. 2011. "Market as Narrative and Character." *Journal of Cultural Economy* 4(4): 477–488.

Alexander, Jeffrey, and Philip Smith. 1993. "The Discourse of American Civil Society: A New Proposal for Cultural Studies." *Theory and Society* 22(2): 151–207.

———. 2002. "The Strong Program in Cultural Theory: Elements of a Structural Hermeneutics." In *Handbook of Sociological Theory*, edited by Jonathan Turner, 135–150. New York: Springer.

Alexander, Jeffrey, Philip Smith, and Steven Sherwood. 1993. "Risking Enchantment: Theory and Methods in Cultural Studies." *Culture* 8(1): 10–14.

Alexander, Jeffrey, Ron Jacobs, and Philip Smith, eds. 2011. *The Oxford Handbook of Cultural Sociology*. Oxford: Oxford University Press.

Andrews, Edmund. 1997. "Germany Set To Revalue Gold Reserve." *The New York Times*, May 29. Accessed March 15, 2012. http://www.nytimes.com/1997/05/29/business/germany-set-to-revalue-gold-reserve.html?pagewanted=all&src=pm.

Appadurai, Arjun. 1986. "Introduction: Commodities and the Politics of Value." In *The Social Life of Things: Commodities in Cultural Perspective*, edited by Arjun Appadurai, 3–63. Cambridge: Cambridge University Press.

Armstrong, Robert. 2009. "Post-Apocalypse Hedge-Fund Strategies." *SmartMoney.com*, November 2, B34. Accessed March 15, 2012. http://www.smartmoney.com/invest/funds/post-apocalypse-hedge-fund-strategies/?zone=intromessage.

Atkins, Ralph. 2009. "Stark's Choices: An Iconoclast's Take on the Crisis." *FT.com*, October 16. Accessed February 28, 2012. http://www.ft.com/cms/s/2/a1f15ba0 -b92c-11de-98ee-00144feab49a.html.

Auerbach, Robert. 2008. *Deception and Abuse at the Fed: Henry B. Gonzalez Battles Alan Greenspan's Bank.* Austin: University of Texas Press.

Baker, Wayne. 1984. "The Social Structure of a National Securities Market." *American Journal of Sociology* 89: 775–811.

Baker, Wayne, and Robert Faulkner. 1991. "Role as Resource in the Hollywood Film Industry." *American Journal of Sociology* 97: 279–309.

Baiocchi, Gianpaolo. 2011. "Cultural Sociology and Civil Society in a World of Flows: Recapturing Ambiguity, Hybridity and the Political." In *The Oxford Handbook of Cultural Sociology*, edited by Jeffrey Alexander, Ron Jacobs, and Philip Smith. Oxford: Oxford University Press.

Balk, Michael. 1997. "Euro beendet Bundesbank Ära." *Wiesbadener Kurier*, July 29.

Baltimore, Chris. 2008. "U.S. bailout critic likens its architects to communists." *Reuters*, September 23. Accessed February 28, 2012. http://www.reuters.com /article/2008/09/23/financial-bailout-communism-idUSN2338485420080923.

Banchoff, Thomas. 1999. "National Identity and EU Legitimacy in France and Germany." In *Legitimacy and the European Union,* edited by Thomas Banchoff and Mitchell Smith, 180–198. London: Routledge.

Banfield, E. 1958. *The Moral Basis of a Backward Society.* New York: Free Press.

Banús, Enrique. 2002. "Cultural Policy in the EU and the European Identity." In *European Integration in the 21st Century: Unity in Diversity?*, edited by Mary Farrell, Stefano Fella, and Michael Newman, 158–183. London: Sage.

Barber. Lionel. 1992. "Bangemann Accuses French of Anti-German Sentiment." *The Financial Times*, September 3.

Barnes, Peter. 2011. "Fed Bank President Criticizes Recent Republican Letter to Fed." *FOXBusiness*, September 30. Accessed February 28, 2012. http://www .foxbusiness.com/industries/2011/09/30/fed-bank-president-criticizes-recen t-republican-letter-to-fed/.

Barrett, Emily. 2009. "Derivatives Diary: A Greek Chorus For Geithner." *A Dow Jones Newswire Column*, Dow Jones Capital Markets Report, February 19.

Barro, Robert. 1994. "Inflation and Economic Growth." *Bank of England Quarterly Bulletin* 35 (May).

———. 1995. "Inflation and Growth." *Federal Reserve Bank of St. Louis Review* 78 (May-June).

Belk, Russell, and Melanie Wallendorf. 1990. "The Sacred Meaning of Money." *Journal of Economic Psychology* 11: 35–67.

Belpoliti, Marco. 2009. "Euro Una valuta postmoderna." *La Stampa*, February 21.

Berger, Judson. 2009. "Mr. Sunshine? Ron Paul Wins Support to Audit Fed Reserve." FOXNews.com, June 30. Accessed February 28, 2012. http://www.foxnews.com /politics/2009/06/30/mr-sunshine-ron-paul-wins-support-audit-fed-reserve/.

Biggart, Nicole Woolsey. 1989. *Charismatic Capitalism. Direct Selling Organizations in America.* Chicago and London: University of Chicago Press.

Bini Smaghi, Lorenzo. 2002. "L'allargamento della UE. Democrazia, una forza per l'Europa." *La Stampa*, April 26.

Blessing Karl. 1967. "Zur Grundsteinlegung für das neues Dienstgebäude der Deutschen Bundesbank." October 10.

Blinder, Alan. 2004. *Quiet Revolution: Central Banking Goes Modern*. New Haven, CT: Yale University Press.

Blinder, Alan. 2010. "In Defense of Ben Bernanke." *WSJ.com*, November 15. Accessed February 28, 2012. http://online.wsj.com/article/SB20001424052748 704658204575611052418939656.html.

Boehner, John. 2008. "Floor Statement on the Emergency Economic Stabilization Plan." September 29. Accessed February 28, 2012. http://www.youtube.com /watch?v=hZ-70rQD19M.

Bofinger, Peter, Carsten Hefeker, and Kai Pfleger, eds. 1998. *Stabilitätskultur in Europa*. Stuttgart: Deutscher Sparkassen Verlag.

Bohannan, Paul. 1959. "The Impact of Money on an African Subsistence Economy." *Journal of Economic History* 19: 491–503.

Bonfante, Jordan. 1998. "A German Requiem." *Time Magazine,* July 6.

Boone, Peter, and Simon Johnson. 2009. "The Next Financial Crisis It's Coming—and We Just Made It Worse." *The New Republic*, September 8. Accessed February 28, 2012. http://www.iie.com/publications/papers/paper.cfm?ResearchID=1292.

Boulding, Kenneth. 1972. "Toward the Development of Cultural Economics." *Social Science Quarterly* 53(2): 267–284.

———. 1956. *The Image; Knowledge in Life and Society*. Ann Arbor: University of Michigan Press.

Bourdieu, Pierre. 1996. "Wie Maos rotes Buch—Interview by Dieter Wild and Romain Leick." *Der Speigel*, February 9.

Browne, Anthony. 2001. "Watch out, the Euro Can Make You Sick." *The Observer*, December 30.

Buiter, Willem. 1999. "Alice in Euroland." *Journal of Common Market Studies* 37(2): 181–209.

Burt, Ronald. 1983. *Corporate Profits and Cooptation*. New York: Academic Press.

Bush, George W. Jr. 2008. Speech on the Financial Crisis, September 19. Accessed February 28, 2012. http://www.cfr.org/economics/bushs-speech-financial-crisis -september-2008/p17284.

Calhoun, Craig. 2002. "Imagining Solidarity: Cosmopolitanism, Constitutional Patriotism, and the Public Sphere." *Public Culture* 14(1): 147–171.

Calle, Marie-France. 1995. "Le mark impérial." *Le Figaro*, October 3.

Canterbery, E. Ray. 2006. *Alan Greenspan: The Oracle behind the Curtain*. River Edge, NJ: World Scientific Publishing Company.

Caputo, John. 2001. *On Religion*. London and New York: Routledge.

Carruthers, Bruce, and Sarah Babb. 1996. "The Color of Money and the Nature of Value: Greenbacks and Gold in Postbellum America." *American Journal of Sociology* 101(6): 1556–1591.

———. 2000. *Economy/Society. Markets, Meanings, and Social Structure*. Thousand Oaks: Pine Forge Press.

Carruthers, Bruce, and Wendy Espeland. 1997. "The Price Is Right: On Money and Morality." Paper presented at the Annual Meeting of the American Sociological Association, Toronto.

Cărtărescu, Mircea. 2004. "Europe Has the Shape of My Brain." In *Writing Europe: What Is European about the Literatures of Europe Essays from 33 European Countries*, edited by Ursula Keller and Ilma Rakusa, 57–66. New York: Central European University Press.

Cassidy, John. 2008. "Anatomy of a Meltdown: Ben Bernanke and the Financial Crisis." *The New Yorker*, December 1. Accessed February 28, 2012. http://bx.businessweek.com/the-great-recession/view?url=http%3A%2F%2Fwww.newyorker.com%2Freporting%2F2008%2F12%2F01%2F081201fa_fact_cassidy.

Castle, Stephen. 2002. "The Euro Is Born: Europe's Leaders Say New Currency Will Cement Unity." *The Independent*, January 1.

Cederman, Lars-Erik. 2001. "Nationalism and Bounded Integration: What It Would Take to Construct a European Demos." *European Journal of International Relations* 7(2): 139–174.

Centeno, Miguel. 2001. "Isomorphic Neoliberalism and the Creation of Inevitability." *SASE Conference*, Amsterdam.

Chait, Jonathan, and Stephen Glass. 1998. "Praised Be Alan Greenspan: The Strange Rituals of Federal Reserve Fanatics." *The New Yorker*, March 30.

Chapman, Steve. 2011. "Bashing Ben Bernanke." *realclearpolitics.com*, October 16. http://www.realclearpolitics.com/articles/2011/10/16/bashing_ben_bernanke_111701.html.

Chopra, Deepak. 2009. "Ending the Meltdown Melodrama." *The Huffington Post*, April 28. Accessed February 28, 2012. http://www.huffingtonpost.com/deepak-chopra/ending-the-meltdown-melod_b_191769.html.

Chwin, Stefan. 2004. "The Nursery School Teacher from Tversk Street." In *Writing Europe: What Is European about the Literatures of Europe Essays from 33 European Countries*, edited by Ursula Keller and Ilma Rakusa, 67–78. New York: Central European University Press.

Citrin, Jack, et al. 1994. "Is American Nationalism Changing? Implications for Foreign Policy." *International Studies Quarterly* 38(1): 1–31.

Clark, Andrew. 2011. "Davos 2011: Sarkozy Says Break-Up of the Euro Would Be Unthinkable." *The Guardian*, January 27. Accessed February 28, 2012. http://www.guardian.co.uk/business/2011/jan/27/davos-sarkozy-breakup-euro-unthinkable.

Cohn, Jonathan. 2011. "Going Soprano on the Fed." *The New Republic*, September 21. Accessed February 28, 2012. http://www.tnr.com/blog/jonathan-cohn/95195/republican-letter-bernanke-fed-cantor-mcconnell-soprano.

Cole, Tom. 2008. "Why I Voted Yes." Accessed February 28, 2012. http://cole.house.gov/news/weekly-column/2008/10/Why-I-Voted-Yes.shtml.

Collins, Randall. 1979. "Review of *The Bankers* by Martin Mayer." *American Journal of Sociology* 85: 190–194.

Continetti, Matthew. 2009. "End Corporate Welfare." *The Weekly Standard*, March 30. Accessed February 28, 2012. http://www.weeklystandard.com/Content/Public/Articles/000/000/016/304shiob.asp.

Cowdin, Elliot. 1876. *Historical Sketch of Currency and Finance*. Cincinnati. University of Chicago: Regenstein Library.

Crump, Thomas. 1981. *The Phenomenon of Money*. London: Routledge & Kegan Paul.

———. 1992. "Money as a Ritual System." *American Behavioral Scientist* 35(6): 669–677.

Cuckierman, Alex. 1992. *Central Bank Strategies, Credibility and Independence.* Cambridge: MIT Press.

———. 1995. "The Economics of Central Banking." Paper presented at the Eleventh World Congress of the International Economic Association, Tunis, December.

Cukierman, Alex, Steven Webb, and Bilin Neyapti. 1992. "Measuring the Independence of Central Banks and Its Effects on Policy Outcomes." *The World Bank Economic Review* 6: 353–398.

Cummings, Elijah. 2008. "We Are Last Line of Defense." October 3. Accessed February 28, 2012. http://cummings.house.gov/2008/10/20081003bailout.shtml.

Dale, Reginald. 1998. "By Any Measure, Europe's New Monetary Union Is a Historic Exploit." *The New York Times*, May 2. Accessed February 28, 2012. http://www.nytimes.com/1998/05/02/news/02iht-shistory.t.html?pagewanted=all.

Dalton, G. 1965. "Primitive Money." *American Anthropologist* 61(1): 44–65.

Darian, Ibrahim. 2008. "So What really Caused This Mess? Complex Financial Innovation to Blame." *The Capital Times & Wisconsin State Journal*, October 5.

Davenport, Jim. 2011. "Tea Party Generates New Genre of Protest Music." *The Huffington Post*, October 10. Accessed February 28, 2012. http://www.huffingtonpost.com/2011/10/10/tea-party-music_n_1003822.html.

Davidson, Ian. 1997. "Lunatic Instability." *The Financial Times*, June 11.

Delattre. Lucas. 1995. "Hans Tietmeyer, le grand pretre du deutschemark." *Le Monde*, March 21.

Delhommais, Pierre Antoine. 1998. "L'euro parle allemand!"*Le Monde*, September 22.

Della Sala, Vincent. 2010. "Crisis, What Crisis? Narrating Crisis and Decline in the European Union." University of Trento, http://www.jhubc.it/ecpr-porto/virtualpaperroom/140.pdf.

Delong, Bradford. 2008. "Republic of the Central Banker." *The American Prospect*, October 27. Accessed February 2012. http://prospect.org/article/republic-central-banker.

de Payns, Hugh. 2011. "Despotism Breeds Federal Paranoia." *The American Thinker*, September 27. Accessed February 28, 2012. http://www.americanthinker.com/2011/09/despotism_breeds_federal_paranoia.html.

Derrida, Jacques. 1992. *The Other Heading.* Bloomington: University of Indiana Press.

Dertinger, Claus. 1979. "Nicht am Bonner Draht." *Die Welt*, September 20.

Desmonde, William. 1962. *Magic, Myth, and Money.* New York: Free Press of Glencoe.

DiMaggio, Paul. 1994. "Culture and the Economy." In *The Handbook of Economic Sociology*, edited by Neil Smelser and Richard Swedberg, 22–57. Princeton, NJ: Princeton University Press.

DiMaggio, Paul, and Walter Powell. 1983. "The Iron Cage Revisited: Institutional Isomorphism and Collective Rationality in Organization Fields." *American Sociological Review* 48: 147–160.

Diner, Dan. 2000. "Haider und der Schutzreflex Europas." *Die Welt*, February 26.

Dorning, Mike. 2011. "Obama Says Perry Should Be 'More Careful' in Public Remarks." *Bloomberg*, August 17. Accessed February 28, 2012. http://www.bloomberg.com

/news/2011–08–16/obama-says-perry-should-be-more-careful-in-public-remarks.html.

Douglas, Mary. 1967. "Primitive Rationing." In *Themes in Economic Anthropology*, edited by Raymond Firth, 119–145. London: Tavistock.

Douglas, Mary, and Baron Isherwood. 1979. *The World of Goods. Towards an Anthropology of Consumption*. New York: Basic Books.

Duisenberg, Wim. 2001a. "Introductory Statement by Dr. Willem F. Duisenberg, President of the European Central Bank." Press Conference on the Occasion of the Unveiling of the Euroe Banknotes and their Security Features, Frankfurt, August 30.

———. 2001b. "A New Future for Europe—Welcoming the Euro Banknotes and Coins." Keynote address by the President of the ECB at the awards ceremony and press conference held on the eve of the introduction of the euro banknotes and coins, Frankfurt am Main, December 31.

Durden, Tyler. 2011. "Here Comes FIATtackWatch: Ben "Big Brother" Bernanke Goes Watergate, Prepares to Eavesdrop on Everything Mentioning The Fed." Zero Hedge, September 25. Accessed March 9, 2012. http://www.zerohedge.com/news/here-comes-fiattackwatch-bernanke-goes-watergate-prepares-eavesdrop-everything-mentioning-fed.

Durkheim, Emile. [1893] 1947. *The Division of Labour in Society*. Trans. by George Simpson. Glencoe, IL: Free Press.

———. [1915] 1995. *The Elementary Forms of Religious life*. Trans. by Karen Fields. New York: Free Press.

Eijffinger, Sylvester, and Jacob De Haan. 1996. "The Political Economy of Central Bank Independence." *Special Papers in International Economics, International Finance Section*, Princeton University.

Eijffinger, Sylvester, and Eric Schaling. 1992. "Central Bank Independence: Criteria and Indices." *Research Memorandum No. 548*, Department of Economics, Tilburg University

———. 1993. "Central Bank Independence: Theory and Evidence." *Center Discussion Paper Series No. 9325*, Tilburg University.

Einecke, Helga, and Hans-Jürgen Jakobs. 2011. "Interview of Jean-Claude Trichet with Süddeutsche Zeitung." *SüddeutscheZeitung*, July 23. Accessed February 28, 2012. http://www.ecb.int/press/key/date/2011/html/sp110722_1.en.html.

Einzig, Paul. 1966. *Primitive Money*. Oxford: Pergamon.

Engelmann, Daniela, et al. 1997. "Identity Politics in the European Union: The Case of Economic and Monetary Union (EMU)." In *The Politics of Economic and Monetary Union*, edited by Petri Minkkinen and Heikki Pottomäki, 105–132. Boston, MA: Kluwer.

Esterhazy, Yvonne. 1992. "Das Verhältnis der Briten zur Briten zur Deutschen Bundesbank ist äusserst ambivalent." *Handelsblatt*, September 16.

European Central Bank. 2005. *The Eurosystem, the Union and Beyond. The Single Currency and Implications for Governance*. Frankfurt am Main: European Central Bank.

European Commission. 1973. "The European Identity." *Bulletin of the European Communities* 12–1973.

———. 1987. "A Fresh Boost for Culture in the European Community." COM (87) 603 final, December 14. *Bulletin of the European Communities*, Supplement 4/87.

———. 1990. "A Human Face for Europe." *European Documentation, Periodical* 4.

———. 1993. "A Portrait of Our Europe." *Office for Official Publications of the European Community.*

Evans-Pritchard, Ambrose. 2011. "Bundesbank Blasts 'Risky' EU Bail-Outs." *The Daily Telegraph*, August 23.

Everett, Wendy, ed. 2005. *European Identity in Cinema*. Bristol: Intellect Books.

Fischer, Heinz-Joachim. 1996. "Nicht die Tuer zuschlagen." *Frankfurter Allgemeine Zeitung*, November 18.

Fischer, Stanley. 1993. "The Role of Macroeconomic Factors in Economic Growth." *Journal of Monetary Economics* 32: 485–512.

Fitoussi, Jean-Paul. 2010. "The Fallen Heroes of the Financial Crisis." December 21, Accessed February 28, 2012. http://www.project-syndicate.org/commentary /fitoussi10/English.

Fitsnews. 2010. "Fed's 'Toxic Assets' Admission: Toxic to Democracy." *Fitsnews. com*, April 4, http://www.fitsnews.com/2010/04/04/feds-toxic-assets-admission -toxic-to-democracy/.

Fleischhauer Jan. 1997. "Der Erzbischof aus Frankfurt." *Der Spiegel*, No. 23.

Forder, James. 2005. "The Limits of 'Independence' and the Policy of the ECB." *Public Choice* 125: 431–444.

Foster, R. 1999. "In God We Trust. The Legitimacy of Melanesian Currencies." In *Money and Modernity: State and Local Currencies in Melanesia*, edited by David Atkins and Joel Robbins, 214–231. Pittsburgh: University of Pittsburgh Press.

Fradin, Christèle, and Thibaut Madelin. 2006. "Jürgen Stark." *Les Echos*, June 8.

Franzese, Robert. 1994. "Central Bank Independence, Sectoral Interest and the Wage Bargain." *Harvard Center for European Studies Working Paper # 56*, Cambridge.

Friedland, Roger, and Robert Alford. 1991. "Bringing Society Back In: Symbols, Practices, and Institutional Contradictions." In *The New Institutionalism in Organizational Analysis*, edited by Walter Powell and Paul DiMaggio, 232–263. Chicago and London: University of Chicago Press.

Frowen, Stephen, and Robert Pringle. 1998. "Introduction." In *Inside the Bundesbank*, edited by Stephen Frowen and Robert Pringle, xix–xxi. London: Macmillan.

Fuest, Clemens. 2011. "Das Titanic-Szneario. Der Euro steuert auf den eisberg zu." *Handelsblatt*, October 14.

Fukuyama, Francis. 1995. *Trust: The Social Virtues and the Creation of Prosperity*. New York: Free Press.

Gamburd, Michelle. 2004. "Money That Burns Like Oil: A Sri Lankan Cultural Logic of Morality and Agency." *Ethnology* 43(2): 167–184.

Gandel, Stephen. 2010. "Will the Federal Reserve Cause a Civil War?" *Time Business*, October 19. Accessed February 29, 2012. http://business.time.com/2010/10/19 /will-the-federal-reserves-next-meeting-lead-to-civil-war/#ixzz17RstlVbR.

Garson, Robert. 2001. "Counting Money: The US Dollar and American Nationhood, 1781–1820." *Journal of American Studies* 35(1): 21–46.

Giesen, Bernhard. 2011. "Inbetweenness and Ambivalence." In *The Oxford Handbook of Cultural Sociology*, edited by Jeffrey Alexander, Ron Jacobs, and Philip Smith. Oxford: Oxford University Press.

———. 1998. *Intellectuals and the Nation: Collective Identity in a German Axial Age*. Cambridge: Cambridge University Press.

Gilbert, Emily. 1999. "Forging a National Currency: Money, State-Making and Nation-Building in Canada." In *Nation-states and Money: The Past, the Present and the Future of National Currencies,* edited by Emily Gilbert and Eric Helleiner, 25–46. London: Routledge.

———. 2005. "Common Cents: Situating Money in Time and Space." *Economy and Society* 34(3): 357–388.

Gilbert, Emily, and Eric Helleiner, eds. 1999. *Nation-States and Money: The Past, the Present and the Future of National Currencies*. London: Routledge.

Gleske, Leonhard. 1998. "Bundesbank Independence, Organization and Decision-Making." In *Inside the Bundesbank*, edited by Stephen Frowen and Robert Pringle, 11–19. London: Macmillan.

Glotz, Peter. 1995. "John Wayne der D-Mark." *Die Woche*, September 1.

———. 1998. "Der Kardinal des Geldes." *Die Woche*, April 3.

Goldkern, Medek, and Stefano Vastano. "Elegia per un Marco." *L' Espresso*, March 26: 105–107.

Granovetter, Marc. 1974. *Getting a Job: A Study of Contacts and Careers*. Cambridge: Harvard University Press.

———. 1985. "Economic Action and Social Structure: The Problem of Embeddedness." *American Journal of Sociology* 91(3): 481–510.

———. 1990a. "Interview." In *Economies and Sociology: Redefining Their Boundaries,* edited by Richard Swedberg, 96–114. Princeton, NJ: Princeton University Press.

———. 1990b. "The Old and the New Economic Sociology: A History and an Agenda." In *Beyond the Market Place: Rethinking Economy and Society*, edited by Roger Friedland and A. F. Robertson, 89–112. New York: Aldine de Gruyter.

Grass, Günter. 1991. "What Am I Talking for? Is Anybody Still Listening?" *New German Critique* 52: 66–72.

Greeley, Brendan. 2011. "Europe's Debt Crisis Has Become a German Identity Crisis." *Bloomberg Businessweek*, September 22. Accessed February 29, 2012. http://www.businessweek.com/magazine/europes-debt-crisis-has-become-a-g erman-identity-crisis-09212011.html.

Greenman, Ben. 2008. "Fragments from Bailout! The Musical." *The New Yorker,* September 27, http://www.newyorker.com/online/blogs/goingson/fragments-from .html.

Grilli, Vittorio, Donato Masciandaro, and Guido Tabellini. 1991. "Political and Monetary Institutions and Public Financial Policies in the Industrial Countries." *Economic Policy* 13: 342–391.

Grim, Ryan. 2009a. "Fed Beaten: Bill to Audit Federal Reserve Passes Key Hurdle." *The Huffington Post*, November 19. Accessed February 29, 2012. http://www.huffingtonpost.com/2009/11/19/fed-beaten-bill-to-audit_n_364 546.html.

———. 2009b. "Priceless. How the Federal Reserve Bought the Economics Profession." *The Huffington Post*, September 7. Accessed February 29, 2012. http://www.huffingtonpost.com/2009/09/07/priceless-how-the-federal_n_278 805.html.

Grimes, Arthur. 1991. "The Effects of Inflation Growth: Some International Evidence." *Weltwirtschaftliches Archiv* 127: 631–644.

Grunenberg, Nina. 1997. "Prediger der harten Mark." *Die Zeit*, January 24.

Grunwald, Michael. 2009. "Person of the Year 2009." *Time*, December 16. Accessed March 15, 2012. http://www.time.com/time/specials/packages/article/0,28804,19 46375_1947251_1947520-1,00.html.

Guiso, Luigi, Paola Sapienza, and Luigi Zingales. 2006. "Does Culture Affect Economic Outcomes?" *Journal of Economic Perspectives* 20(2): 23–48.

Guttsman, Janet. 1990. "Bundesbank Statement Tries to Repair Dented Image." *Reuters News*, May 31.

Guyer, Jane, ed. 1995. *Money Matters: Instability, Values and Social Payments in the Modern History of West African Communities*. Portsmouth, NH: Heinemann.

Habermas, Jürgen. 1984. *The Theory of Communicative Action, Vol. 1—Reason and the Rationalization of Society*. Boston, MA: Beacon.

———. 1991. "Yet Again: German Identity—A Unified Nation of Angry DM-Burghers." *New German Critique* 52: 84–101.

Hall, Peter. 1994. "Central Bank Independence and Coordinated Wage Bargaining: Their Interactions in Germany and Europe." *Working Paper Series #4.4*, Program for the Study of Germany and Europe, Minda de Gunzburg Center for European Studies, Harvard University.

Hall, Peter, and Robert Franzese. 1998. "Mixed Signals: Central Bank Independence, Coordinated Wage Bargaining, and European Monetary Union." *International Organization* 52: 505–535.

Ham, Peter van. 2001. *European Integration and the Postmodern Condition: Governance, Democracy, Identity*. London: Routledge.

Harris, Ethan. 2008. *Ben Bernanke's Fed: The Federal Reserve after Greenspan*. Boston, MA: Harvard Business Press,

Hartston, William. 2003. "Ten Things You Never Knew about…the Euro." *The Express*, May 14.

Hayo, Bernd. 1998. "Inflation Culture, Central Bank Independence and Price Stability." *European Journal of Political Economy* 14(2): 241–263.

Heemann, Karen, and Hubert Spegel. 1993. "Die Herren des Geldes." *Focus*, No. 5.

Helleiner, Eric. 1997. One Nation, One Money. Territorial Currencies and the Nation-State. Working Paper 17, Oslo, Arena.

———. 1998. "National Currencies and National Identities." *American Behavioral Scientist* 41: 1409–1436.

———. 1999. "Historicizing Territorial Currencies: Monetary Space and the Nation-Sstate in North America." *Political Geography* 18: 309–339.

———. 2002. "One Money, One People. Political Identity and the Euro." In *Before and Beyond EMU*, edited by P. Crowley, 183–202. London: Routledge.

———. 2006. "One Money, One People? Political Identity and the Euro." *Trent International Political Economy Center Working Paper No. 01/06*.

Henning, C. Randall, 1994. *Currencies and Politics in the United States, Germany, and Japan*. Washington, DC: Institute for International Economics.

Herdt, Hans K. 1966. "Laxe Moral." *Mannheimer Morgen*, September 22.

Herlt, Rudolf. 1986. "In Death of Otmar Emminger." August 8.

————. 1992. "The Zoo Story." *The International Economy*, April 17, March/April.

Hewitt, Virginia. 1994. *Beauty and the Banknote: Images of Women on Paper Money*. London: British Museum Press.

————. 1999. "A Distant View. Imagery and Imagination in the Paper Currency of the British Empire, 1800–1960." In *Nation-States and Money: The Past, the Present and the Future of National Currencies*, edited by Emily Gilbert and Eric Helleiner, 97–116. London: Routledge.

Heywood, E. 1874. Hard Cash: An Essay to Show That Financial Monopolies Will Be Effectually Prevented only through Free Money. Princeton, NJ: Cooperative Publishing Co., University of Chicago: Regenstein library.

Hiatt, Lester. 1969. "Totemism Tomorrow: The Future of an Illusion." *Mankind* 7: 83–93.

Honolka, H. 1987. *Die Bundesrepublik auf der Suche nach ihrer Identität*. Munich: C. H. Beck.

Hörisch, Jochem. 2004. *Gott, Geld, Medien*. Frankfurt am Main: Suhrkamp Verlag.

Hoyer, Steny. 2008. "Floor Speech on the Emergency Economic Stabilization Plan." September 29. Accessed March 12, 2012. http://hoyer.house.gov/index .php?option=com_content&task=view&id=1648&Itemid=51.

Huebner, Rainer. 1998. "Krönungsmesse für den Euro." *Capital*, February 1.

Huntington, Samuel. 1981. *American Politics: The Promise of Disharmony*. Cambridge: Belknap Press.

Hymans, Jacques. 2004. "The Changing Color of Money: European Currency Iconography and European Identity." *European Journal of International Relations* 10(1): 5–31.

Issing, Otmar. 1991. "Geldpolitik im Spannungsfeld von Politik und Wissenschaft." Speech delivered by the Member of the *Direktorium* of the Deutsche Bundesbank at the Scientific Colloquium in occasion of the 65th Birthday of Prof. Dr. Dr. h.c. Norbert Kloten, Stuttgart, March 15.

————. 1996. "Wider die Papiergaunerreien." *Frankfurter Allgemeine Zeitung*, April 6.

————. 1998. "Ethics and Morals in Central Banking: Do They Exist, Do They Matter?" In *Inside the Bundesbank*, edited by Stephen Frowen and Robert Pringle, 120–138. London: Macmillan.

————. 1999a. Rede zur Verleihung der Würde eines Ehrendoktors des Fachbereichs Wirtschaftswissenschaften der Johann Wolfgang Goethe-Universität. Frankfurt am Main, April 15. Accessed March 12, 2012. http://www.ecb.int/press/key /date/1999/html/sp990415_2.de.html

————. 1999b. "The Eurosystem: Transparent and Accountable or 'Willem in Euroland'." *Journal of Common Market Studies* 37(3): 503–19.

————. 2000. "Should We Have Faith in Central Banks?" Speech by Professor Otmar Issing, Member of the Executive Board of the European Central Bank, held at St Edmund's College Millennium Year Lecture, Cambridge, October 26.

Jacobs, Emma. 2008. "Apocalypse Today, Tomorrow, Whenever." *ft.com*, October 2. Accessed February 29, 2012. http://www.ft.com/cms/s/0/b21a091c-90e4 –11dd-8abb-0000779fd18c.html#axzz1nj7lniQN.

Jochimsen, Reimut. 1999. "Hans Tietmeyer—ein großer Präsident geht in den Unruhestand." Speech delivered by the president of the Landeszentralbank Nordrhein-Westfalen, September 1.

Johnson, David, and Pierre Siklos. 1996. "Political and Economic Determinants of Interest Rate Behavior: Are Central Banks Different?" *Economic Inquiry* 34: 708–729.

Johnson, Simon, and James Kwak. 2009. "The Radicalization of Ben Bernanke." *The Washington Post*, April 5. Accessed February 29 2012. http://www.washing tonpost.com/wp-dyn/content/article/2009/04/02/AR2009040202573.html.

Josson, Robert. 1992. "Sorry Ma'am Your Money's No Good Here." *The Sun*, October 20.

Jung, Alexander, and Bernhard Zand. 2011. "Right-Wing Populists Stoke Anti-Southern Rage." *Spiegel Online*, August 17. Accessed February 29, 2012. http://www.spiegel.de/international/europe/0,1518,780621,00.html.

Kaelberer, Matthias. 2005. "Deutschmark Nationalism and Europeanized Identity: Exploring Identity Aspects of Germany's Adoption of the Euro." *German Politics* 14(3): 283–296.

Karacs, Imre. 1997. "German Fury as Waigel `Cooks Books'." *The Independent*, May 17.

Keller, Ursula, and Ilma Rakusa, eds. 2004. *Writing Europe: What Is European about the Literatures of Europe? Essays from 33 European Countries.* New York, NY: Central European University Press.

Kennedy, Ellen. 1991. *The Bundesbank: Germany's Central Bank in the International Monetary System.* London: Pinter.

Kennedy, Simon, and Elisa Martinuzzi. 2011. "Lehman Catastrophic Moment Invoked as EU Seeks Crisis Solution." *Bloomberg Businessweek*, October 13.

Kirshner, Jonathan. 2000. "*The Study of Money.*" *World Politics* 52(3): 407–436.

Klein, Heribert. 1993. "Hans Tietmeyer: Der neue Präsident an der Spitze der deutschen Bundesbank." *Zeitschrift für Politik, Kultur und Wissenschaft*, December 11, No. 2.

Klein, Ezra. 2011. "Wonkbook: Nice Central Bank You Got Here. Shame If Something Should Happen to It." *Ezra Klein's Wonkblog*, September 21. Accessed February 29, 2012. http://www.washingtonpost.com/blogs/ezra-klein /post/wonkbook-nice-central-bank-you-got-here-shame-if-something-should-h appen-to-it/2011/09/21/gIQA8JKlkK_blog.html.

Knack, Stephen, and Philip Keefer. 1996. "Does Social Capital Have an Economic Payoff? A Cross-Country Investigation." *Quarterly Journal of Economics* 112(4): 1251–1288.

Knapp, H. 1991. "Im 'Tal der Tränen'." *Finanznachrichten-Wochenschrift für Wirtschaftspolitik*, June 26, No. 26/27.

Knorr Cetina, Karin. 2005. "How Are Global Markets Global? The Architecture of a Flow World." In *The Sociology of Financial Markets*, edited by Karin Knorr Cetina and Alex Preda, 38–61. Oxford: Oxford University Press.

Knorr Cetina, Karin, and Urs Bruegger. 2000. "The Market as an Object of Attachment: Exploring Postsocial Relations in Financial Markets." *Canadian Journal of Sociology* 25(2): 141–168.

Koenig, Reiner, and Caroline Willeke. 1998. "Germany Monetary Unification: Domestic and External Issues." In *Inside the Bundesbank*, edited by Stephen Frowen and Robert Pringle, 20–31. London: Macmillan.

Kohl, Helmut. 1998. "50 Jahre Deutsche Mark." Speech by the Federal Chancellor. Presse- und Informationsamt der Bundesregierungbalk, July 7, Nr. 49, p. 632.

Kohl, Helmut. 1998. "Die DM hat den Deutschen ein Stück Identität gegeben." *Süddeutsche Zeitung*, June 22.

Kohl, Helmut. 2001. "L'euro, clé de la maison commune." *Le Monde*, December 14.

Kontogiannis, Dimitris. 2002. "Lucas Papademos." *Euromoney*, April. Accessed February 29, 2012. http://www.euromoney.com/Article/1003156/BackIssue/50048/Lucas-Papademos.html.

Krippner, Greta. 2001. "The Elusive Market: Embeddedness and the Paradigm of Economic Sociology." *American Journal of Sociology* 30(6): 775–810.

Krugman, Paul. 2008. "The B Word." *The New York Times*, March 17. Accessed February 29, 2012. http://www.nytimes.com/2008/03/17/opinion/17krugman.html.

Kunstlé Marc. 1993. "Son Etage secret, il reigne sur l'Europe." *Le Figaro Magazine*, June 5.

Laffan, Brigid. 1996. "The Politics of Identity and Political Order in Europe." *Journal of Common Market Studies* 34(1): 81–102.

La Porta, Rafael, Florencio Lopez de Silanes, Andrei Shleifer, and Robert Vishny. 1997. "Trust in Large Organizations." *American Economic Review* 87(2): 222–279.

Landes, David. 1993. *The Wealth and Poverty of Nations*. New York: Norton & Co.

Launder, William, and Tom Fairless. 2011. "ECB Chief: Europe Is 'Epicenter' of Crisis." *Wall Street Journal Europe*, October 12. Accessed February 29, 2012. http://online.wsj.com/article/SB10001424052970203499704576624410572114134.html.

Lea, Stephen, Roger Tarpy, and Paul Webley. 1987. *The Individual in the Economy: A Survey of Economic Psychology*. Cambridge: Cambridge University Press.

Lepri, Stefano. 2003. "Il nuovo signore dell'euro." *La Stampa*, October 20, 2003.

———. 2010. "Il tedesco Weber viene considerato un candidato con scarse chance." *La Stampa*, February 3.

Lepsius, M. Rainer. 1989. "Das Erbe des Nationalsozialismus und die politische Kultur der Nachfolgestaaten des 'Grossdeutschen Reiches.'" In *Kultur und Nation*, edited by Max Haller et al., 247–264. Frankfurt am Main: Campus Verlag.

Letizia, Marco. 2011. "Criosi greca: in caso di fallimento la Finlandia vuole il Partenone in garanzia." *Corriere della Sera*, July 21.

Levins, Harry. 1997. "All Not Golden in Waigel Rule." *St. Louis Post-Dispatch*, June 8.

Lewis, Al. 2011. "Mortgage Melodrama." *The Wall Street Journal*, January 30. Accessed February 29, 2012. http://online.wsj.com/article/SB1000142405274870465320457611257149917911 8.html.

Lie, John. 1997. "Sociology of Markets." *Annual Review of Sociology* 23: 341–360.

Lohmann, Susanne. 1992. "Optimal Commitment in Monetary Policy: Credibility versus Flexibility." *American Economic Review* 82: 273–286.

———. 1997. "Partisan Control of Money Supply and Decentralized Appointment Powers." *European Journal of Political Economy* 12(2): 225–246.

———. 1998. "Federalism and Central Bank Independence: The Politics of German Monetary Policy, 1957–1992." *World Politics* 50: 401–446.

———. 2006. "The Non-Politics of Monetary Policy." In *The Oxford Handbook of Political Economy*, edited by Barry Weingast, and Donald Wittman, 523–544. Oxford: Oxford University Press.

MacDonald, Elizabeth. 2010. "Barney Frank Counters the Federal Reserve's Critics." *FOX Business*, November 23. Accessed February 29, 2012. http://www.foxbusiness.com/markets/2010/11/23/barney-frank-counters-federal-reserves-critics/.

Maine, Henry. 1875. *Lectures on the Early History of Institutions*. London: J. Murray.

Marlowe, Lara. 1999. "French Hail Potential of Euro to End US Hegemony." *The Irish Times*, January 6.

Marsh, David. 1991. "Two True Believers with Tight Money as Their Goal." *The Financial Times*, May 19.

———. 1992. *The Most Powerful Bank*. New York: Times Books.

Marsh, David, et al. 1993. "Tietmeyer: High-Priest of Hard Money Doctrine." *The Financial Times*, October 1.

Martin, Christine. 2004. "Vernichtetes Geld und vernichtendes Geld: Das Geldmotiv in den zwei zeitgenoessischen Romanen 'Die Nacht der Haendler' von Gert Heidenreich und 'MOI' von Heiko Michael Hartmann." Master of Arts, Department of German and Slavic Studies, University of Waterloo.

Marx, Karl. [1844] 1964. "The Power of Money in Bourgeois Society." In *The Economic and Philosophic Manuscripts of 1844*. New York: International.

———. [1858] 1972. *A Contribution to the Critique of Political Economy*, edited by Maurice Dobb. New York: International.

———. [1858–59] 1973. *Grundrisse*. New York: Vintage.

———. [1867] 1984. *Capital*, Vol. 1, edited by Friedrich Engels. New York: International.

Mast, Jason. 2006. "The Cultural Pragmatics of Event-Ness: The Clinton/Lewinsky affair." In *Social Performance*, edited by Jeffrey Alexander, Bernhard Giesen, and Jason Mast, 115–145. Cambridge: Cambridge University Press.

Maurer, Bill. 2006. "The Anthropology of Money." *Annual Review of Anthropology* 35: 15–36.

Maxfield, Sylvia. 1997. Gatekeepers of Growth: The International Political Economy of Central Banking in Developing Countries. Princeton, NJ: Princeton University Press.

McCarthie, Andrew. 1992. "The Pride and Potency of the Bundesbank." *The Australian Financial Review*, October 9.

McCulloch, Hugh. 1889. *Bi-Metallism*. New York: G. P. Putnam's Sons.

McDowell, Linda. 2011. "Making Drama out of a Crisis: Representing Financial Failure, or a Tragedy in Five Acts." *Transactions of the Institute of British Geographers* 36(2): 193–205.

McGregor, Richard. 2011. "Republican Candidates Unite to Attack Fed." *ft. com*, September 13. Accessed February 29, 2012. http://www.ft.com/intl/cms /s/0/0243237a-ddb7–11e0-b6db-00144feabdc0.html.

Melitz, Jacques. 1970. "The Polanyi School of Anthropology on Money: An Economist's View." *American Anthropologist* 72: 1020–1040.

Meyer, John, and Brian Rowan. 1977. "Institutionalized Organizations: Formal Structure as Myth and Ceremony." *American Journal of Sociology* 83: 340–362.

Meyer, John, and Richard Scott. 1983. *Organizational Environments: Rituals and Rationality*. Beverly Hills: Sage.

Miller, Daniel. 1987. *Material Culture and Mass Consumption*. Oxford: Blackwell.

Mishkin, Frederic. 2011. "Politicians Are Threatening the Fed's Independence." *The Wall Street Journal*, September 30. Accessed February 29, 2012. http://online. wsj.com/article/SB10001424052970204831304576597200646525870.html.

Mohammadi, Saman. 2011. "The Video That Scares the Federal Reserve Traitors." *PrisonPlanet.com*, October 17. Accessed February 29, 2012. http://www.prison planet.com/the-video-that-scares-the-federal-reserve-traitors.html.

Montagne, René, and John Ydstie. 2005. "Bernanke Chosen to Succeed Fed's Greenspan." *Morning Edition*, National Public Radio (NPR), October 25. Accessed February 29, 2012. http://www.npr.org/templates/story/story.php?storyId=4973231 http://www.npr.org/templates/story/story.php?storyId=4973231.

Monti, Mario. 2011. "Germany, do your duty and save the euro today." *The Financial Times*, September 28. Accessed February 29, 2012. http://www.ft.com/intl/cms /s/0/41e92410-ea24–11e0-b997–00144feab49a.html#axzz1nj7lniQN.

Mortished, Carl. 2008. "Exit Gordon Gekko, Enter the Greek Gods." *The Times*, November 15.

Moser, Peter. 1994. "The Supply of Central Bank Independence." *Discussion Paper n. 9501*, University of St. Gallen.

Moser, Peter. 1999. "Checks and Balances, and the Supply of Central bank Independence." *European Economic Review* 43: 1569–1593.

Muskal, Michael. 2011. "Republicans Oppose Potential Federal Reserve Stimulus Moves." *Los Angeles Times*, September 21. Accessed February 29, 2012. http://articles .latimes.com/2011/sep/21/news/la-pn-federal-reserve-gop-letter-20110921.

Mühring, Kevin. 1990. "The Ordeal of Karl Otto Pöhl." *Institutional Investor*, June 25.

Münster, Winfried. 1995. "Die allmachtige Mark." *Süddeutsche Zeitung*, March 7.

Nasiripour, Shahien. 2010. "Stiglitz, Nobel Prize-Winning Economist, Says Federal Reserve System 'Corrupt.'" *The Huffington Post*, March 5. Accessed February 29, 2012. http://www.huffingtonpost.com/2010/03/03/stiglitz-nobel-prize-winn_n_484943 .html.

Nee, Victor, and Paul Ingram. 1998. "Embeddedness and Beyond: Institutions, Exchange and Social Structure." In *The New Institutionalism in Sociology*, edited by Mary Brinton and Victor Nee, 19–45. New York: Russell Sage Foundation.

Nooteboom, Cees. 1992. *Der Umweg nach Santiago*. Frankfurt am Main: Suhrkamp.

Normann, Peter. 1998. "Bonn on Collision Course with Central Banks." *Financial Times*, October 29.

Norris, Floyd. 2008. "United Panic." *Economix, The New York Times*, October 24. Accessed February 29, 2012. http://norris.blogs.nytimes.com/2008/10/24/united -panic/.

North, Douglass. 1990. *Institutions, Institutional Change and Economic Performance.* Cambridge and New York: Cambridge University Press.

———. 1994. "Economic Performance through Time." *American Economic Review* 84: 359–367.

Obama, Barack. 2008. "Floor Statement on the Emergency Economic Stabilization Legislation." *Transcripts*, CNN.com, October 1, 2008. Accessed February 29, 2012. http://transcripts.cnn.com/TRANSCRIPTS/0810/01/sitroom.02.html.

———. 2010. *State of the Union Speech.* January 27. *State of the Union Address Library.* Accessed February 29, 2012. http://stateoftheunionaddress.org/2010 -barack-obama.

O' Brien, Matt. 2011. "Why Did Republicans Turn against the Fed?" *The New Republic*, September 27. Accessed February 29, 2012. http://www.tnr.com /article/politics/95388/why-did-republicans-turn-against-the-fed.

Öhler, Klaus Dieter. 1996. "Der Prediger der Stabilität." *Die Rheinfalz*, August 17.

Overtveldt, Johan Van. 2009. *Bernanke's Test: Ben Bernanke, Alan Greenspan, and the Drama of the Central Banker.* Chicago: Agate.

Pagden, Anthony. 2002. "Introduction." In *Idea of Europe: From Antiquity to the European Union*, edited by Anthony Pagden, 1–32. Cambridge: Cambridge University Press.

Padget, John, and Christopher, Ansell. 1993. "Robust Action and the Rise of the Medici, 1400–1434." *American Journal of Sociology* 98(6): 1259–1319.

Pantell, Melissa. 1999. "Unity-in-Diversity: Cultural Policy and EU Legitimacy." In *Legitimacy and the European Union*, edited by Thomas Banchoff and Mitchell Smith, 46–65. London and New York: Routledge.

Papademos, Lucas. 2005. "Closing Remarks." In *The Eurosystem, the Union and Beyond*, edited by European Central Bank, 100–103. Frankfurt am Main: European Central Bank.

Parry, Jonathan and Maurice Bloch, eds. 1989. *Money and the Morality of Exchange.* Cambridge: Cambridge University Press.

Passerini, Luisa. 2002. "From the Ironies of Identity to the Identities of Irony." In *Idea of Europe: From Antiquity to the European Union*, edited by Anthony Pagden, 191–208. Cambridge: Cambridge University Press.

Patalon III, William. 2008. "Banks That Got $ 188 Billion in Bailout Money This Year Paid Over $1.6 Billion to Top Execs Last Year." *Money Morning*, December 23. Accessed February 29, 2012. http://moneymorning.com/2008/12/23/executive -compensation-at-banks/.

Pelley, Scott. 2009. "Ben Bernanke's Greatest Challenge." *60 Minutes, CBS News*, March 15. Accessed February 2012. http://www.cbsnews.com/stories /2009/03/12/60minutes/main4862191_page6.shtml.

Pelosi, Nancy. 2008. "Floor Speech on the Emergency Stabilization Act." *MSNBC TV.* September 29. Accessed February 29, 2012. http://www.msnbc.msn.com/id /21134540/vp/26945513#26945687.

Perez Plaza, Vicente. 1999. "The Euro as a Political Communication Process: Quality Requirements." *Journal of Consumer Policy* 22: 135–147.

Peston, Robert. 2011. "Will There Be Mass Bailout of European Banks?" *BBC News*, October 5. Accessed February 29, 2012. http://www.bbc.co.uk/news /business-15179879.

Picaper, Jean-Paul. 1991. "Karl Otto Pöhl: Le Kaiser du deutschemark." *Le Figaro*, March 28.

Piller, Tobias. 1999. "In Italien was the Zentralbank bisher Kaderschmiede fuer die Elite unter den Oekonomen." *Frankfurter Allgemenine Zeitung*, February 17.

Podolny, Joel. 1993. "A Status-Based Model of Market Competition." *American Journal of Sociology* 98: 829–872.

Pointon, Marcia. 1998. "Money and Nationalism." In *Imagining Nations*, edited by Geoffrey Cubitt, 229–254. Manchester: Manchester University Press.

Polanyi, Karl [1944] 1957. *The Great Transformation: The Political and Economic Origin of Our Times*. Boston: Beacon Press.

———. [1957] 1971. "The Economy as Instituted Process." In *Primitive, Archaic and Modern Economies*, edited by G. Dalton, 139–174. Boston: Beacon Press.

Polillo, Simone, and Mauro Guillén. 2005. "Globalization Pressures and the State: The Worldwide Spread of Central Bank Independence." *American Journal of Sociology* 110: 1764–1802.

Pollen, Geir. 2004. "On the European Ingredient in the Text." In *Writing Europe: What Is European about the Literatures of Europe Essays from 33 European Countries*, edited by Ursula Keller and Ilma Rakusa, 231–242. New York: Central European University Press.

Posen, Adam. 1993. "Why Central Bank Independence Does Not Cause Low Inflation: There Is No Institutional Fix for Politics." In *Finance and the International Economy*, edited by R. O'Brien, vol. 7. Oxford: Oxford University Press.

Prado, Patrick. 2001. "L'euro, monnai fatome sans racine." *La Tribune*, May 30.

Probst, Lothar. 2003. "Founding Myths in Europe and the Role of the Holocaust." *New German Critique* 90: 45–58.

Protzman, Ferdinand. 1990. "Bonn's Point Man on Currency." *The New York Times*, February 12.

Prowse, Michael. 1992. "The Power behind Greenspan's Throne." *The Financial Times*, February 24.

Putnam, Robert, Robert Leonardi, and Raffaella Nannetti. 1993. *Making Democracy Work: Civic Traditions in Modern Italy*. Princeton, NJ: Princeton University Press.

Randall, David. 2008. "Hedge Fund Horsemen of the Apocalypse." *Independent on Sunday*, September 21.

Recanatesi, Alfredo. "Si e' scelto di seguire una linea di stampo teutonico e cosi' e' mancata una personalita' forte e eterodossa. Piu' carisma e fantasia alla guida di Francoforte." *La Stampa*, October 27, 2000.

Reddy, William M. 1984. *The Rise of Market Culture: The Textile Trade and French Society, 1750–1900*. Cambridge: Cambridge University Press.

Reding, Viviane. 2011. "The End of Europe? No, the Beginning of a Stronger, More United Europe." *Economic Policy Seminar*, Helsinki, September 8, *SPEECH/11/566.*

Reimann, Winfried. 1989. "Geldpolitik muss weh tun." *Börsen-Zeitung*, April 22.

Rexach, Alfred. 1993. "Los dioses del dinero." *La Vanguardia Magazine*, August 22.

Risse, Thomas. 2003. "The Euro between National and European Identity." *Journal of European Public Policy* 10(4): 487–505.

Rogoff, Kenneth. 1985. "The Optimal Degree of Commitment to an Intermediate Monetary Target." *Quarterly Journal of Economics* 110 (1985): 1169–90.

Romano, Beda. 2011. "Interview of Jean-Claude Trichet with Il Sole 24Ore." *Il Sole 24Ore*, September 2. Accessed February 29, 2012. http://www.ecb.int/press/key/date/2011/html/sp110902.en.html.

Roosvelt Malloch, Theodore. 2009. "The Deeper Roots of Our Financial Crisis." *The American Spectator*, February 11. Accessed February 29, 2012. http://spectator.org/archives/2009/02/11/the-deeper-roots-of-our-financ.

Royle, Trevor. 2001. "Forging Ahead to the New EUROland." *Sunday Herald*, December 30, p. 12.

Rulff, Dieter. 1997. "Waigels Griff nach den Goldreserven is kein Grund, dem Bundesbankpresident Tietmeyer den Ruecken zu staerken." *Die Tageszeitung*, June 2.

Sachs, Jeffry. 2009. "Capitalism and Moral Sentiments." *The Huffington Post*, March 21. Accessed February 29, 2012. http://www.huffingtonpost.com/jeffrey-sachs/capitalism-and-moral-sent_b_177637.html.

Sahlins, Marshall. 1976. *Culture and Practical Reason.* Chicago: University of Chicago Press.

Salas, Caroline. 2011. "Dudley Proves This Isn't Your Father's New York Federal Reserve". *Bloomberg*, September 28. Accessed February 29, 2012. http://www.bloomberg.com/news/2011-09-28/dudley-proving-this-is-not-your-father-s-federal-reserve-bank-of-new-york.html.

Salchow, Burkhart. 1991. "Bewunderter Gralshüter der Deutschen Mark." *Frankfurter Neue Presse*, August 17.

Samuelson, Robert. 2011. "Attacks on Fed chief unfounded." *OregonLive.com*, September 10. Accessed February 29, 2012. http://www.oregonlive.com/opinion/index.ssf/2011/09/attacks_on_fed_chief_unfounded.html.

Sanders, Sol. 2011. "Follow the Money: To Deconstruct or Not to Deconstruct no Longer Question." *The Washington Times*, June 6.

Scheller, Hanspeter. 2006. *The European Central Bank: History, Role and Functions.* Frankfurt am Main: European Central Bank.

Scherbacher-Pose, Brigitte. 1999. "Du mark a l'euro, des mots au roman: monnaie et metaphors." In *Regards linguistiques et culturels sur l'euro*, edited by Rosalind Greenstein, 43–66. Paris: L'Harmattan.

Schmid, John. 1997. "Waigel Rejects Call to Resign for Proposing Gold Strategy." *The New York Times*, May 30. Accessed February 29, 2012. http://www.nytimes.com/1997/05/30/business/worldbusiness/30iht-bundes.t_0.html

Schmid, John. 2002. "New No. 2 Signals Era of Change at the ECB." *International Herald Tribune*, June 6.

Schubert, Glendon. 1957. "The Public Interest" in Administrative Decision-making: Theorem, Theosophy, or Theory?" *American Political Science Review* 51(2): 346–368.

Schulze, Hagen. 1992. "German Unification in the Context of European History." *German Studies Review* 15: 7–20.

Scott, W. Richard. 1991. "Unpacking Institutional Arguments." In The *New Institutionalism in Organizational Analysis*, edited by Paul DiMaggio and Walter Powell, 164–182. Chicago: University of Chicago Press.

Seuss, Wilhelm. 1986. "Ein Streiter für die Stabilität." *Frankfurter Allgemeine Zeitung*, August 5.

Sherman, Brad. 2008. "Floor Statement on the Emergency Economic Stabilization Legislation." October 3. Accessed February 29, 2012. http://www.youtube.com /watch?v=p6KRXnYgu5I.

Shils, Edward. 1975. *Center and Periphery. Essays in Macrosociology.* Chicago: University of Chicago Press.

Shlaes, Amity. 2009. "Dethrone King Bernanke and Court to Keep Recovery." *Bloomberg*, July 28. Accessed February 29, 2012. http://www.bloomberg.com /apps/news?pid=newsarchive&sid=ajShAlQzKQkM.

Shore, Chris. 1993. "Inventing the 'People's Europe': Critical Approaches to European Community 'Cultural Policy.'" *Man* 28(4): 779–800.

Sicilia, David. 1999. *Greenspan Effect: Words That Move the World's Markets.* Blacklick: McGraw-Hill Trade.

Siegel, Robert. 2009. "Economist Weighs Bernanke Renomination." *All Things Considered*, National Public Radio (NPR), August 25. Accessed February 2012. http://www.npr.org/templates/story/story.php?storyId=112215640.

Simiand, François. 1934. "La Monnaie, Réalité Sociale." *Annales Sociologiques*, ser. D: 1–86.

Simmel, Georg. [1900] 1978. *The Philosophy of Money.* London: Routledge & Kegan Paul.

Simmel, Georg. [1908] 1950. *The Sociology of Georg Simmel*, edited by Kurt Wolf. Glencoe: Free Press.

Simons, H. C. 1948. "Rules versus Authorities in Monetary Policy," reprinted in *Economic Policy for a Free Society*, edited by H. C. Simons, 160–183. Chicago: University of Chicago Press.

Sironneau, Jean-Pierre. 1982. *Sécularisation et religions politiques.* Paris: Mouton.

Smith, Gordon. 1979. *Democracy in Western Germany: Parties and Politics in the Federal Republic.* London: Heineman.

Smith, Philip. 2005. *Why War? The Cultural Logic of Iraq, The Gulf War and Suez.* Chicago: University of Chicago Press.

Smith, Philip and Jeffrey Alexander. 2005. "Introduction: the New Durkheim." In *The Cambridge Companion to Durkheim*, edited by Jeffrey C. Alexander and Philip Smith, 1–37. Cambridge: Cambridge University Press.

Smith, Rogers. 1988. "The 'American Creed' and American Identity: The Limits of Liberal Citizenship in the United States." *Western Political Quarterly* 41(2): 225–251.

Solans, Eugenio Domingo. 2001. "The 'Psychology' of the European Currency, as viewed by the European Central Bank." Speech delivered at the Symposium "The Psychology of the European Currency" organized by the Dresdner Bank, Frankfurt, December 5.

Sonmez, Felicia. 2011. "Democrats Criticize GOP Letter to Federal Reserve Board on Interest Rates." *POSTPOLITICS, The Washington Post,* September 21. Accessed February 29, 2012. http://www.washingtonpost.com/blogs/2chambers/post /democrats-criticize-gop-letter-to-federal-reserve-board-on-interest-rates /2011/09/21/gIQA3XCSlK_blog.html.

Sorkin, Andrew, et al. 2008. "As Credit Crisis Spiraled, Alarm Led to Action." *The New York Times,* October 1. Accessed February 29, 2012. http://www.nytimes .com/2008/10/02/business/02crisis.html?pagewanted=all.

Spinelli, Barbara. "Le sirene sulla strada dell'Europa." *La Stampa,* June 8, 1997, p. 1.

Stanner, William. 1965. "Religion, Totemism and Symbolism." In *Aboriginal Man in Australia,* edited by Ronald Berndt and Catherine Berndt. Sydney: Angus and Robertson.Press.

Stewart, James. 2009. "Eight Days: The Battle to Save the American Financial System." *The New Yorker,* September 21. Accessed February 29, 2012. http://www .scribd.com/doc/20252199/A-Reporter-at-Large-Eight-Days-The-Battle-to-Save -the-American-Financial-System.

Stewart, James. 2011. "Lots of Vitriol for Fed Chief, Despite Facts. Ben S. Bernanke at the Economic Policy Symposium in Jackson Hole, Wyo." *The New York Times,* September 2. Accessed February 29, 2012. http://www.nytimes.com/2011/09/03 /business/vitriol-for-bernanke-despite-the-facts.html?pagewanted=all.

Stiglitz, Joseph. 1998. "Central Banking in a Democratic Society." *De Economist* 146(2): 199–226.

———. 2008. "The Fruit of Hypocrisy." *The Guardian,* September 16. Accessed March 12, 2012. http://www.guardian.co.uk/commentisfree/2008/sep/16/eco nomics.wallstreet.

Strass, Susanne Nicolette. 1998. "Abschied vom einem stark Stück Deutschland." *Frankfurter Neue Press,* June 20.

Surowiecki, James. 2010. "The Big Uneasy." *The New Yorker,* December 6. Accessed February 29, 2012. http://www.newyorker.com/talk/financial /2010/12/06/101206ta_talk_surowiecki.

Swedberg, Richard. 1997. "New Economic Sociology: What Has Been Accomplished? What Is Ahead?" *Acta Sociologica* 40: 161–182.

Taibbi, Matt. 2009. "The Great American Bubble Machine: How Goldman-Sachs Blew Up the Economy." *Rolling Stone,* July 13. Accessed February 29, 2012. http://www.rollingstone.com/politics/news/the-great-american-bubble-machin e-20100405.

Taussig, Michael T. 1986. *The Evil and Commodity Fetishism in South America.* Chapel Hill: University of North Carolina Press.

Tay, Michelle. 2008. "We're in Act 5 of a 'Shakespearean' financial tragedy." *Straits Times,* November 11, Singapore.

The Bradley Project on America's National Identity. 2008. *E Pluribus Unum,* www .bradleyproject.org.

Thoma, Mark. 2011. "McConnell, Boehner, Kyl, and Cantor's Letter to the Fed." *CBS Money Watch*, September 20. Accessed February 29, 2012. http://www .cbsnews.com/8301–505123_162–39741773/mcconnell-boehner-kyl-and-canto rs-letter-to-the-fed/.

Thomas, William, and Florian Znaniecki. [1918–1920] 1958. *The Polish Peasant in Europe and America*. New York: Dover Publications.

Thumann, Michael. 2011. "Euro-Krise; Griechenlands Politiker sind ein Problem." *Zeit online*, Vol. 25, June 16. Accessed February 29, 2012. http://www.zeit.de /politik/ausland/2011–06/griechenland-schuldenkrise-politik.

Tietmeyer, Hans. 1991. "The Role of the D-Mark in the New Europe." Keynote Speech delivered by the Member of the Direktorium of rhe Deutsche Bundesbank at the Financial Symposium of the Graduate School of Management of the University of California, Berlin, May 4.

———. 1992. "Bemerkungen zur Einführung der neuen 20-DM-Banknote." Speech delivered by the Vice-President of the Deutsche Bundesbank, Rathaus der Stadt Münster, March 30.

———. 1995. "Monetary Policy and Economic Renewal." Keynote Address by the President of the Deutsche Bundesbank, Conference "The United Germany: Impact on Business and the Economy." Berlin, October 19.

———. 1997a. *"Der Euro: ein entnationalisiertes Geld."* Speech delivered by the President of the Deutsche Bundesbank, Österreichisch-Deutschen Kulturgesellschaft, Wien, November 27.

———. 1997b. *"Monetary Stability—A Perpetual Challenge."* Speech delivered by the President of the Deutsche Bundesbank, 1st European Equity Traders Convention of the Federation of European Stock Exchanges, Frankfurt am Main, June 19.

———. 1998. "Währung, Banken und Gesellschaft. Erfüllte Erwartungen, spür-bare Abhängigkeiten und offene Konflikte." Speech delivered by the President of the Deutsche Bundesbank, 44th Credit Policy Meeting of the Zeitschrift für das gesamte Kreditwesen, Frankfurt am Main, October 6.

Tognato, Carlo. 2012. "Culture and the Economy." In *The Oxford Handbook of Cultural Sociology*, edited by Jeffrey Alexander, Ronald Jacobs, and Philip Smith, 117–156. Oxford and New York: Oxford University Press.

———. 2011. "Extending Traumas across Cultural Divides. On Kidnapping and Solidarity in Colombia." In *Narrating Trauma: On the impact of Collective Suffering*, edited by Ron Eyerman, Jeffrey Alexander, and Elizabeth Butler Breese, 191–212. Boulder and London: Paradigm Publishers.

Tönnies, Ferdinand. [1887] 1955. *Community and Association*. London: Routledge and Kegan Paul.

Trichet, Jean-Claude. 2004. "European Identity." The first Vincent Lecture by the President of the European Central Bank, delivered at the Vincent van Gogh bi-annual Award for Contemporary Art in Europe, Maastricht, September 10.

———. 2008. "Address at the Ceremony to Mark the 10th Anniversary of the European Central Bank and the European System of Central Banks." Frankfurt am Main, June 2.

———. 2009. "Europe—Cultural Identity—Cultural Diversity." Speech, CFS Presidential Lecture, Center for Financial Studies, Frankfurt, March 16.

———. 2011a. "Contribution to Bild am Sontag." *ECB*, May 15.

———. 2011b. "Building Europe, Building Institutions." Speech by the President of the ECB on receiving the Karlspreis in Aachen, June 2.

Tumpel-Gugerell, Gertrude. 2003. "Europa und die USA—Clash of Cultures?" Speech delivered by the Member of the Executive Council fot he ECB, The Alpbach Economic Symposium", European Forum Alpbach, August 29.

Unruh, Bob. 2011. "Federal Reserve Wants to 'Spy' on Citizen 'Sentiment.' Commentary Says 'Big Brother' Bernanke 'Goes Watergate.'" *WND*, September 28. Accessed February 29, 2012. http://www.wnd.com/2011/09/349681/.

Velshi, Ali, et al. 2008. "The Emergency Economic Stabilization Act." *CNN*, September 28. Accessed February 29, 2012. http://transcripts.cnn.com /TRANSCRIPTS/0809/28/cnnitm.01.html.

Wagner-Pacifici, Robin Erica. 1986. *The Moro Morality Play: Terrorism as Social Drama*. Chicago: University of Chicago Press.

Wahlig, Bertold. 1998. "Relations between the Bundesbank and the Federal Government." In *Inside the Bundesbank*, edited by Stephen Frowen and Robert Pringle, 45–55. London: Macmillan.

Warner, Jeremy. 1997. "An Independent Bank Is Labour's Litmus Test." *The Independent*, March 1, 1997.

Weber, Alexander. 2006. "Papademos e Stark, eredi della ricerca e analisi. A Francoforte si litiga sul dopo Issing." *La Stampa*, June 5.

Weber, Max. [1946] 1971. "Religious Rejections of the World and Their Directions." In *From Max Weber: Essays in Sociology*, edited by H. Gerth and C. Wright Mills, 323–359. Oxford and New York: Oxford University Press.

Weber, Max. [1922] 1978. *Economy and Society: An Outline of Interpretative Sociology*, Vol. 1, edited by Guenther Roth and Claus Wittich. Berkeley and Los Angeles: University of California Press.

———. [1904] 1998. *The Protestant Ethic and the Spirit of Capitalism*, 2nd ed. Los Angeles: Roxbury.

Wehler, H. U. 1990. "Wider die falschen Apostel." *Die Zeit* 46, November 9, p. 12.

Wehnelt, Christoph. 1990. "Diskussion mit Dr. Hans Tietmeyer, MdD, und Prof. dr. Rudolf Scheid über Möglichkeiten und Gefahren einer deutsch-deutschen Wirtschafts- und Währungsunion." Sendung "Frankfurter Gespräch" des Hessischen Rundfunks (HR 1), March 19.

Weisman, Steven. 2008. "With Bold Steps, Fed Chief Quites Some Criticism." *The New York Times*, May 28. Accessed February 29, 2012. http://www.nytimes .com/2008/05/28/business/28bernanke.html?pagewanted=all.

Wessel, David. 2009a. "In FED We Trust: Ben Bernanke's War on the Great Panic." An address given to the Los Angeles World Affairs Council, September 25, http://www.lawac.org/speech/2009–10/WESSEL,David.pdf.

———. 2009b. In Fed We Trust: Ben Bernanke's War on the Great Panic. Carlton, North, VIC: Scribe.

White, Harrison. 1981. "Where Do Markets Come From?" *American Journal of Sociology* 87: 517–547.

Whitney, Craig R. 1993. "Blaming the Bundesbank." *New York Times*, October 17.

Whoriskey, Peter. 2008. "After Bailout, AIG Executives Head to Resort." *The Washington Post*, October 7. Accessed February 29, 2012. http://voices.washing tonpost.com/livecoverage/2008/10/after_bailout_aig_Executives_h.html.

Willenbrock, Ernst. 1972. "Ein Gralshüter zeigt Schwächen." *Deutsches Allgemeines Sonntags Blatt, August* 27.

Williams, Anthony. 1990a. "Bundesbank Could Strike Back over German Money Union Terms." *Reuters News*, April 23.

———. 1990b. "Shunned Bundesbank Can Still Restore Authority." *Reuters News*, April 24.

Williams Walsh, Mary. 1997. "Bonn Fiscal Furor Tarnishes Hope for European Currency." *The Los Angeles Times*, May 30.

Woodcock, Andrew. 2011. "Former EU Commissioner Mandelson Launches Robust Defence of the Euro." *The Independent*, September 20. Accessed February 29, 2012. http://www.independent.ie/business/european/former-eu-commissioner-mandelson-launches-robust-defence-of-the-euro-2882330.html.

Zagorin, Adam. 1989. "Defender of the D-Mark." *Time Magazine*, December 25.

Zagorin, Adam, and Michael Weisskopf. 2009. "Obama's Challenge: Containing the AIG Bonus Outrage." *Time*, March 16. Accessed February 29, 2012. http://www.time.com/time/politics/article/0,8599,1885561,00.html.

Zakaria, Fareed. 1999. "Money for Mars." *Newsweek*, January 11.

Zeise, Lucas. 1998. "Sieg des geldpolitischen Pragmatismus." *Boersen-Zeitung*, December 31, p. 41.

Zelizer, Viviana. 1979. Morals and Markets: The Development of Life Insurance in the United States. New York: Columbia University Press.

———. 1985. Pricing the Priceless Child: The Changing Social Value of Children. New York: Basic Books.

———. 1989. "The Social Meaning of Money: 'Special Monies.'" *American Journal of Sociology* 95(2): 342–377.

———. 1994. *The Social Meaning of Money.* New York: Basic Books.

———. 1996. "Payments and Social Ties." *Sociological Forum* 11: 481–495.

———. 1999. "Official Standardization vs. Social Differentiation in Americans' Uses of Money." In *Nation-states and Money: The Past, the Present and the Future of National Currencies,* edited by Emily Gilbert and Eric Helleiner, 82–96. *London: Routledge.*

———. 2000. "The Purchase of Intimacy." *Law & Social Inquiry* 25(3): 817–848.

———. 2005a. "Culture and Consumption." In *The Handbook of Cultural Sociology,* 2nd ed., edited by Neil Smelser and Richard Swedberg, 331–354. Princeton, NJ: Princeton University Press.

———. 2005b. *The Purchase of Intimacy.* Princeton, NJ: Princeton University Press.

Znoj, Heinzpeter. 1998. "Hot Money and War Debts: Transactional Regimes in Southwestern Sumatra." *Comparative Studies in Society and History* 40: 193–222.

Zukin, Sharon, and Paul DiMaggio, eds. 1990. *Structures of Capital: The Social Organization of the Economy.* Cambridge: Cambridge University Press.

Zumbrun, Joshua. 2009. "The Buyer of Last Resort." *Forbes.com*, March 18. Accessed February 29, 2012. http://www.forbes.com/2009/03/18/federal-reserve -treasurys-business-washington-fed.html.

Zumbrun, Joshua. 2010. "Majority of Americans Say Fed Should Be Reined In or Abolished, Poll Shows." *Bloomberg*, December 10. Accessed February 29, 2012. http://www.bloomberg.com/news/2010–12–09/more-than-half-of-americans -want-fed-reined-in-or-abolished.html.